U0942944

权 威 · 实 用 · 创 新

"三会一课"制度实操手册

权威·实用·创新

"三会一课"制度 一本通

SANHUIYIKE ZHIDU YIBENTONG

陈永法　编著

浙江人民出版社

PREFACE

前　言

2016 年 10 月，党的十八届六中全会通过的《关于新形势下党内政治生活的若干准则》规定："坚持'三会一课'制度。党员必须参加党员大会、党小组会和上党课，党支部要定期召开支部委员会会议。'三会一课'要突出政治学习和教育，突出党性锻炼，坚决防止表面化、形式化、娱乐化、庸俗化。"

2017 年 3 月，中共中央办公厅印发的《关于推进"两学一做"学习教育常态化制度化的意见》明确："基层党组织要以'三会一课'为基本制度，以党支部为基本单位，把'两学一做'作为党员教育的基本内容，长期坚持、形成常态。"

自 2018 年 10 月 28 日起施行的《中国共产党支部工作条例（试行）》第十六条规定："党支部应当组织党员按期参加党员大会、党小组会和上党课，定期召开党支部委员会。"

自 2019 年 5 月 6 日起施行的《中国共产党党员教育管理工作条例》第十六条规定："党支部应当运用'三会一课'制度，对党员进行经常性的教育管理。"

由上述规定可以理解，"三会一课"是基层党组织的例行性、周期性、经常性的工作，也是各级党组织和广大共产党员、群众普遍关注的工作。坚持"三会一课"制度意义重大。

为了坚持好“三会一课”制度，不断规范“三会一课”工作，提高“三会一课”质量和成效，便于基层党组织组织召开支部党员大会、支部委员会、党小组会和按时上好党课，编者依据党章和《中国共产党基层组织选举工作条例》《中国共产党发展党员工作细则》《中国共产党支部工作条例（试行）》《中国共产党党员教育管理工作条例》等党内法规、规范性文件的有关规定、要求，中共中央组织部编写的《中国共产党组织工作辞典》《中国共产党组织工作教程》《党组织选举工作手册》等有关解释和工作问答，党建专家学者的研究成果，以及基层党组织、党务工作者的实践经验，编写了本书，并把近些年来基层党组织在坚持“三会一课”制度中的理论创新、制度创新、实践创新成果引用其中。

编写本书坚持问题导向、需求导向、目标导向、前瞻导向，对基层党组织坚持“三会一课”制度的科学内涵、规定要求及其坚持好支部党员大会制度、支部委员会制度、党小组会制度、按时上好党课制度的基本内容、方法途径、注意事项、主要流程等进行详细说明，并提供了坚持“三会一课”制度经常用到的文本样例，便于基层党组织在坚持“三会一课”制度、培训基层党务干部和党员时参考使用。本书按照坚持“三会一课”制度的逻辑，由《坚持“三会一课”制度总论》《坚持支部党员大会制度》《坚持支部委员会制度》《坚持党小组会制度》《坚持按时上好党课制度》《坚持“三会一课”制度常用文本》六章组成。

编　者

2018 年 12 月

CONTENTS

目　录

第一章　坚持“三会一课”制度总论

第三章 坚持支部委员会制度

第四章 坚持党小组会制度

第五章 坚持按时上好党课制度

第一章

坚持“三会一课”制度总论

本章根据《中国共产党章程》、《中国共产党支部工作条例（试行）》（中共中央印发，自2018年10月起施行，下同）、《中国共产党农村基层组织工作条例》（中国中央印发，自2018年12月28日起施行，下同）、《中国共产党党员教育管理工作条例》（中共中央印发，自2019年5月6日起施行，下同）等党内法规、规范性文件的有关规定和《中国共产党组织工作辞典》（中共中央组织部编，党建读物出版社2009年版，下同）、《中国共产党组织工作教程》（中共中央组织部编，党建读物出版社2015年版，下同）、《党组织选举工作手册》（第二次修订本，中共中央组织部组织一局编著，党建读物出版社2011年版，下同）等有关说明，分《“三会一课”内涵》《坚持“三会一课”制度及重要性》《“三会一课”制度的形成和发展》三节，对“三会一课”内涵、制度、形成、发展及其认真坚持“三会一课”制度的重要意义进行简明扼要的阐述，以供广大基层党务工作者和共产党员学习、培训时参考。

第一节 “三会一课”内涵

本节主要说明“三会一课”及其支部党员大会、支部委员会、党小组会、按时上好党课的基本概念。

一、“三会一课”的内涵

根据《中国共产党组织工作辞典》的解释，“三会一课”是指定期召开支部党员大会、支部委员会、党小组会和按时上好党课。实践证明，“三会一课”是党的基层组织生活的基本形式，是加强党员日常教育、管理、监督、服务和加强党员党性修养、加强党员队伍建设、保持共产党员先进性和纯洁性的基本途径。

链接 LINK

&成立党支部应由哪个党组织决定

党章规定:“凡是成立党的新组织，或是撤销党的原有组织，必须由上级党组织决定。”根据《中国共产党支部工作条例（试行）》第六条规定，党支部的成立，由所在乡镇（街道）或者单位基层党委召开会议研究决定并批复。

二、支部党员大会的含义

支部党员大会简称支部大会、党员大会，是“三会一课”中的一会。根据《中国共产党组织工作教程》等有关的解释，支部党员大会是党支部全体党员参加的会议，是党支部的最高领导机关和议事决策机构，在党支部中享有最高的决策权、选举权和监督权。

链接 LINK

&正确对待少数人的不同意见

根据党章等规定和要求、工作问答的解释精神，党组织对待少数人不同意见应注意的问题是:（1）讨论决定问题，必须执行少数服从多数的原则;（2）有不同意见的人在坚决服从前提下，可以保留不同意见;（3）如果实践证明少数人的不同意见是正确的，党组织应通过规定的程序，使少数人的正确意见成为多数人的共识;（4）如对讨论的问题发生争论，双方人数又比较接近，除了在十分紧急情况下，要按照少数服从多数、根据多数人的意见执行以外，应暂不作出决定，待进一步调查研究、交换意见后再进行表决；也可将争论情况向上级党组织报告，请求裁决。

三、支部委员会的含义

党的支部委员会是指由支部党员大会选举产生的、在支部党员大会闭会后党支部的领导机关、党支部日常工作的领导机构。作为“三会一课”中的支部委员会即支部委员会全体会议，是指由支部委员会全体委员参加的会议。

链接 LINK

&支部委员会委员名额是几名

党支部委员会委员名额可以理解为党支部委员会领导成员的职数。根据《中国共产党支部工作条例（试行）》规定，支部委员名额一般为3—7名。另据《中国共产党农村基层组织工作条例》规定:“村党的支部委员会一般设委员3至5名。”

四、支部委员会扩大会议的含义

对于支部委员会扩大会议，我们可以一般地理解为由支部委员会全体委员参加（有时可吸收党小组长或者有关党员或者有关行政干部列席、听取他们意见）的支部委员会全体（扩大）会议。根据中共中央组织部组织局的有关说明，有时因工作需要，如传达、贯彻和布置某项工作，动员完成某项紧急任务，为了争取时间，减少层次，更好地统一骨干的思想，可以召开支部委员会扩大会议，吸收党小组长和有关党员干部及有关行政干部列席，听取他们的意见。

链接 LINK

&党支部正式党员人数不足 3 人怎么办

党章第三十条规定:“凡是有正式党员三人以上的，都应当成立党的基层组织。”据此规定，一个基层单位有正式党员 3 人及 3 人以上，才符合成立基层党组织的条件。因此，对于已成立的党支部，当正式党员人数减少到 2 人、1 人、没有正式党员时，应按党章规定办理撤销手续（如根据有关规定、工作需要等还要保留党支部的，且能在 6 个月甚至更短时间内，正式党员人数能增加到 3 人或 3 人以上的，经上级党组织批准可以保留。但在党支部正式党员人数没有达到 3 人及 3 人以上之前，党支部是不能讨论决定接收预备党员、预备党员转正、处分党员等党支部重要事项的）。

五、正确理解支部党员大会和支部委员会的关系

根据党章、《中国共产党组织工作辞典》等有关规定和说明的精神，以及党内生活的常识，党员大会和支部委员会的关系可从以下方面加以正确地理解和把握：

1. 支部党员大会即支部大会或党员大会，是党支部的最高决策机关和权力机关；支部委员会由党员大会选举产生，在党员大会闭会期间负责党支部的日

常工作。

2. 支部委员会要向支部党员大会和上级党组织负责，定期向支部党员大会报告工作，接受它的审查和监督。

3. 党支部的重要问题，如研究贯彻上级党组织的决议、指示，接收新党员，决定对犯错误党员的纪律处分等，都应由支部党员大会讨论决定。支部党员大会作出的决定，支部委员会要认真贯彻执行。

4. 为便于支部党员大会对重要问题进行讨论和作出决定，支部委员会可以提出初步意见和方案，但不能把支部委员会置于支部党员大会之上。

5. 支部委员会作出的决定或决议，支部党员大会有权修改或者否定。支部党员大会作出的决定或决议，支部委员会无权修改，更不能否定。

6. 支部委员会如果发现支部党员大会的决议不符合党的路线、方针、政策和上级党组织的决议时，可重新召开支部党员大会讨论决定或请示上级党组织裁决。

链接 LINK

& 支部委员会委员一般为奇数

根据编者从事基层党建工作的实践经验及遇到的实际情况，如支部委员会委员人数是双数，在对重要问题进行讨论表决时，出现半数对半数、赞成人数和不赞成＋弃权人数相等，从而无法按少数服从多数的原则作出决定的情况就可能出现，故从有利于党支部工作和便于迅速解决问题的角度出发，支部委员会委员人数即领导成员人数一般设奇数（单数）为宜。

六、正确理解党支部书记和其他支部委员的关系

根据党章等党内法规、规范性文件的有关规定和中共中央组织部研究室等解答、说明的精神，以及党内生活原则和常识，可从以下几个方面正确理解党支部书记和其他支部委员的关系：

链接 LINK
&临时党支部

《中国共产党支部工作条例（试行）》（中共中央印发，自2018年10月28日起施行，下同）第八条对此有“为执行某项任务临时组建的机构，党员组织关系不转接的，经上级党组织[应由具有审批权限的所在乡镇（街道）或者单位党委（党组）召开会议研究决定——编者注]批准，可以成立临时党支部（应有正式党员3人及3人以上——编者注）”“临时党支部主要组织党员开展政治学习，教育、管理、监督党员，对入党积极分子进行教育培养等，一般不发展党员、处分处置党员，不收缴党费，不选举党代表大会代表和进行换届”“临时党支部书记、副书记和委员由批准其成立的党组织指定”“临时组建的机构撤销后，临时党支部自然撤销”的规定。

1. 在党的支部委员会里，支部书记与其他支部委员是平等的同志关系，不是领导与被领导的关系。支部委员会讨论决定问题时，支部书记与其他委员一样，每个人都具有同等的一票。

2. 从支部书记的职责来说，他好比是党支部一班人的“班长”，在准备会议和主持会议、启发委员民主讨论问题、集中大家意见作出明确结论等方面，起着重要作用。支部书记同其他委员比较起来，他所担负的责任更大些、担子更重些、要求更高些，对于能否搞好党支部的工作负有主要责任。

3. 党支部每个委员，应认真履行自己的职责，在从事党支部分配的工作、执行支部大会决议中，接受书记的督促、检查和指导，经常向书记或党支部报告自己的工作，反映情况，提出建议，共同搞好支部委员会的工作。

4. 不论是支部书记，还是支部委员，都必须遵守集体领导原则，接受党支部委员会集体的领导和监督。在日常工作中，如果书记同委员发生意见分歧，或遇到重要问题，应召开支部委员会进行讨论，交换意见，统一认识，由支部委员会集体作出决定，任何人都不得脱离支部委员会集体而自作主张。

5. 支部书记要支持和帮助其他委员做好工作，处理好同委员的关系；每个委员都要尊重和支持支部书记的工作，接受支部书记的监督和指导。党支部书记和委员之间、委员和委员之间要互相尊重、互相支持、互相谅解、互相学习，共同维护支部一班人的团结，使党支部成为一个坚强的战斗堡垒。

链接 LINK
& 党小组如何划分

根据中共中央组织部的工作问答和其他有关解释、基层党组织的经验做法，党支部在划分党小组时，应根据本支部党员数量、分布、工作需要等情况进行综合考虑，一般以企业中的车间、班组，机关中的科室，大专院校中的班级，农村中的村民小组或自然村等为单位进行划分。一个党支部所划分的党小组不宜过多。每个党小组不得少于 3 名党员（其中至少要有 1 名正式党员）。如果一个单位中党员不足 3 人，可与邻近部门的党员建立联合党小组。需要注意的是，要根据形势、任务、党员的发展变化，及时建立或调整党小组。

七、党小组会的含义

党小组会是指由党小组全体党员参加的会议，在党小组中享有最高的决策权、选举权、监督权。党小组会是党小组活动的主要形式之一，也是党员组织生活的一个重要组成部分。

链接 LINK
& 党小组长如何产生

根据 2018 年 10 月 28 日起施行的《中国共产党支部工作条例（试行）》第十三条规定，党小组组长由党支部指定，也可以由所在党小组的党员推荐产生。需要说明的是：未经支部委员会研究讨论，支部领导成员个人不能确定党小组长；党小组长应是正式党员。

八、党课的含义

根据中共中央组织部编写的《中国共产党组织工作教程》的说明，党课教育是党组织用授课形式定期对党员进行教育的一种方法。按时上好党课是“三会一课”中的“一课”，是党组织在长期的党员教育实践中总结出来的一种行之有效的党员教育方式，是党支部的一项重要工作。

链接 LINK
&党小组长任期

根据中共中央组织部有关问答精神和基层党组织的经验做法，党小组长的任期和支部委员会的任期相同，一般应在改选支部委员会前，先改选党小组长。

第二节　坚持“三会一课”制度及其重要性

本节通过有选择、有重点地对认真坚持“三会一课”制度的有关规定和要求进行说明，以帮助读者对认真坚持“三会一课”制度及其重要性有一个初步的了解。

链接 LINK
&双重组织生活制度

根据中组部的工作问答等说明和党内生活常识，双重组织生活制度可以简单地理解为党员领导干部既要参加所在的党支部、党小组的组织生活会，又要参加党员领导干部单独召开的党员领导干部民主生活会的制度。

一、“三会一课”制度

“三会一课”制度可以一般地理解为党的基层组织按照规定和要求定期召开支部党员大会、党支部委员会、党小组会和按时上好党课的制度。

链接 LINK
&党性

《中国共产党组织工作辞典》作出“政党所固有的本质属性，通常是指政党代表哪个阶级的利益，为哪个阶级服务”“无产阶级政党的党性，是无产阶级阶级性最高、最集中的表现”的说明。

二、坚持“三会一课”制度的规定和要求

党中央对坚持“三会一课”制度非常重视，先后作出了一系列规定和要求。2016 年 10 月党的十八届六中全会通过的《关于新形势下党内政治生活的若干准则》、2017 年 3 月中共中央办公厅印发的《关于推进“两学一做”学习教育常态化制度化的意见》、2017 年 10 月党的十九大报告等都对认真坚持“三会一课”制度作出了明确规定和要求，归纳起来主要有以下几个方面：

1. 坚持“三会一课”制度，党员必须参加党员大会、党小组会和上党课，党支部要定期召开支部委员会会议。

2. “三会一课”要突出政治学习和教育，突出党性锻炼，坚决防止表面化、形式化、娱乐化、庸俗化。

3. 领导干部要以普通党员身份参加所在党支部或党小组的组织生活，坚持党员领导干部讲党课制度。

链接 LINK
& 党的基层组织

根据规定和工作问答等说明，党的基层组织即基层党组织，是指中国共产党设置在企业、农村、机关、学校、科研院所、街道社区、社会组织、人民解放军连队和其他基层单位的基层委员会、总支部委员会、支部委员会，也包括基层委员会经批准设立的同级基层纪律检查委员会、不设委员会的党支部。

4. 基层党组织要以“三会一课”为基本制度，以党支部为基本单位，把“两学一做”作为党员教育的基本内容，长期坚持，形成常态。

5. 坚持“三会一课”制度，推进党的基层组织设置和活动方式创新，加强基层党组织带头人队伍建设，扩大基层党组织覆盖面，着力解决一些基层党组织弱化、虚化、边缘化问题。

6. 各领域各行业党支部要充分发挥教育管理党员的主体作用，运用“三会一课”等制度抓好“两学一做”学习教育，真正成为教育党员的学校、团结群众的核心、攻坚克难的堡垒。

7. 要以学习党章党规、学习习近平总书记系列重要讲话精神为主要内容，结合党员思想和工作实际，确定“三会一课”的主题和具体方式，做到形式多样、氛围庄重。

8. 党支部要制定年度“三会一课”计划并报上级党组织备案，如实记录“三会一课”开展情况，对没有正当理由长期不参加“三会一课”的党员，要进行批评教育，促其改正。

链接 LINK
& 哪些党支部不设支部委员会

根据党内法规、规范性文件有关规定和发扬党内民主需要、基层党组织经验做法，正式党员不足 7 人的党支部一般不设支部委员会，由党员大会选举支部书记 1 人，必要时增选副书记 1 人。

链接 LINK
&党的委员会任期

根据中组部工作问答和党内生活常识，党的委员会任期是指由党的各级代表大会或党员大会选举产生的同级委员会按照党章规定履行领导机关职责、行使领导权力的期限。

9. 上级党组织要对党支部执行“三会一课”情况进行指导检查，对不经常、不认真、不严肃的，要批评指正；情况严重的，要采取整顿等措施，进行组织处理。

注意：各地各级党组织为了严格落实上述规定和要求，都联系实际地制定了坚持“三会一课”制度的具体要求。对于上级党组织制定的认真坚持“三会一课”制度的各项有关规定和要求，所有有关的基层党组织或党小组都应该联系实际地严格加以落实。

三、支部党员大会的会期规定和要求

根据党内法规、规范性文件等对支部党员大会会期有关规定和要求，以及《中国共产党组织工作教程》等对此的说明，支部党员大会会期是：

1. 作为“三会一课”的支部党员大会，一般每3个月召开1次（如果党支部不设支部委员会或者没有划分党小组的，支部党员大会一般应当每月召开1次——编者注）。

2. 进行党支部委员会（不设委员会的党支部书记、副书记——编者注）换届选举的支部党员大会，应该在委员会（不设委员会的党支部书记、副书记——编者注）任期届满时召开，会期即党章、党内法规或规范性文件规定的任期。

链接 LINK
& 表决权

根据中组部工作问答，表决权是指党员或党员代表或委员会成员按照自己的意愿，在党的会议上对讨论决定问题表示赞成或者反对或者弃权的权利。

3. 2018 年 7 月及其以后换届的，党的基层委员会任期为 5 年，总支部委员会、支部委员会每届任期 3 年，其中，村和社区党的基层委员会、总支部委员会、支部委员会的任期为 5 年。

4. 2018 年 7 月及其以后换届选举的，不设支部委员会的支部书记、副书记的任期是 3 年（村、社区不设支部委员会的支部书记、副书记任期为 5 年——编者注）。

5. 2018 年 7 月以前换届选举的，党的支部委员会或不设委员会的党支部书记、副书记每届任期为 2 年或 3 年。

6. 按照《中国共产党基层组织选举工作条例》（中共中央于 2020 年 7 月 13 日发布，自 2020 年 7 月 13 日起施行，下同——编者注）第三条规定，党支部委员会或者不设委员会的党支部书记、副书记，其任期届满应按期进行换届选举，如需延期或者提前进行换届选举的，应报上级党组织批准，但延长或者提前期限一般不超过 1 年。

7. 支部党员大会根据党支部的工作需要或者上级党组织的要求，可随时召开。

四、支部党员大会的召集、主持的有关规定和要求

支部党员大会一般由支部书记或支部委员会召集（不设委员会的支部党员大会一般由党支部书记召集，特殊情况下，也可由党支部书记委托副书记召集——编者注）。支部党员大会一般由党支部书记主持（特殊情况下，如支部

链接 LINK
&选举权

根据《中国共产党组织工作辞典》的解释，选举权是指党员或党员代表或委员会成员按照自己的意愿，选举党的领导机关或者出席上级党代表大会（党代表会议）代表的权利。

书记外出不在位又必须召开支部党员大会的，也可由党支部书记委托党支部副书记或一名委员主持——编者注）。

五、支部党员大会到会人数的规定和要求

根据《中国共产党基层组织选举工作条例》、《中国共产党发展党员工作细则》（中共中央办公厅于2014年5月28日印发，下同——编者注）、《中国共产党支部工作条例（试行）》和《中国共产党组织工作辞典》、《党组织选举工作手册》等有关规定和说明，对参加支部党员大会的党员人数有以下具体的规定和要求：

1. 通常情况下，支部党员大会一般要有本党支部半数以上党员参加方为有效。表决必须有半数以上有表决权的党员到会方可进行。

2. 讨论接收预备党员的支部党员大会，有表决权的到会党员人数必须超过有表决权党员人数的半数方可进行表决。

3. 讨论预备党员转正的支部党员大会，有表决权的到会党员人数必须超过有表决权党员人数的半数方可进行表决。

4. 进行选举的支部党员大会，有选举权的到会党员人数不少于应到会人数的4/5，会议有效（但需注意，经党员大会表决通过的选举办法中要写明“有选举权的到会党员人数不少于应到会党员人数的4/5，会议有效”，且有表决权的党员实到会人数必须超过该党支部有表决权党员人数的半数方可进行表

链接 LINK

&哪些党员可不计算为应到会人数

根据中共中央组织部在工作问答中的说明，党员因下列情况不能参加选举的，经报上级党组织同意，并经党员大会通过，可不计算在应到会人数之内：（1）患有精神病或者其他疾病导致不能表达本人意志的；（2）自费出国半年以上的；（3）虽未受到留党察看以上党纪处分，但正在服刑的；（4）年老体弱卧床不起和长期生病生活不能自理的；（5）工作调动，下派锻炼、蹲点，外出学习或工作半年以上等，按规定应转走正式组织关系而没有转走的；（6）已回原籍长期居住的离退休人员中的党员，因特殊情况没有从原单位转出党员组织关系、确实不能参加选举的；（7）外出流动党员确因情况特殊无法到会的。需要注意的是，自2018年10月1日起施行的《中国共产党纪律处分条例》第三十条规定：“党员被依法留置、逮捕的，党组织应当按照管理权限中止其表决权、选举权和被选举权等党员权利。”

决——编者注）。

5. 召开不同目的、任务、内容的支部党员大会，以及不同的地方、基层党组织，上级党组织对参加会议的党员人数的规定和要求也不尽相同，实践中，必须严格落实上级党组织关于支部党员大会到会人数的各项有关规定和要求。

链接 LINK

&案例：到会人数不符合规定被认定选举无效

某党支部召开党员大会进行换届选举，有选举权党员应到会参加选举人数为35人，经党员大会表决通过的选举办法规定“有选举权的党员实到会人数超过应到会人数的4/5的，会议有效”。该党支部在计算有选举权的合法到会党员人数时，按合法到会人数 > 有选举权的党员应到会人数 ×4/5=35×4/5=28（人），进行选举时，有选举权的党员实到会人数刚好是28人，该党支部认为到会人数符合规定，就按党员大会选举程序选举产生了支部委员会。结果可能因违反选举办法“有选举权的党员实到会人数超过应到会人数的4/5的，会议有效”的规定，被认定为选举无效。

六、支部委员会会期的规定和要求

支部委员会的会期是指党支部委员会全体委员参加的会议多长时间召开一次。根据《中国共产党支部工作条例（试行）》的规定，支部委员会一般每月召开一次，根据支部委员会工作需要或者上级党组织要求，也可随时召开。

链接 LINK

& 支部班子成员正式组织关系转出后职务是否免除

党员组织关系是党员与党的基层组织的隶属关系。根据中组部工作问答及党内生活常识等，党员正式组织关系转出后，党员在党组织中的隶属关系随即发生变化，在原党支部的书记或副书记或委员的职务自行免除。

七、支部委员会召集、主持的有关规定和要求

根据党内有关规定、工作问答和基层党组织的经验做法，通常情况下，党支部委员会由党支部书记召集并主持。但在以下特殊情况下，也可由党支部副书记或委员召集并主持：

1. 如果党支部书记调离了党支部，并按照规定转走了党员正式组织关系等，在党支部书记暂缺的情况下，需要召开支部委员会的，由党支部副书记召集并主持；党支部未设副书记或副书记也因故无法参加支部委员会的，则应委托支部委员会的组织委员或其他委员召集并主持。

2. 党支部书记因故无法参加支部委员会的，应委托党支部副书记召集并主持支部委员会；党支部未设副书记或副书记也因故无法参加支部委员会的，则应委托支部委员会的组织委员或其他委员召集并主持支部委员会。

3. 当支部书记不在位或虽然在位但确实因故无法参加会议的，如果支部委

链接 LINK

&委员在位少又必须召开支部委员会怎么办

根据党内法规、规范性文件有关规定及工作问答精神，如委员外出比较多、参加支部委员会人数确实无法超过半数的，一般情况下可待委员都在位、进行充分酝酿后再召开支部委员会，但在紧急情况下，确需召开支部委员会研究解决某些问题的，可召开支部党员大会研究处理这些问题。

员会议不是特别需要，在不影响党支部工作的情况下，可以缓期召开，待党支部书记在位后抓紧召开。

八、支部委员会到会人数的规定和要求

讨论不同内容、研究决定不同问题的支部委员会，对到会人数的规定和要求也是不同的，具体应根据党内法规、规范性文件和中共中央组织部的工作问答等，从以下几个方面把握对支部委员会到会人数的有关规定和要求：

1. 通常情况下，支部委员会一般要有半数以上委员参加方为有效。

2. 确定入党积极分子、发展对象的支部委员会，有表决权的到会委员人数必须超过应到会委员人数的半数。

3. 选举党支部书记、副书记的支部委员会，有选举权的到会委员人数必须不少于应到会有选举权的委员人数的 4/5，会议方为有效。

4. 按照规定和要求召开研究讨论选拔任用干部问题的支部委员会的，如果明确有表决权的实到会委员人数必须超过应到会委员人数的 2/3 等具体规定的，党支部委员会要严格加以落实。

5. 上级党组织对支部委员会到会人数另有规定的，要从其规定。

链接 LINK
& 党支部领导制度

党支部委员会实行集体领导与个人分工负责相结合的领导制度。根据党章等有关规定、工作问答等有关说明的精神，这一领导制度的基本原则和要求是：凡属重大问题，均由支部委员会集体讨论并作出决定，不允许个人专断；委员会成员根据集体的决定和分工，切实履行自己的职责，反对遇事推诿、互相扯皮和无人负责的现象。

九、支部委员会议事规则

根据党章等有关规定的精神、《中国共产党组织工作辞典》对“议事规则”作出的“党组织讨论决定问题的基本原则；讨论决定问题的范围；议题的提出和确定的程序、责任和要求；会议召开的时间要求、主持人、法定人数和其他注意事项；讨论问题的方法、步骤；会议纪律”等说明、工作问答，实践中可从以下几个方面把握支部委员会议事规则：

1. 支部委员会要认真贯彻执行民主集中制原则，坚持和完善集体领导与个人分工负责相结合的制度。支部委员要根据集体决定和分工，切实履行好委员职责，创造性地开展工作。

2. 支部委员会一般每月召开一次，如有特殊情况可随时召开。支部委员会会议一般由党支部书记召集、主持或者委托支部副书记（委员）召集、主持。

3. 支部委员会必须有半数以上的委员到会方能举行（选举书记、副书记时，有选举权的到会委员必须不少于应到会委员的4/5，会议方为有效——编者注）。根据支部委员会会议的议题需要，可以邀请有关人员列席。

4. 支部委员会的议题，一般由支部书记根据工作需要确定，其他支部委员拟提交支部委员会讨论的议题，一般应在会议召开之前与支部书记沟通。

链接 LINK
&新时代党的建设总要求

党的十九大报告明确的新时代党的建设总要求是：坚持和加强党的全面领导，坚持党要管党、全面从严治党，以加强党的长期执政能力建设、先进性和纯洁性建设为主线，以党的政治建设为统领，以坚定理想信念宗旨为根基，以调动全党积极性、主动性、创造性为着力点，全面推进党的政治建设、思想建设、组织建设、作风建设、纪律建设，把制度建设贯穿其中，深入推进反腐败斗争，不断提高党的建设质量，把党建设成为始终走在时代前列、人民衷心拥护、勇于自我革命、经得起各种风浪考验、朝气蓬勃的马克思主义执政党。

5. 支部委员会召开的日期、议题及有关事项，要提前通知所有与会人员。与会人员要按照会议通知及要求，认真做好发言准备。

6. 支部委员会的议题一般包括：研究、贯彻上级党委的决议和指示；讨论制定完成生产和工作任务的方针、举措和办法；研究本单位党的建设和党员教育管理监督方面的问题；研究本单位有关干部选拔、调整方面的问题；根据有关规定和要求、管理权限，研究培养、教育、发展党员方面的问题；根据本单位的实际情况，讨论研究协调有关的群团组织工作方面的问题，使有关的群团组织保持和增强政治性、先进性、群众性；讨论研究党支部政治、思想、组织、作风、纪律建设和把制度建设贯穿其中、深入推进反腐败斗争方面的情况；讨论、决定党支部的请示、报告、总结等其他重要事宜。

7. 支部委员会决定重大问题，要经过充分讨论，坚持少数服从多数原则。形成的决议必须有应到会的半数以上的委员赞同（选举书记、副书记时，被选举人获得的赞成票超过应到会有选举权的人数半数，始得当选——编者注）；如对处理重大问题的决定出现分歧，则不应匆忙做出决定，待进一步调查研究、统一认识后再作决定，也可将有争议的事项向上级党组织报告。

链接 LINK

&党支部班子成员当选

当选是指对选举结果的一种确认方式。根据党内法规的规定、中组部的工作问答精神，在选举有效的前提下，党支部委员、书记、副书记候选人获得的赞成票数超过应到会有选举权党员（委员）人数半数的，始得当选。获得赞成票数超过半数的被选举人数多于应选名额时，以得票多的当选。如遇票数相等不能确定当选人时，应就票数相等的被选举人重新进行投票，得票多的当选。

8. 认真做好会议记录，决议形成后，要严格按照分工及时、严密组织实施，狠抓工作落实。

9. 研究具有保密性或者不宜公开的内容，与会同志要严守秘密，不得随意公开。

链接 LINK

&党小组的性质和作用

根据有关解答、说明的精神，党小组是党支部的组成部分，但不是党的一级组织。党小组的主要作用是在党支部的统一领导下，负责对党员的教育和管理，组织开展党内活动，督促和指导党员发挥先锋模范作用，积极完成党支部布置的任务，保证党的路线、方针、政策的贯彻执行。

十、党小组会会期的规定和要求

党小组会的会期是指党小组多长时间召开一次党小组全体党员参加的会议。《中国共产党支部工作条例（试行）》第十三条对党小组会会期的明确规定是：“党小组会一般每月召开1次。”实践中，党小组应根据党小组的工作需要，或者上级党组织的有关要求，随时召开本党小组所有党员参加的党小组会。

十一、党小组会召集和主持的规定和要求

党小组会是党小组活动的主要形式之一，也是党员组织生活的一个重要组成部分。党小组会由党小组长召集并主持，一般要有党小组半数以上（没有特殊原因，党小组的党员都应参加党小组会——编者注）的党员参加（上级党组织对党小组会到会人数有具体规定的，党小组必须从其规定——编者注）。

十二、上党课时间的规定和要求

这里所说的上党课时间，是指党组织多长时间上一次党课。党章等党内法规对此没有做统一规定。党内法规、规范性文件等比较多的规定和要求是“按时上好党课”“党员必须参加党员大会、党小组会和上党课”“坚持党员领导干部讲党课制度，各级党委（党组）书记每年至少为基层党员讲一次党课”等。目前，有的地方和部门党委（党组）、组织部门对党的基层组织多长时间上一次党课作了明确具体的规定和要求，如2005年7月，中共杭州市委《关于加强和改进机关党的建设工作的意见》作出了“落实基层党组织每季一次党课、每月一次支部集中学习制度，进一步建立健全督学、述学、考学机制。党员领导干部上党课每年不少于一次”的规定。因此，党支部要按照上级党组织有关

链接 LINK

&党支部班子成员落选

根据中共中央组织部工作问答、其他有关说明，落选是同当选相对的概念，也是指对选举结果的一种确认方式。根据党内法规的规定、说明，在选举有效的前提下，党支部委员、书记、副书记候选人获得的赞成票数未超过应到会有选举权党员（委员）人数半数的，不能当选；获得赞成票数超过半数的被选举人数多于应选名额时，得票少的落选。

上党课的具体规定和明确要求，结合本党支部的实际情况，每年对上党课作出合理安排，以切实把按时上好党课制度落到实处。

十三、创新方式讲党课的规定和要求

2016 年 2 月，中共中央办公厅印发的《关于在全体党员中开展“学党章党规、学系列讲话，做合格党员”学习教育方案》规定：讲党课一般在党支部范围内进行。党支部要结合专题学习讨论，对党课内容、时间和方式等作出安排。党员领导干部要在所在党支部讲党课，到农村、社区、企业、学校等基层单位党支部讲党课。组织党校教师、讲师团成员、先进模范到基层一线党支部讲党课。要鼓励和指导基层党组织书记、普通党员联系实际讲党课。注重运用身边事例、现身说法，强化互动交流、答疑解惑，增强党课的吸引力和感染力。

链接 LINK
& 党的组织生活

根据中央组织部的工作问答等，党的组织生活是党的生活的重要内容，是党组织对党员进行教育、管理、监督、服务的重要形式，它主要依托党支部、党小组开展活动。

十四、认真坚持“三会一课”制度的重要性

2016 年 10 月，党的十八届六中全会通过的《关于新形势下党内政治生活的若干准则》规定：“认真坚持‘三会一课’制度。”长期以来，各地各级党组织都非常重视坚持“三会一课”制度。这都足以说明坚持“三会一课”制度的重要性。概括起来，认真坚持“三会一课”制度的重要性，突出地体现在以下几个方面：

链接 LINK
&党支部主题党日

党支部主题党日可以一般地理解为每月固定一日、每次根据党支部工作和党员实际确定一个或几个鲜明主题的党支部和党员进行党的活动的专门时间。

1.“三会一课”是党的组织生活的基本形式。《中国共产党组织工作辞典》对党的组织生活的主要形式作出了“有党员大会、支部委员会、党小组会、党员领导干部民主生活会以及党课、民主评议党员”等明确说明。从以上可以理解，“三会一课”是党组织生活的基本形式。

2.“三会一课”是党支部主题党日的重要内容。2017 年 3 月，中共中央办公厅印发的《关于推进“两学一做”学习教育常态化制度化的意见》明确要求:“推广党支部主题党日，组织党员在主题党日开展‘三会一课’、交纳党费、参加服务群众等活动。”

3.“三会一课”制度是加强党员教育管理工作的方法途径。2006 年 6 月，中共中央办公厅印发的《关于加强党员经常性教育的意见》明确的党员经常性教育的方法途径就有“认真执行‘三会一课’制度”。《中国共产党组织工作辞

链接 LINK
&“两学一做”学习教育

为深入学习贯彻习近平总书记系列重要讲话精神，推动全面从严治党向基层延伸，巩固拓展党的群众路线教育实践活动和“三严三实”专题教育成果，进一步解决党员队伍在思想、组织、作风、纪律等方面存在的问题，保持和发展党的先进性和纯洁性，党中央决定，2016 年在全体党员中开展“学党章党规、学系列讲话，做合格党员”学习教育。党的十九大修改通过的党章把“推进‘两学一做’学习教育常态化制度化”列入所有党的基层组织必须完成的基本任务中。

典》把“坚持‘三会一课’制度”作为党员管理的主要方法途径之一。

4.“三会一课”制度是推进“两学一做”学习教育常态化制度化的基本制度。2017 年 3 月，中共中央办公厅印发的《关于推进“两学一做”学习教育常态化制度化的意见》提出了“基层党组织要以‘三会一课’为基本制度，以党支部为基本单位，把‘两学一做’作为党员教育的基本内容，长期坚持、形成常态”“把‘两学一做’学习教育纳入党支部‘三会一课’等基本制度”等要求。

5. 认真坚持“三会一课”制度对保持共产党员先进性纯洁性具有重要意义。根据编者于 2017 年 11 月前后开展的随机问卷调查统计，接受问卷调查的基层党组织书记、副书记、委员和党员、群众认为，认真坚持“三会一课”制度对保持共产党员先进性和纯洁性非常重要、重要的分别达到 49.9% 和 48.0%，认为不重要、无所谓的分别仅有 1.8% 和 0.3%（调查结果见图 1–1）。

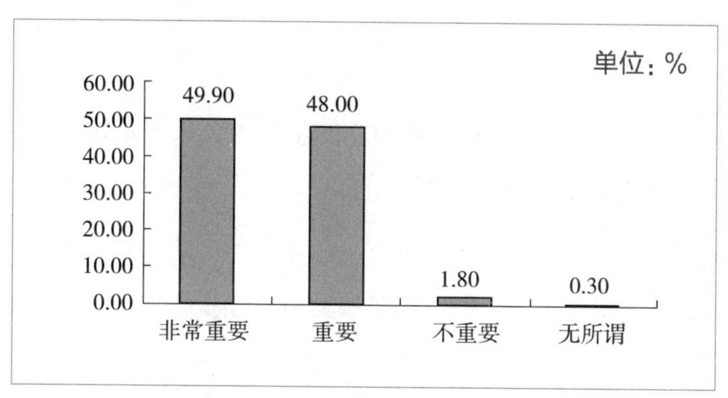

图 1–1　认真坚持“三会一课”制度对保持党员先进性纯洁性重要性问卷调查结果

6. 认真坚持“三会一课”制度对增强基层党组织战斗力具有重要作用。《中国共产党组织工作教程》强调指出：“认真坚持‘三会一课’制度，对于健全党员组织生活，严格党员管理，加强党员教育，提高党员素质，增强基层党组织的战斗力，具有重要作用。”

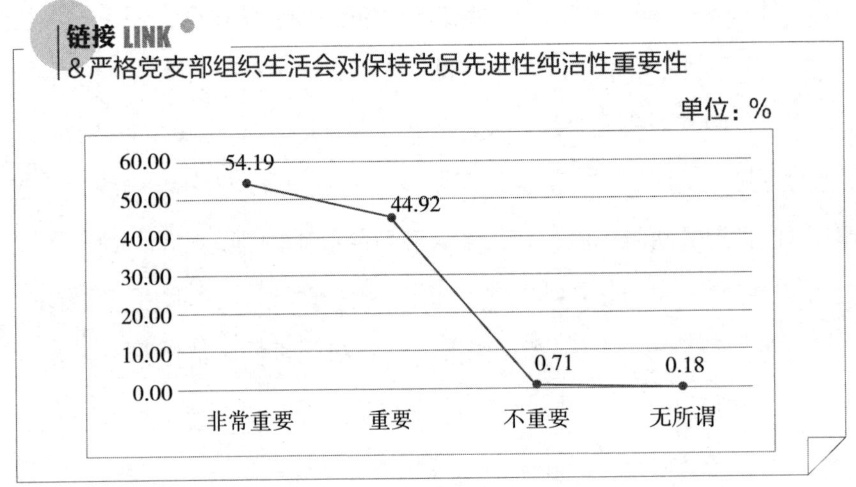

第三节 “三会一课”制度的形成和发展

与前所述，“三会一课”制度是指党的基层组织按照规定和要求定期召开支部党员大会、党支部委员会、党小组会和按时上好党课的制度。“三会一课”制度是逐步形成并不断发展的，本节根据党章党规、工作问答和专家学者研究成果等对此进行简要说明，以供广大基层党务工作者和党员学习参考。

一、建立“三会一课”制度的思想前提

马克思、恩格斯于1847年6月在同盟第一届代表大会上拟定、经过同盟各支部讨论后重新提交第二届代表大会审查并于1847年12月8日批准的《共产主义者同盟章程》第五条作出了“同盟的组织机构是：支部、区部、总区部、中央委员会和代表大会”、第六条作出了“支部的组成至少三人至多二十人”、第七条作出了“每个支部选举主席和副主席各一人。主席主持各种会议”、第二十四条作出了“支部、区部委员会以及中央委员会至少每两周开会

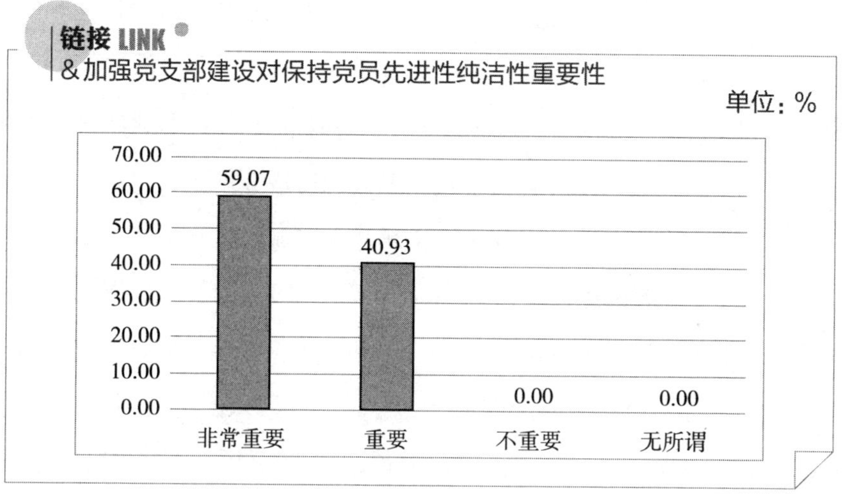

一次”、第二十八条作出了“盟员至少每三个月同所属区部委员会联系一次，支部每月联系一次”等规定。马克思、恩格斯于 1847 年 12 月至 1848 年 1 月起草、于 1848 年 2 月 21 日在伦敦发表的《共产党宣言》中又明确指出：“共产党人并没有发明社会对教育的影响；他们仅仅是要改变这种影响的性质，要使教育摆脱统治阶级的影响”“共产党一分钟也不忽略教育工人尽可能明确地意识到资产阶级和无产阶级的敌对的对立”。马克思主义经典作家关于党的支部设置、支部会议、党的委员会会议、党的教育的最早阐述和这些思想，都说明马克思主义有关党的学说是“三会一课”制度形成的思想前提。

二、建立“三会一课”制度的组织基础

马克思主义政党是工人阶级的先锋队。我们都知道，这个区别于其他任何政党的性质，决定了马克思主义政党必然成为整个阶级的团结核心和战斗司令部，必然更加突出先进性、纯洁性建设，必然坚持在民主基础上的集中和集中指导下的民主相结合的民主集中制为根本的组织原则，这就客观地要求建立严密的组织体系和始终保持党的先进性、纯洁性，从而为建立“三会一课”制度

提供了组织基础和实践依据。根据党章、党的文献等规定及论述，具体可从以下几个方面加深理解。

1922 年 7 月，党的二大制定的党章作出了“各农村各工厂各铁路各矿山各兵营各学校等机关及附近，凡有党员三人至五人均得成立一组，每组公推一人为组长，隶属地方支部（如各组所在地尚无地方支部时，则由区执行委员会指定隶属邻近之支部或直隶区执行委员会；未有区执行委员会之地方，则直接受中央执行委员会之指挥监督——编者注）。每一个机关或两个机关联合有两个组织以上，即由地方执行委员会指定若干人为该机关各组之干部。各组组织，为本党组织系统，训练党员及党员活动之基本单位，凡党员皆必须加入”。这是党的根本大法第一次对党小组、党支部的设置及其隶属关系等作出的明确规定。

1925 年 2 月，党的四大通过的党章进一步明确“每支部公推书记一人或推三人组织干事会”“支部人数过多时，得斟酌情形分为若干小组，每组设组长一人，由支部干事会指定之”“中央及区与地方执行委员会与支部干事会，由总书记或各级书记随时召集之”等规定，这是党的根本大法第一次对设立支部干事会作出了规定。支部干事会，可以一般地理解为我们现在通常所说的党支部委员会的前身。

1945 年 6 月，党的七大通过的党章进一步作出了“在每一工厂、矿山、农

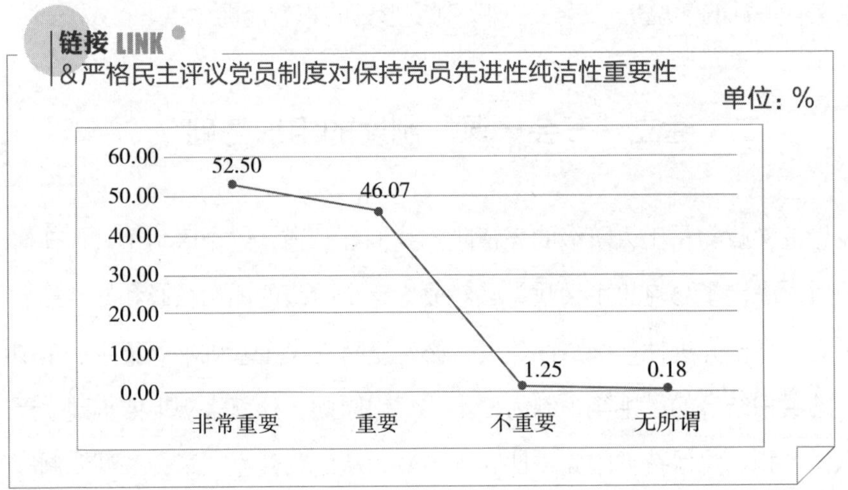

村、企业、街道、连队、机关和学校，是全体党员大会，支部委员会，支部代表会议”“凡在党员数量比较多的处所，在党的支部委之下，得按自然的、居住的或工作的情况，划分小组”“由支部全体党员大会选举支部委员会，进行经常工作。任期半年至一年”等明确规定。至此，党的根本大法对党支部、支部委员会、党小组设置及其产生、任期等制度作出安排，为“三会一课”制度形成和不断发展奠定了组织基础。

三、“三会一课”制度的形成过程

可以这样说，“三会一课”制度不是一蹴而就、一下子就形成的，而是一个逐步建立、不断完善的过程。编者从党的根本大法和重要文献关于党小组会、支部委员会、支部党员大会和党内教育实践的有关规定和论述等，参考一些专家学者的研究成果，及自己的学习体会，对此作些归纳和说明。

1. 党小组会、支部党员大会制度率先建立。1922 年 7 月，党的二大制定的党章作出的“各组，每星期由组长召集会议一次；各干（支）部每月召集全体党员或组长会议一次”的规定，标志着作为“三会一课”制度中的党小组会、支部党员大会制度初步建立。

2. 支部委员会制度的逐步形成。1927 年 6 月，党的五大通过的党章规定：“支部干事会议，每两星期中，至少召集一次支部党员大会，报告支部干事会的工作，及讨论支部所在之机关或区域内的一切实际政治及经济斗争的问题。”1945 年 6 月 11 日，党的七大通过的党章规定：“由支部全体党员大会选举支部委员会，进行经常工作。任期半年至一年。”标志着作为“三会一课”制度的支部委员会制度基本建立。

3. 以“有计划地进行党内教育”为标志，按时上党课制度的基本确立。古田会议前，毛泽东同志一直思考“着重从思想上建党”问题。毛泽东同志针对“有许多党员，在组织上入了党，思想上并没有完全入党，甚至完全没有入党。

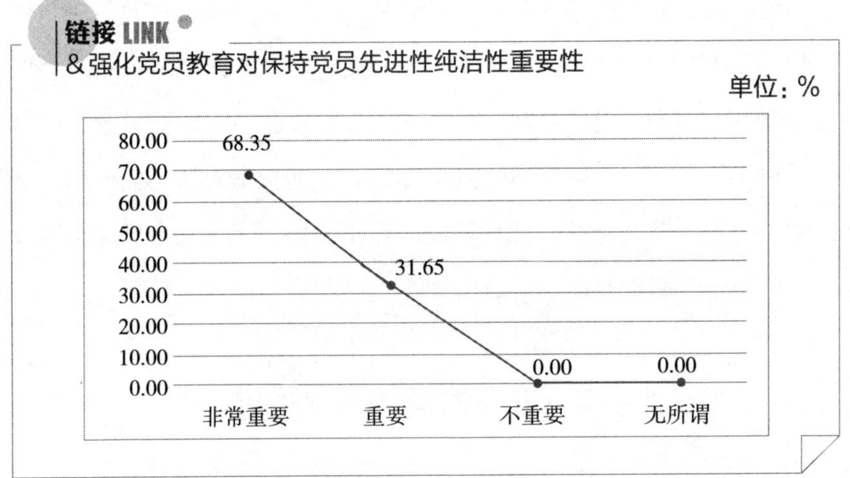

这种思想上没有入党的人，头脑里还装着剥削阶级的脏东西，根本不知道什么是无产阶级思想，什么是共产主义，什么是党”等状况，创造性地提出“着重从思想上建党”原则，极大地丰富和发展了马克思主义。1929 年 12 月，毛泽东同志起草的《中国共产党红军第四军第九次代表大会决议案》（以下称《古田会议决议》——编者注）提出了“红军党内最迫切的问题，要算是教育的问题”“有计划地进行党内教育，纠正过去无计划的听其自然的状态，是党的重要任务之一”“教育党员用马克思列宁主义的方法去作政治形势的分析和阶级势力的估量，以代替主观主义的分析和估量”等，这标志着按时上好党课制度基本确立。

4.“三会一课”制度体系基本建立。《古田会议决议》在严肃指出一部分党组织“支部大会，纵队或支队党员大会等，非常开得少”“支部大会及小组会，有许多没有按时开”等问题的同时，作出了“从教育上提高党内的政治水平”“加紧教育、批评不正确思想，肃清流寇主义”“支委会及支委以上各级党部，应该有计划地每月规定支部大会及小组会讨论的材料，并规定会期，严密地督促开会”“每连建设一个支部，每班建设一个小组，这是红军中党的组织的重要原则之一，在党员数量过少的部队，事实上不能每班建立一个小组时，

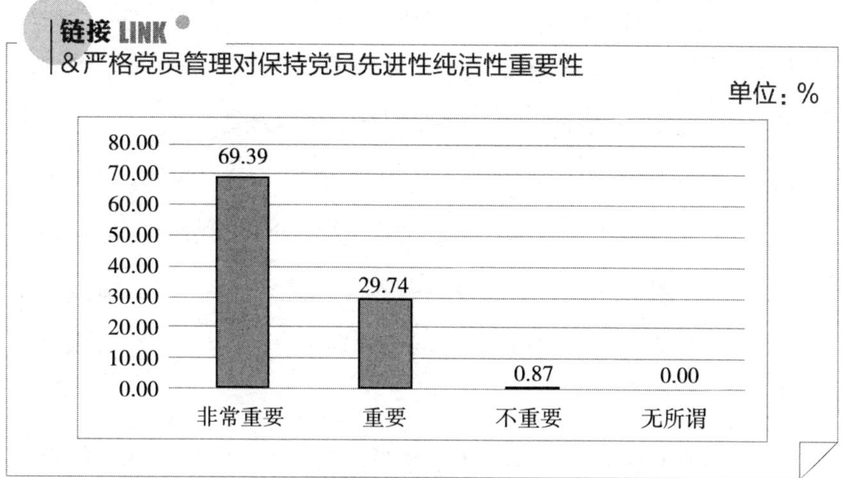

则暂以排为单位建设小组，而把组员有计划地分配到各班，但须明白这是过渡的方法”等规定，标志着“三会一课”制度体系在红军中基本形成。新中国成立后，各地党员和党组织可以公开活动并加强他们的联系，“三会一课”也就自上而下在全党推行，至 1957 年前后，全国范围内的党的基层组织都建立了比较规范的“三会一课”制度，成为全党政治生活和组织生活的一种基本形式和基本制度。

5.“三会一课”制度一度出现中断。1969 年 4 月，党的九大通过的党章取

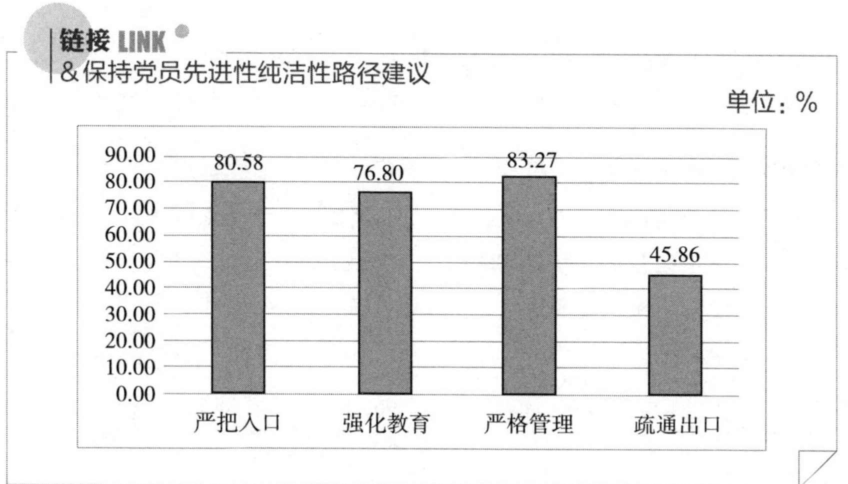

消了八大党章中“一个基层单位的正式党员如果不到三人，就不能成立基层组织，但是可以成立正式党员和预备党员的小组”“支部党员大会，每三个月至少召开一次”“党的小组选举组长一人，必要的时候可以加选副组长一人”“支部由党员大会选举支部委员会”“凡是党员不足五十人的基层组织，经过上一级委员会的决定，可以举行党员大会，选举支部委员会”等有关支部党员大会、支部委员会、党小组会和党小组的设置内容及有关“三会一课”制度的内容，使“三会一课”制度失去了得以落实的组织基础，导致了“三会一课”一度出现中断的现象。

6.“三会一课”制度全面恢复。1977 年 8 月，党的十一大修改通过的党章恢复了支部委员会的内容，规定:“党的支部委员会每年选举一次，党的总支部委员会、基层委员会每两年选举一次。在特殊情况下，经上级党委批准，可以提前或延期选举。”1982 年 9 月，党的十二大通过的党章又恢复了党小组的有关内容，规定:“每个党员，不论职务高低，都必须编入党的一个支部、小组或其他特定组织，参加党的组织生活，接受党内外群众的监督。”同时作出了“支部党员大会，一般每三个月召开一次”“对党员进行教育和管理，严格党的组织生活，监督党员切实履行义务，遵守纪律，保障党员的权利不受侵

链接 LINK

&对党员教育管理有效的思想政治工作方式方法随机问卷调查情况

单位：%

把党员教育管理作为主题党日常规内容，及时学习有关文件和方针政策	每年开展党员轮训，系统组织党员学习、交流学习的体会	党员自学为主，每年开展知识测试，成绩作为党员评议依据	党员领导干部每年到所在支部上党课，辅导党员政治学习	建立基层党支部党课讲师团，综合利用师资为支部上党课
82.44	85.48	43.19	65.41	55.91

犯”“教育和监督党员干部和其他任何工作人员严格遵守国法政纪”“教育党员和群众提高革命警惕，坚决同反革命分子和其他破坏分子的犯罪活动作斗争”“用共产主义思想教育党员和人民群众，抵制和克服资本主义腐朽思想、封建主义残余思想和其他非无产阶级思想”等明确规定。至此，一度中断的“三会一课”制度得以全面恢复。

四、“三会一课”制度的继承和发展

1.“三会一课”成为约定俗成的专有名词。1998年1月,《党员管理手册》（中央组织部组织局编著，党建读物出版社1998年版，下同——编者注）等对“三会一课”的概念作出“所谓‘三会一课’是指：定期召开支部党员大会、支部委员会、党小组会，按时上好党课”的权威解释，使“三会一课”成为一个约定俗成的专用名词被普遍使用。此后，在关于党的基层组织建设的党内文件中，经常出现“三会一课”制度字样，如2006年6月21日中共中央办公厅印发的《关于加强党员经常性教育的意见》规定：“认真执行‘三会一课’制度，坚持和完善民主评议党员制度，定期开展党员党性分析评议活动。”再如2010年7月中共中央组织部、中共中央宣传部、中共中央创先争优活动领导小组联合转发的《在非公有制经济组织党组织和党员中深入开展创先争优活动的实施意见》规定：“切实选好配强党组织书记，重视党员发展、教育、管理和服务，能够确保党员大会、支委会、党小组会和党课‘三会一课’制度以及民主评议党员制度等落到实处。”

2. 习近平总书记对在新的历史条件下严格党内政治生活、坚持“三会一课”制度提出的一系列新要求，为继承和发展“三会一课”制度提供了重要遵循。党的十八大以来，习近平总书记先后提出了“要增强党内生活的政治性、原则性、战斗性，使各种方式的党内生活都有实质性内容，都能有针对性地解决问题”“坚决反对党内生活中的自由主义、好人主义”“要坚持不懈严格党内

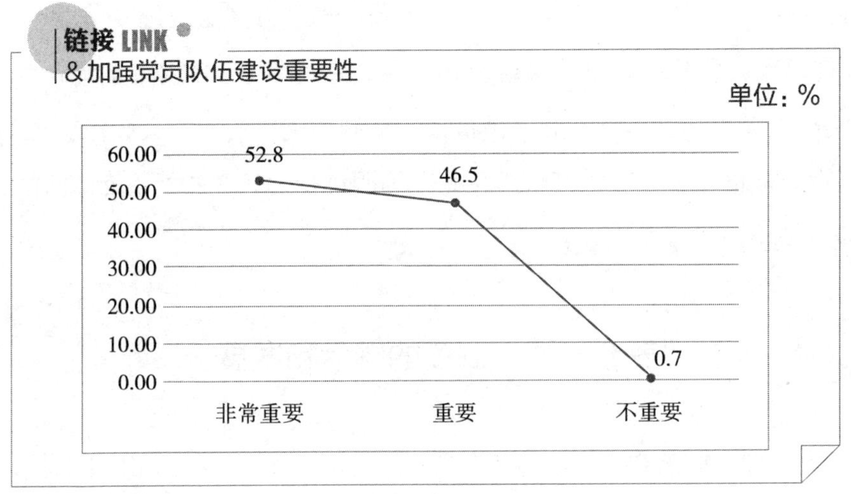

政治生活，坚决反对党内政治生活庸俗化，增强党内政治生活的政治性、原则性、战斗性，不断提高党内政治生活质量和水平""党内政治生活和组织生活都要讲政治、讲原则、讲规矩，不能搞假大空，不能随意化、平淡化，更不能娱乐化、庸俗化""各级党组织要在从严治党上进一步做起来、实起来""无论哪一层级、哪一领域的党组织，都应该严肃认真对待党赋予的职责，按要求进行严格的组织管理""党要管党，首先要从党内政治生活管起；从严治党，首

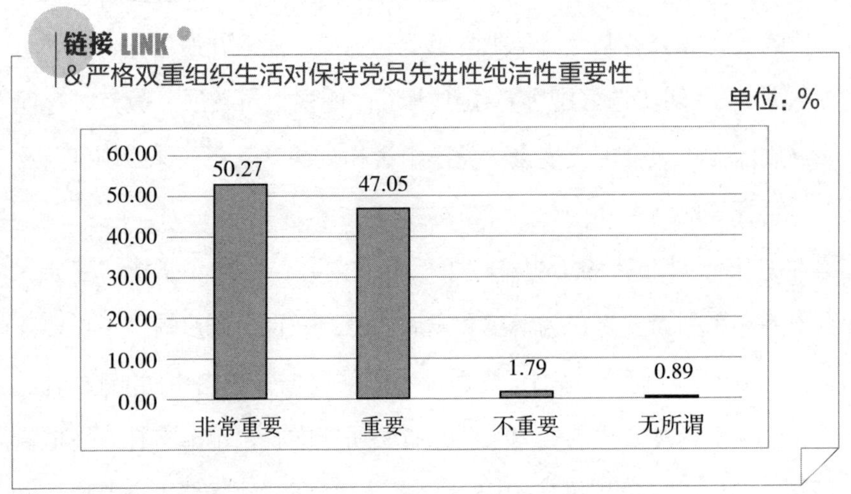

先要从党内政治生活严起。我们要加强和规范党内政治生活，严肃党的政治纪律和政治规矩，增强党内政治生活的政治性、时代性、原则性、战斗性，全面净化党内政治生态。全党同志要增强政治意识、大局意识、核心意识、看齐意识，切实做到对党忠诚、为党分忧、为党担责、为党尽责”等一系列新要求，为增强党内生活的政治性、时代性、原则性、战斗性，继承和发展“三会一课”制度指明了努力方向、提供了重要遵循。

3.“三会一课”制度体系不断完善。其主要标志有以下方面：（1）2016年2月，中共中央办公厅印发的《关于在全体党员中开展“学党章党规、学系列讲话，做合格党员”学习教育方案》明确要求：“要以党支部为基本单位，以‘三会一课’等党的组织生活为基本形式，以落实党员教育管理制度为基本依托，针对领导机关、领导班子和党员干部、普通党员的不同情况作出安排。”（2）2016年10月，党的十八届六中全会通过的《关于新形势下党内政治生活的若干准则》特别规定：“坚持‘三会一课’制度。党员必须参加党员大会、党小组会和上党课，党支部要定期召开支部委员会会议。‘三会一课’要突出政治学习和教育，突出党性锻炼，坚决防止表面化、形式化、娱乐化、庸俗化。领导干部要以普通党员身份参加所在党支部或党小组的组织生活，坚持党员领导干部讲党课制度。”（3）2017年3月，中共中央办公厅印发的《关于推进“两学一做”学习教育常态化制度化的意见》强调指出：“运用‘三会一课’等制度抓好‘两学一做’学习教育。”（4）2017年10月，党的十九大报告进一步指出：“坚持‘三会一课’制度，推进党的基层组织设置和活动方式创新，加强基层党组织带头人队伍建设，扩大基层党组织覆盖面，着力解决一些基层党组织弱化、虚化、边缘化问题。”（5）中共中央印发的、自2018年10月28日起施行的《中国共产党支部工作条例（试行）》规定：“三会一课”应当突出政治学习和教育，突出党性锻炼，以“两学一做”为主要内容，结合党员思想和工作实际，确定主题和具体方式，做到形式多样、氛围庄重。以上这些规定和要求，提高了“三会一课”制度科学化、制度化、规范性水平，对于提高党的建设质量，加强党的长期执政能力、先进性和纯洁性建设，协调推进“四个全面”战略布局，以改革创新精神全面推进党的建设新的伟大工程等都已经发挥并将更好地发挥重要的作用。

第二章

坚持支部党员大会制度

按照《中国共产党组织工作教程》（中共中央组织部编，党建读物出版社2015年版，下同）的说明，支部党员大会的职权和主要任务是：（1）听取和审查党的支部委员会的报告；（2）讨论、决定本支部的重大问题；（3）传达贯彻上级党组织的决议、指示；（4）新的支部委员会；（5）增补和撤销支部委员；（6）接收新党员；（7）提出对党员的奖励和处分意见；（8）决定职权范围内的对党员的表彰和处分。本章根据《中国共产党章程》、《中国共产党基层组织选举工作条例》（中共中央于2020年7月13日发布，自2020年7月13日起施行，下同）、《中国共产党发展党员工作细则》（中共中央办公厅于2014年5月28日印发，下同）和《中国共产党组织工作辞典》（中共中央组织部编，党建读物出版社2009年版，下同）等规定和解释，分《进行选举的支部党员大会》《接收预备党员的支部党员大会》《预备党员转正的支部党员大会》《民主评议党员的支部党员大会》《处置不合格党员的支部党员大会》《听取和审查支部委员会报告的支部党员大会》《讨论决定其他事项的支部党员大会》七节，对开好讨论决定不同事项的支部党员大会进行说明，以供广大基层党务工作者在坚持支部党员大会制度和党务知识培训时加以参考。

第一节　进行选举的支部党员大会

一、进行选举的支部党员大会的职权

根据《党组织选举工作手册》（中共中央组织部组织一局编著，党建读物出版社 2011 年版，下同——编者注）等对召开进行换届选举的党员大会职权的有关说明、工作问答等，进行换届选举的支部党员大会的职权主要有以下几个方面:（1）听取和审查支部委员会的报告（不设支部委员会的应为党支部的工作报告——编者注）;（2）讨论本党支部及党支部职权范围内的重大问题并作出决议;（3）选举支部委员会委员;（4）选举党支部书记、副书记（不设支部委员会的党支部，或由党员大会选举支部委员会书记、副书记的党支部——编者注）;（5）选举出席上级党代表大会或党代表会议代表。

链接 LINK
& 公推直选

“公推”是指党员和群众公开推荐基层党组织领导班子成员，是一个初始提名的问题，目的是增进基层党组织领导班子的合法性基础;“直选”是指党员直接选举基层党组织书记、副书记，是一个自由选择的问题，目的是更好地体现选举人的意志。

——摘自《〈中国共产党党和国家机关基层组织工作条例〉学习读本》（红旗出版社出版 2011 年版，第 118 页）

二、进行选举的支部党员大会前期准备流程图

根据党章等规定和中央组织部的工作问答，以及选举工作的实际需要、基

层党组织的经验做法，支部党员大会选举（包括换届选举，增选或者补选党支部委员会委员和书记、副书记，选举出席上级党代表大会或党代表会议代表——编者注）会前准备流程图如下：

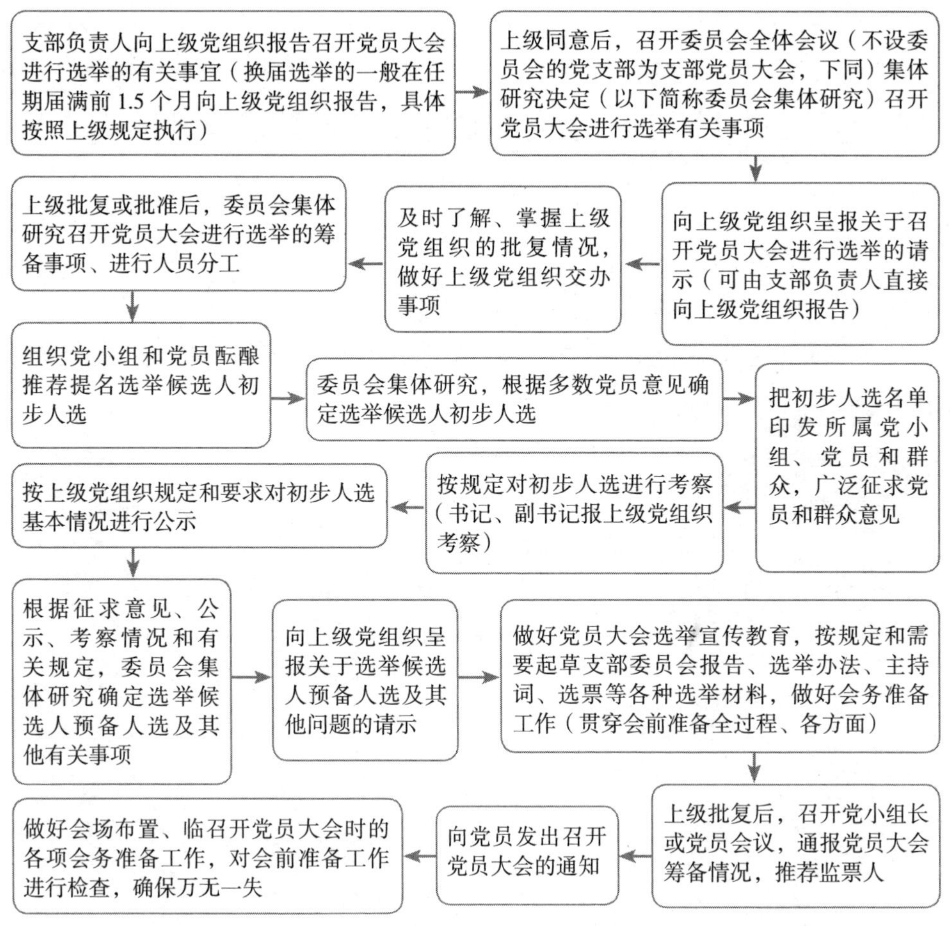

图2-1　进行选举的支部党员大会前期准备流程图

说明：①上级党组织规定或者批准把上述流程中的“向上级党组织呈报关于召开党员大会进行选举的请示”与“向上级党组织呈报关于选举候选人预备人选及其他问题的请示”这两个步骤合并为一次请示的，则没有“向上级党组织呈报关于召开党员大会进行选举的请示”这一步骤，“向上级党组织呈报关于选举候选人预备人选及其他问题的请示”这一步骤改为“向上级党组织呈报关于召开党员大会进行选举及选举候选人预备人选等的请示”。②经验表明，召开选举的支部党员大会，会前按照规定和要求越细致、越充分地做好支部大会会前的各项准备工作，支部党员大会就越顺利。③所需的文本样例请参阅本书第六章的有关内容。

三、进行选举的支部党员大会流程图及说明

根据党章、《中国共产党基层组织选举工作暂行条例》等规定和中组部工作问答，以及党员大会选举工作需要，支部党员大会进行选举（包括换届选举和补选党支部委员、书记、副书记，选举出席上级党代表大会或党代表会议的代表——编者注）流程图及说明如下：

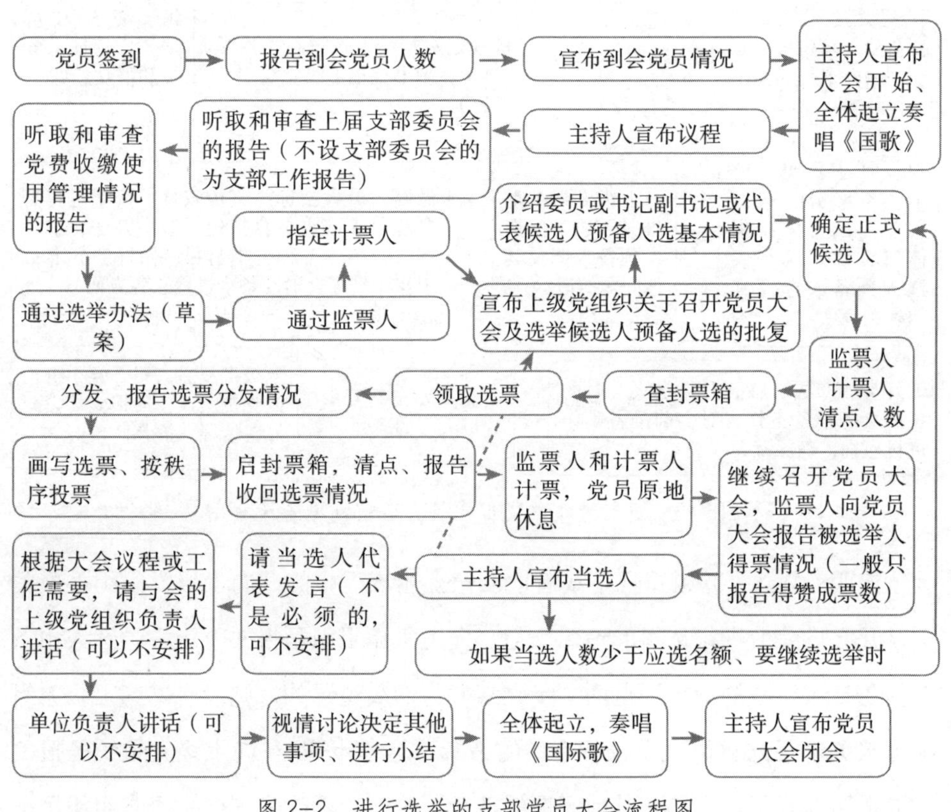

图 2-2　进行选举的支部党员大会流程图

召开进行选举支部党员大会需要说明的问题有以下几个方面：

1. 此流程图是党员大会进行换届选举时的流程图，如果是届中增补委员或增补书记或增补副书记或选举出席上级党组织召开的党代表大会（党代表会议——编者注）代表的，则流程图中的“听取和审查上届支部委员会的报告（不设支部委员会的为支部工作报告——编者注）”和“听取和审查党费收缴使用管理情况的报告”这两个步骤可以不进行（实践中应视情而定——编者注）。

2. 党员大会一般不单独举行闭幕式，如在会议开始时奏唱《国际歌》的，可不再奏唱《国歌》（建议按照本流程奏唱《国歌》，党员大会闭会前奏唱《国际歌》——编者注）。

3. 上级党组织规定由党员大会直接选举产生党支部委员会书记、副书记（包括选举不设支部委员会的党支部书记或者副书记——编者注）的，换届选举时选好支部委员会委员、主持人宣布当选委员后，接着召开支部党员大会，从“宣布上级党组织关于召开党员大会及选举候选人预备人选的批复”开始（只宣布上级党组织批准的书记或副书记候选人预备人选——编者注），选举党支部书记或者副书记。选举不设委员会的党支部书记或副书记的，将选举委员的流程删除。

4. 支部党员大会选举中报告到会人数、选票分发情况、收回选票情况应由监票人向会议主持人报告（实践中也可直接向党员大会报告——编者注），报告选举人得票情况（一般是按照姓氏笔画顺序、只报告被选举人得赞成票数——编者注）必须由监票人向党员大会报告。

5. 监票人、计票人必须按照规定、从不是候选人的正式党员中推选产生（计票人一般由大会主持人指定。应在经党员大会表决通过的《选举办法》中明确说明——编者注）。

6. 有选举权的党员实到会人数必须不少于应到会有选举权党员人数的半数且经党员大会表决通过的《选举办法》中必须规定“有选举权的党员实到会人数不少于应到会有选举权的党员人数的半数，选举有效”，同时有表决权的党员实到会人数必须超过有表决权党员人数的半数方可进行表决，否则，选举或表决无效（具体可参阅本书第一章链接的案例——编者注）。

7. 投票顺序一般是先监票人、再计票人、然后是在主席台就座的党员、最后是其他党员依次投票（一般应在经党员大会表决通过的《选举办法》中明确说明——编者注）。

8. 本流程图应在党员大会会前的宣传教育中进行说明，必要时可以安排会前预演或培训，这对于规范党员大会秩序十分重要。

9. 实践中应根据上级党组织的规定和要求，参照本流程图召开党员大会进行选举。

10. 在实践中，应根据本党支部的实际情况，对本流程图进行调整优化。所需文本样例请参阅本书第六章有关内容。

链接 LINK
&党内表决

《现代汉语词典》解释，表决是指会议上通过举手、投票等方式做出决定。《中国共产党组织工作辞典》对党内表决的含义作出了“党的各级委员会（包括党员大会、党员代表大会、党员代表会议、委员会全体会议等——编者注）通过决议或作出决策所采用的一种方式”的解释。

四、支部党员大会如何审议通过支部委员会的报告

支部党员大会审议通过党的支部委员会的报告，是指召开支部党员大会，按照规定的程序审议通过支部委员会的报告。这里说明的是进行换届选举时，支部党员大会审议通过支部委员会的报告（不设支部委员会的应为党支部工作报告，下同——编者注）的基本做法一般是：

1. 党支部委员会（不设委员会的党支部，下同——编者注）负责同志（一般是党支部书记——编者注）在支部党员大会上，代表支部委员会向党员大会

作工作报告。

2. 党员大会按照有关规定和要求，审议党支部委员会的工作报告（根据党员大会的需要和大会日程安排，也可以所辖党小组为单位，组织党员讨论、发表意见和建议——编者注）。

3. 支部委员会认真听取党员审议支部委员会工作报告情况的汇报、党员提出的意见和建议，研究提出修改意见，讨论通过《中国共产党 ××× 支部委员会党员大会关于中共 ××× 支部委员会报告的决议（草案)》。

4. 按照规定和要求，将《中国共产党 ××× 支部委员会党员大会关于中共 ××× 支部委员会报告的决议（草案)》提交党员大会审议，一般采用举手方式表决通过［表决通过后将"(草案)"两字划去，并注明通过的日期——编者注］。

注意：①提交支部党员大会审议通过的支部委员会的报告，应在党员大会召开之前形成，并广泛征求所属党小组、党员的意见和建议，并根据多数党小组、党员的意见和建议进行修改，然后由支部委员会全体会议（不设委员会的支部工作报告由支部党员大会）集体讨论通过。②实践中，由于党支部党员人数不多、会前广泛征求了意见，一般不需要分组讨论支部委员会的报告，由党支部负责人在党员大会上作报告后，组织党员充分讨论、审议并采取举手表决通过。③党支部可报经上级党组织同意，不单独起草《中国共产党 ××× 支部委员会党员大会关于中共 ××× 支部委员会报告的决议（草案)》。④所需文本请参阅本书第六章的有关内容。

链接 LINK
&预选

根据中组部工作问答解释，党内选举预选是为确定正式候选人而进行的选举。根据党章规定，支部党员大会可以进行预选，但一般不需要预选。

五、党员大会如何确定正式选举候选人

由进行选举（包括换届选举、补选或者增选党支部班子成员、选举出席上级党组织召开的党代表大会或者党代表会议的代表——编者注）的支部委员会（不设委员会的党支部为支部党员大会——编者注）提请党员大会，对经上级党组织审查同意的支部委员会委员（由党员大会直接选举支部书记或副书记的，还包括支部书记或副书记；选举出席上级党组织召开的党代表大会或者党代表会议代表的为代表——编者注）候选人预备人选进行充分酝酿，根据多数党员的意见、一般采取举手表决的方式确定为选举正式候选人（如果采用差额预选的方式产生正式候选人的，这里应确定为委员或者书记、副书记或者代表预选候选人，然后进行预选，再根据预选结果确定正式候选人。需要注意的问题是，党支部召开党员大会进行选举一般不进行预选——编者注）。

注意：中共中央于 2019 年 12 月印发的《中国共产党党和国家机关基层组织工作条例》第三十七条规定：“机关党的基层委员会（含不设党的基层委员会的总支部委员会、支部委员会）的设置调整、换届、委员会组成以及机关党的纪律检查委员会的组成，书记、副书记的任免等，经党组（党委）讨论决定后，报党的机关工作委员会审批。”

六、党员大会如何审议党费收缴使用管理情况的报告

支部党员大会审议党支部党费收缴使用管理情况的报告应根据实际情况确定。其一般的做法是：党支部委员会的组织委员（不设支部委员会的由党支部书记或者副书记——编者注）负责起草党支部党费收缴使用管理情况的报告，经党支部委员会全体会议（不设支部委员会的经支部党员大会——编者注）集体讨论通过，由党支部委员会组织委员（不设支部委员会的应由党支部书记或

链接 LINK

&党员大会一般不举行闭幕式

根据《党组织选举工作手册》（第二次修订本）的解释，党员大会选举产生党的基层委员会或总支部委员会或支部委员会班子成员、通过有关决议之后，主持人即可宣布党员大会闭会，即党员大会一般不单独举行闭幕式。

者副书记——编者注）向支部党员大会报告（也可以书面的形式提交——编者注），提请支部党员大会审议和表决（一般采取举手表决方式）通过。也可根据上级党组织规定和党员大会的实际需要，以所辖党小组为单位，组织党员讨论、发表意见和建议、进行审议。

七、进行选举的支部党员大会后续工作流程图

进行选举（包括换届选举、补选党支部班子成员、选举出席上级党组织召开的党代表大会或者党代表会议的代表，下同——编者注）的支部党员大会闭会后，党支部应立即按照以下流程做好会后工作（见图 2-3）：

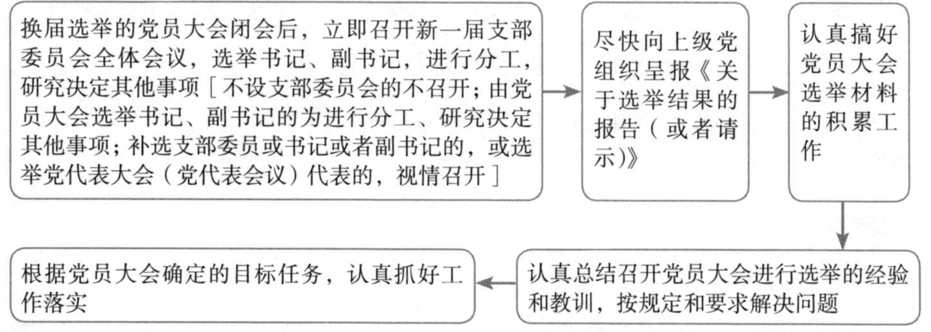

图 2-3　进行选举的支部党员大会后续工作流程图

八、党员大会选举结果的报批

根据《中国共产党组织工作辞典》对党内选举“选举结果的报批”含义作出的“党的委员会第一次全体会议闭会后，党的委员会及时向上级党组织报告选举情况的一种程序”的解释，对于党支部而言，党支部党员大会选举结果（包括换届选举、增选或补选党支部班子成员，以及选举党员代表大会或党代表会议代表的结果——编者注）报批的含义是指党支部召开党员大会或委员会全体会议后，组织选举的党支部设立的委员会（不设支部委员会的为党支部——编者注）及时向上级党组织报告选举情况的一种程序。

九、报告党员大会选举结果的主要内容

根据中组部有关要求和实践工作需要，报告党员大会选举结果的主要内容一般包括：

1. 党员大会召开情况和选举情况（包括换届选举、增选或补选党支部班子成员，以及选举党员代表大会或党代表会议代表——编者注），包括开会时间、有表决权党员人数、应到会人数、实到会人数、选举方式、当选人获得的赞成票数。

2. 需报上级党组织批准或备案的当选委员的名单。

3. 需报上级党组织批准的当选书记、副书记名单。

链接 LINK

&当选人名单排列

根据《中国共产党基层组织选举工作条例》第三十一条规定，当选代表、委员，其名单按姓氏笔画为序排列；当选常委、书记、副书记，其名单按上级党组织批准顺序排列。

4. 需报上级党组织批准的当选代表名单。

十、何时报告党员大会的选举结果

由于党员大会的选举任务不同，因此，选举结果报批时间也不尽相同，但一般是在党员大会选举（包括换届选举、增选或者补选党支部班子成员，以及选举党员代表大会或党代表会议代表，下同——编者注）任务全部完成后，及时按照有关规定和要求，向上级党组织报告选举结果，具体应根据本党支部的实际情况、按照以下几点进行正确把握：

1. 进行换届选举的，如果由新当选的支部委员会第一次全体会议选举产生书记、副书记的，在委员会第一次全体会议闭会后，及时向上级党组织报告选举结果。

2. 进行换届选举的，如果由党员大会选举产生支部委员会委员和书记、副书记的，在党员大会闭会后，及时向上级党组织报告选举结果。

3. 不设委员会的党支部在党员大会选举产生支部书记、副书记后，及时向上级党组织报告选举结果。

4. 增选或者补选委员或书记或副书记的，在选举产生增选或补选的委员或书记或副书记后，及时向上级党组织报告选举结果。

5. 选举出席上级党组织召开的党员代表大会或党员代表会议代表的，在选举产生代表后，及时向上级党组织报告选举结果。

6. 严格落实党内法规、规范性文件、上级党组织规定和要求等其他规定和要求，以及基层党组织的实践经验，及时报告党员大会选举结果。

注意：如选举产生的委员、书记、副书记有非上级党组织批准的候选人预备人选当选的，则把报告改请示。

第二节　接收预备党员的支部党员大会

一、接收预备党员的支部党员大会前期准备流程图及说明

按照流程充分做好接收预备党员的支部党员大会会前准备工作，对于严格履行入党手续、顺利召开支部党员大会、提高发展党员质量等都具有十分重要的作用。对此，应该引起党支部和党务工作者的高度重视。根据党章、《中国共产党发展党员工作细则》（中共中央办公厅于2014年5月28日印发，下同——编者注）等党内法规、规范性文件的规定和要求，结合接收预备党员的支部党员大会需要，提出如下接收预备党员的支部党员大会前期准备工作流程图（见图2-4）：

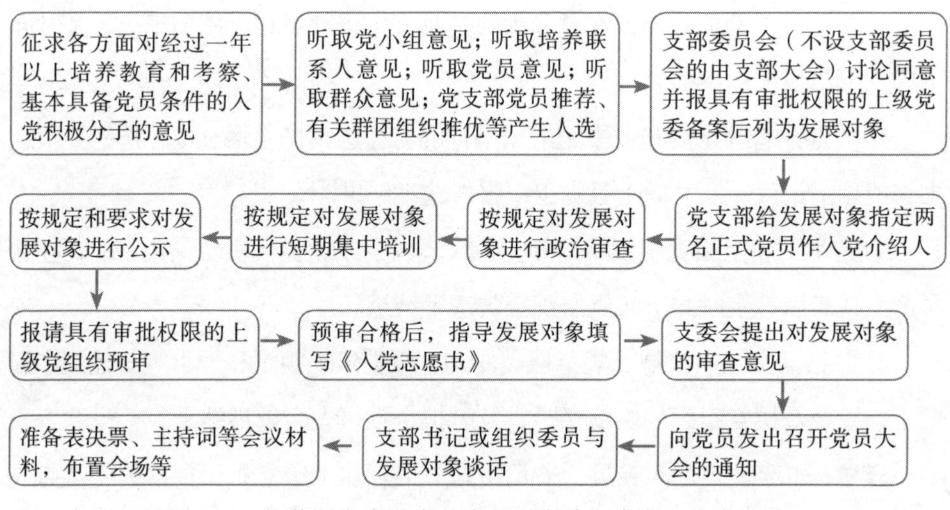

图2-4　接收预备党员支部党员大会前期准备工作流程图

接收预备党员的支部党员大会前期准备工作需要说明的问题主要有以下几个方面：

链接 LINK

&党员大会选举结果报批和备案

根据党内法规的有关规定、工作问答和实践做法，当选的委员、书记、副书记与上级党组织审查同意的候选人预备人选名单一致的，通常办理备案手续，上级党组织可不再批复而印发任职通知。选举结果如有与上级党组织审查同意的候选人预备人选名单不一致的，应报请上级党组织审批。

1. 本流程图“党支部给发展对象指定两名正式党员作入党介绍人”至“按规定和要求对发展对象进行公示”、“向党员发出召开党员大会的通知”至“准备表决票、主持词等会议材料，布置会场等”这些步骤都不是固定的顺序，党支部既可以同步进行，也可以调整先后顺序。

2.“支委会提出对发展对象的审查意见”这一步骤是召开支部委员会全体会议（即支部委员会所有委员参加的会议，不设支部委员会的党支部为支部党员大会——编者注），根据听取各方面意见、政审、公示、培训、发展对象情况汇报、发展对象向党组织说明的有关情况和其他有关问题进行综合性审查（调查）情况，提出的发展对象政治审查意见。

3.“支部书记或组织委员与发展对象谈话”这一步骤主要是进一步了解发展对象对党的认识、入党动机等，指导发展对象做好向支部党员大会汇报情况的准备，教育发展对象正确对待党员提出的批评和建议、指出的缺点（不足）和做好不少于半数应到会有表决权的党员不同意其入党的思想准备，以及其他需要了解、掌握的情况。

4. 提前把支部党员大会的时间、地点、要求等有关事项通知所有党员、发展对象、列席会议的入党积极分子等。

5. 实践中要认真落实上级党组织的各项规定和要求。

6. 本流程图中有的步骤要根据实际情况确定，如“听取党小组意见”“有关群团组织推优”，没有党小组、群团组织的，自然就没有这两个步骤。

7. 入党介绍人一般由培养联系人担任，也可由党支部指定。

8. 上级党组织是指具有审批权限的上级党委或党组或党的机关工作委员会。

9. 受留党察看处分、尚未恢复党员权利的党员，以及预备党员，都不能作入党介绍人。

10. 所需的文本样例请参阅本书第六章的有关内容。

注意：根据中共中央于 2019 年 12 月印发的《中国共产党党和国家机关基层组织工作条例》第三十七条的规定，机关党的基层委员会审批预备党员或者预备党员转正，应当提前报党组（党委）讨论决定。机关不设党的基层委员会的总支部委员会、支部委员会接收预备党员或者讨论预备党员转正，应当经党组（党委）审核把关后，报党的机关工作委员会审批。

二、接收预备党员的支部党员大会流程图及说明

根据党章、《中国共产党发展党员工作细则》等规定和要求，接收预备党

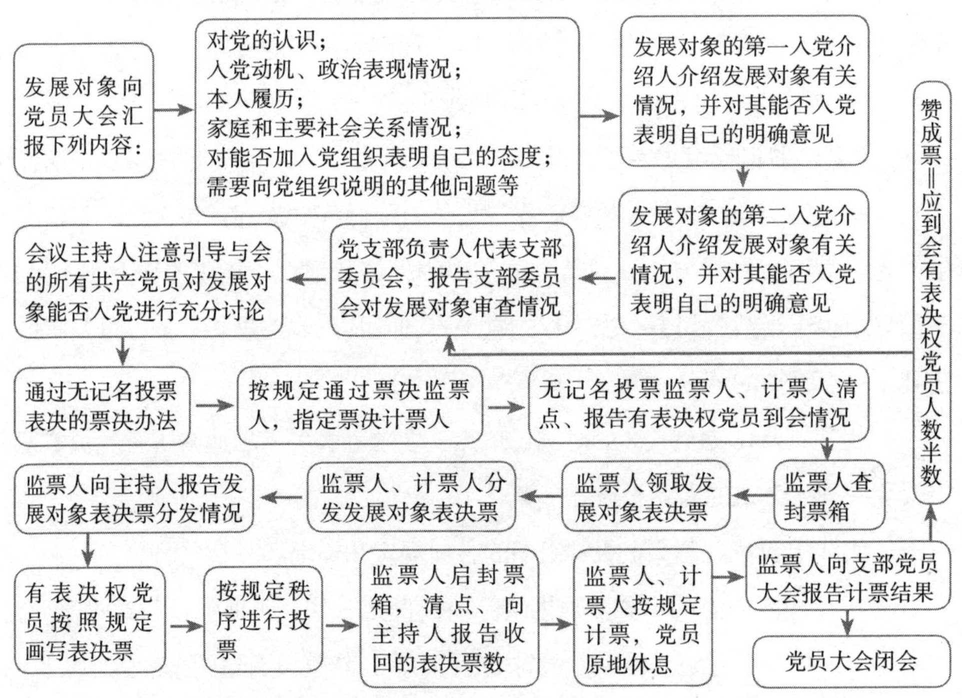

图 2-5 接收预备党员的支部党员大会流程图

员的支部党员大会应按照上页图 2–5 列示的流程图进行。

需要说明的有关规定和要求及注意事项主要有以下几个方面：

1. 讨论接收预备党员的支部党员大会，必须采取无记名投票方式，对发展对象能否入党进行表决。

2. 因故不能到会的有表决权的正式党员，在支部大会召开前正式向党支部提出赞成（或反对或弃权）书面意见的，应当统计在票数内（如有党员提交不赞成或弃权意见的，不能对外公开——编者注）。

3. 表决必须有半数以上有表决权的党员到会方可进行。发展对象获得的赞成票数超过应到会有表决权的正式党员的半数，才能通过接收预备党员的决议。

4. 除另有规定外，临时党支部不能接收预备党员。

5. 所需文本样例请参阅本书第六章的有关内容。

三、召开接收预备党员的支部党员大会注意事项

根据中央组织部等工作问答及有关规定和要求，在实践中，召开讨论接收预备党员的支部党员大会应当注意的事项主要有以下几个方面：

1. 保证出席党员大会人数。如果有表决权的党员到会人数不超过有表决权人数的半数，支部党员大会不能召开；如果有表决权的党员到会人数虽超过有表决权人数的半数，但缺席人数较多的，一般也应改期召开。

2. 发展对象及其入党介绍人都必须参加讨论接收发展对象入党的支部党员大会。发展对象要向支部党员大会汇报自己对党的认识、入党动机、本人履历、家庭和主要社会关系情况，以及需向党组织说明的问题。入党介绍人要向支部党员大会介绍发展对象的有关情况，并对其能否入党表明意见。

3. 在召开讨论接收预备党员的支部党员大会前，支部委员会（不设支部委员会的为支部书记，下同）要提前通知党支部全体党员、发展对象和其他参加会议的人员。

4. 支部委员会要向支部党员大会报告对发展对象的审查情况。主持人要引导与会党员充分发表意见，并对发展对象能否入党采取无记名投票方式进行表决。

5. 支部党员大会讨论接收两个或者两个以上的发展对象入党时，必须逐个讨论和进行表决。

6. 因故不能到会的有表决权的正式党员，在支部大会召开前正式向党支部提出书面的赞成（反对或弃权）意见的，应当统计在票数内。

7. 发展对象未来3个月内将离开工作、学习单位的，一般不办理接收预备党员的手续。

8. 有表决权的党员赞成发展对象入党的人数超过应到会有表决权的党员的半数，才能通过接收预备党员的决议。

9. 有表决权的党员赞成发展对象入党的人数等于应到会有表决权的党员的半数，如果因为有表决权的党员对发展对象不够了解的，支部党员大会主持人应再次向支部大会介绍发展对象的情况，然后再进行无记名投票表决，如果发展对象获得的赞成票数超过应到会有表决权的党员的半数，就可以通过接收其为预备党员的决议，否则，不能通过接收其为预备党员的决议。

10. 支部党员大会讨论发展对象能否入党时，有的同志反映发展对象存在党支部之前没有掌握的新情况，且结论比较清楚、不影响发展对象加入党组织的，可以进行无记名投票表决，如果发展对象获得的赞成票数超过应到会有表决权的党员的半数，可以通过接收其为预备党员的决议。

11. 支部党员大会讨论发展对象能否入党时，有的同志反映发展对象存在党支部之前没有掌握的新情况，且没有结论、问题的性质又可能影响发展对象加入党组织的，支部党员大会则应休会，按照有关规定、选派专门人员进行调查，然后再根据调查核实的情况，提交支部党员大会讨论决定是否通过接收其为预备党员的决议（不影响其入党的，应提交支部党员大会讨论接收其为预备党员的决议；不能入党的，应提交支部党员大会讨论不接收其为预备党员的决议；需要进一步培养、教育、考察的，应提交支部党员大会讨论决定对其进一

链接 LINK

&案例：接收预备党员的支部大会计票错误怎么处理

某党支部召开讨论接收预备党员的支部党员大会，党员大会闭会后发现，无记名投票表决的计票出现了差错。为解决这个问题，支部书记主持召开支部委员会全体委员会议，该支部委员会委员 4 名、应到会 4 名、实到会 4 名，讨论时有 2 名委员的意见是再次召开支部大会进行无记名投票表决，另 2 名委员的意见是让原监票人、计票人重新进行计票，经查对无误后，重新公布计票结果，出现了无法按照少数服从多数原则作出决定的情况。后经上级党组织裁决，由原监票人、计票人重新计票，经查对无误后，把正确的计票结果报告党员大会。

步进行培养、教育、考察的决议——编者注）。

12. 如果召开讨论接收预备党员的支部党员大会出现无记名投票计票差错（即向支部党员大会报告的发展对象获得的赞成票数不正确——编者注）的，应让无记名投票监票人、计票人重新计票（条件允许的，可请党支部的纪律检查委员或组织委员等现场把关检验——编者注），把正确的计票结果报告支部党员大会。

13. 预备党员参加讨论接收预备党员的支部党员大会，也应对发展对象能否入党发表自己的意见，但没有表决权（即在对发展对象能否入党进行无记名投票方式表决时，预备党员不能参加表决——编者注）。

14. 在留党察看期间、尚未恢复党员权利的党员，应参加讨论接收预备党员的支部党员大会，也可以对发展对象能否入党发表自己的意见，但没有表决权（即在对发展对象能否入党进行无记名投票方式表决时，不能参加表决——编者注）。

15. 有表决权党员到会情况、无记名投票表决票分发情况和收回情况，一般由监票人向支部党员大会主持人报告（也可直接向支部党员大会报告——编者注），发展对象得赞成票情况由监票人向支部党员大会报告。

16. 除另有规定的以外，临时党支部不能召开支部党员大会讨论接收预备党员。

四、接收预备党员无记名投票不同表决结果处理

根据党内法规的明确规定、中共中央组织部的工作问答等，支部党员大会要对发展对象能否入党进行无记名投票表决。在实际工作中，支部委员会严格按照有关规定，集体研究提出接收发展对象入党的意见，支部党员大会对此进行无记名投票表决时，要正确处理好以下可能出现的表决结果：

1. 赞成人数（包括因故不能到会的有表决权的党员，在支部党员大会召开前，正式向党支部提出书面赞成意见的人数，下同——编者注）超过应到会有表决权的正式党员人数的半数的，通过接收发展对象为预备党员的决议。

2. 赞成人数正好是应到会有表决权的正式党员人数的半数的，如果因党员对发展对象的某些问题不清楚而出现意见不一致的，党支部应介绍有关情况或者加以说明后，再次进行无记名投票表决，赞成人数超过应到会有表决权的正式党员人数的半数的，通过接收发展对象为预备党员的决议。

3. 赞成人数正好是应到会有表决权的正式党员人数的半数、党支部介绍有关情况或者加以说明后，再次进行无记名投票表决，赞成人数仍然不超过应到会有表决权的正式党员人数的半数的，不能通过接收发展对象为预备党员的决议。

4. 赞成人数少于应到会有表决权的正式党员人数的半数的，不能通过接收发展对象为预备党员的决议。

5. 如果因入党手续不完备，或者在支部党员大会上个别同志提出或反映发展对象新的情况，一时又确实难以弄清的，支部党员大会应该暂行休会，待入党手续完备或者弄清事实后，支部委员会集体研究认为发展对象具备党员条件、入党手续完备的，应提出接收发展对象为预备党员的意见，再提交支部党员大会表决，赞成人数超过应到会有表决权的正式党员人数的半数的，通过接收发

展对象为预备党员的决议，否则，不能通过接收发展对象为预备党员的决议。

6. 不能通过接收其为预备党员的发展对象，根据其实际情况作为入党积极分子继续培养教育考察或调整出入党积极分子队伍。

五、接收预备党员的支部党员大会后续工作流程图

根据党章、《中国共产党发展党员工作细则》等规定和解答精神，支部大会讨论通过接收发展对象为预备党员的决议后，党支部要及时参照以下流程图（见图 2-6）开展支部大会后续工作：

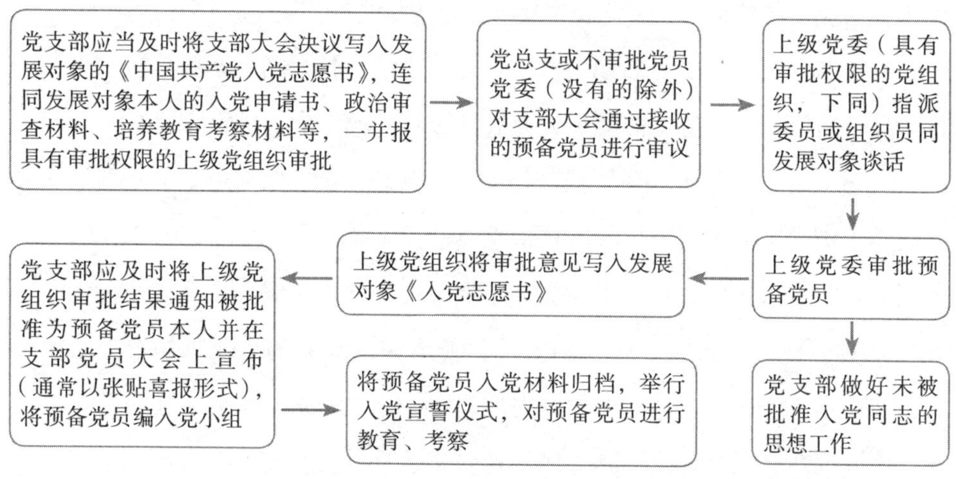

图 2-6　接收预备党员的支部党员大会后续工作流程图

说明：①接收预备党员的支部党员大会后续工作注意事项请参阅下一个问题。②上级党组织指具有审批权限的党委或党组或党的机关工作委员会。③所需文本样例请参阅本书第六章的相关内容。

六、接收预备党员的支部党员大会后续工作注意事项

根据党章、《中国共产党发展党员工作细则》等有关规定和工作问答的精

神，开展接收预备党员的支部大会后续工作需要注意的事项主要有如下几个方面：

1. 党支部要及时将支部党员大会决议写入发展对象的《中国共产党入党志愿书》“党支部决议栏”，连同发展对象本人的入党申请书和对发展对象的政治审查材料、培养教育考察材料等入党材料，一并报具有审批预备党员权限的上级党委或党组或党的机关工作委员会审批。

2. 支部党员大会决议的内容主要包括：发展对象的主要表现（包括其存在的主要缺点、不足——编者注）；支部有表决权党员人数、党员大会应到会和实际到会的有表决权的正式党员人数；支部党员大会无记名投票表决的结果（一般要写明发展对象得赞成票数——编者注）；支部党员大会通过接收发展对象为预备党员决议的日期；发展对象所在党支部书记签名。

3. 乡镇（街道）党委所属的基层党委，不能审批预备党员，但应当召开全体会议对所属党支部的支部党员大会通过接收的预备党员进行审议。

4. 党总支不能审批预备党员，但应当召开总支部委员会全体会议对所属党支部的支部党员大会通过接收的预备党员进行审议。

5. 除另有规定的以外，临时党委不能审批预备党员。

6. 具有审批预备党员权限的上级党委或党组或党的机关工作委员会审批前，应当指派班子成员或组织员同发展对象谈话，作进一步的了解，并帮助发展对象提高对党的认识。谈话人应当及时将谈话情况和自己对发展对象能否入党的意见，如实填写在发展对象的《中国共产党入党志愿书》上，并向党委或党组或党的机关工作委员会汇报。

链接 LINK

&预备党员预备期

党章第七条规定：预备党员的预备期为一年；预备党员的预备期，从支部大会通过他为预备党员之日算起。

7. 具有审批预备党员权限的上级党委或党组或党的机关工作委员会审批预备党员，必须集体讨论和表决，审批两个及两个以上的发展对象入党时，应当逐个审议和表决。

8. 具有审批预备党员权限的上级党委对党支部上报的接收预备党员的决议，应当在三个月内审批，并报上级党组织组织部门备案。如遇特殊情况可适当延长审批时间，但不得超过六个月。

9. 具有审批预备党员权限的上级党委或党组或党的机关工作委员会对党支部上报的接收预备党员的决议，超过六个月没有审批的，要为发展对象重新办理入党手续。

10. 根据党的十九大修改通过的党章规定，党组可以审批预备党员，实践中要根据上级党组织的具体规定办理。

11. 上级党委（党总支）或者党支部要尽快按照有关规定和要求组织预备党员进行入党宣誓仪式。

12. 党支部或者上级党委（党总支部）应当通过党的组织生活、听取本人汇报、个别谈心、集中培训、实践锻炼等方式，对预备党员进行教育和考察。

13. 发展对象批准为预备党员后，其入党介绍人要继续对其进行教育帮助。

14. 预备期未满的预备党员工作、学习所在单位（居住地）发生变动，应当及时报告原所在党组织。原所在党组织应当及时将对其培养教育和考察的情况，认真负责地介绍给接收预备党员的党组织。

15. 党支部或者通过上级党组织对转入的预备党员的入党志愿书、入党申请书、转正申请书、政治审查材料、培养教育考察材料等入党材料进行严格审查，对无法认定的预备党员，严格按照有关规定和要求报县级或县级以上党委组织部门批准，不予承认。

第三节　预备党员转正的支部党员大会

一、预备党员转正的手续

《中国共产党发展党员工作细则》第三十三条对此的规定是：“本人向党支部提出书面转正申请；党小组提出意见；党支部征求党员和群众的意见；支部委员会审查；支部大会讨论、表决通过；报上级党委审批。”经验表明，要开好预备党员转正的支部党员大会、严格按照规定和要求办理预备党员转正手续，就要充分做好支部党员大会前期准备工作、规范讨论预备党员转正的支部党员大会、做好支部党员大会后续工作。

链接 LINK
&预备党员的考察

在预备期内，党组织应通过多种方式对预备党员作进一步考察。主要是：①听取本人汇报。预备党员要定期向党组织汇报思想、工作、学习等方面的情况。党组织要认真分析其汇报情况，肯定成绩，指出缺点和不足，帮助其明确努力的方向。②个别谈心。党组织应当经常同预备党员谈心，了解其对重大政治问题的认识和所持的态度，了解其行使党员权利和履行党员义务的情况，考察其政治觉悟、组织观念、思想品质等方面的情况。③在实际工作中进行考察。党组织要有意识地针对预备党员的实际情况，分配其一定的任务，让他们在实践中得到锻炼提高，不断增强党性观念，树立全心全意为人民服务的宗旨意识。④听取党内外群众的意见和反映。为确保新党员的质量，在预备党员转正之前，党组织可以采取召开座谈会、个别访谈等形式，广泛听取党内外群众意见，了解其在工作、生活等方面情况。在经过全面考察之后，党组织认为预备党员已经具备党员条件，可以提交支部大会讨论其转正问题。

——摘自《中国共产党组织工作辞典》第240—241页

二、预备党员转正支部党员大会前期准备流程图

根据党章、《中国共产党发展党员工作细则》等规定和要求，以及严格履行预备党员转正手续的实际需要，召开预备党员转正的支部党员大会前期准备工作流程图如下：

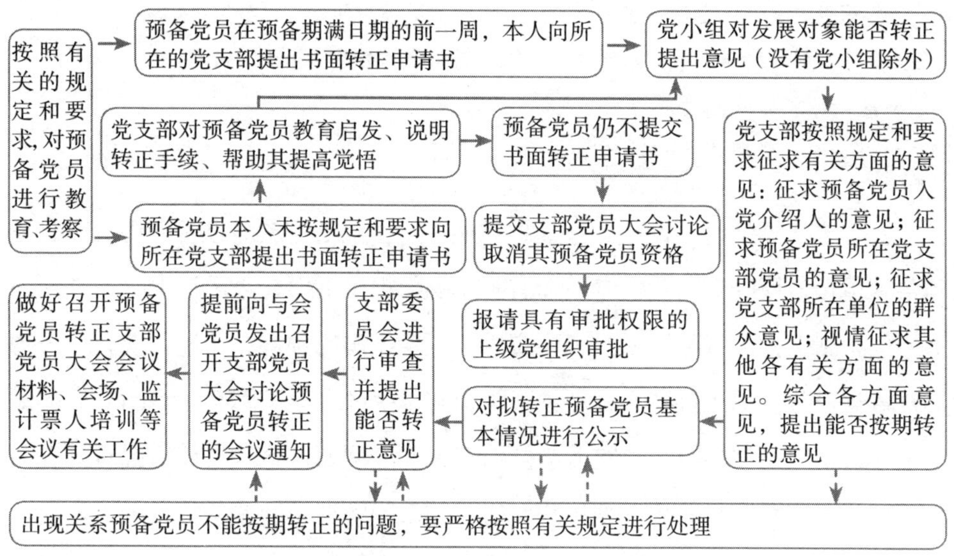

图 2-7 预备党员转正支部党员大会前期准备工作流程图

说明：①上级党组织指具有审批权限的上级党委或党组或党的机关工作委员会。②预备党员延长预备期满的转正前期准备工作流程图同此。

三、预备党员转正支部党员大会前期准备注意事项

严格按照流程充分做好预备党员转正支部党员大会前期准备工作，对于顺利召开支部党员大会、严把预备党员转正关、提高发展党员质量至关重要。根据党内有关规定和要求、党内工作问答、基层党组织实践经验，要重点注意以下几个方面：

1. 预备党员本人要记住自己预备党员预备期的起止日期，于预备期满前一周向所在党支部提出书面的转正申请书，既不应偏早，更不能等预备期满、甚至超过预备期满很长时间再提交书面转正申请书，这样就很容易导致延误办理预备党员转正手续等方面的问题。

链接 LINK

&延长预备期

根据党内有关规定和工作问答，延长预备党员预备期是指预备党员预备期满，不能按期转正，需要延长时间继续进行考察和教育。延长预备期，时间不能少于半年，最长不超过一年。

2. 党支部要随时、准确、全面地掌握每一位预备党员的预备期满日期，在预备党员预备期已满的预备党员没有向党支部提出书面转正申请书时，党支部书记或者副书记或者组织委员就要及时与预备期满的预备党员进行谈话，告知其预备党员预备期满日期、办理预备党员转正手续等，了解其没有向党支部提出书面转正申请书的原因和需要向党组织说明的问题，针对具体情况对其进行批评和教育启发，帮助其提高思想觉悟。如果预备期满的预备党员经反复教育启发后，仍然不提出书面转正申请书的，说明该预备党员的信仰可能发生了变化、没有转为正式党员的意愿了，支部委员会应集体研究提出取消其预备党员资格的意见，再提交支部党员大会讨论、无记名投票表决通过取消其预备党员资格的决议。

3. 预备党员所在的党小组一般在预备党员提出书面转正申请书、并在预备党员预备期满后及时召开党小组会议（没有党小组的例外——编者注），研究提出预备期满的预备党员按期转为正式党员意见（或者取消预备党员资格，或者延长预备期半年，或者延长预备期一年等——编者注）。

4. 发现或者反映可能影响预备期满的预备党员按期转正的问题时，要本着对党组织负责、对同志负责的精神，按照有关规定进行分析、研究和处理，支

链接 LINK

&预备党员预备期内涵

根据有关的工作问答说明的精神，预备党员的预备期是指党组织对预备党员的考察期。党章作出了“预备党员的预备期为一年”“预备党员的预备期，从支部大会通过他为预备党员之日算起”的明确规定。预备期的作用，主要在于对预备党员作进一步的培养、教育和考察。

部委员会集体作出结论或者报请上级党组织处理。

5. 预备党员违犯党纪，情节较轻，尚可保留预备党员资格的，应当对其进行批评教育或延长预备期；情节较重的，应当取消其预备党员资格。

6. 办理预备党员转正手续，要按照有关规定和要求广泛征求党内外的有关群众对预备党员能否按期转正的意见。

7. 不论出于何种原因，一般都不能办理预备期未满（包括延长预备期未满——编者注）的预备党员的转正手续。

8. 根据党内法规等有关规定，在召开支部党员大会之前对拟转为正式党员的预备党员基本情况进行公示，进一步广泛征求党员和群众的意见和建议，接受各方面的监督。

9. 支部委员会指定专人同预备党员谈话，进一步了解预备党员的情况。

10. 召开支部委员会，根据党小组意见、征求其他方面的意见情况、公示情况和预备党员在预备期间的表现情况，对预备党员能否按期转正形成意见（按期转为正式党员，延长预备期半年或者一年，取消预备党员资格——编者注）。

11. 基层党组织对于从本党组织以外转入的预备党员，在其预备期满时，如认为有必要的，可以推迟讨论其转正问题，但推迟时间不能超过六个月（转为正式党员的，其转正时间仍然自预备期满之日算起——编者注）。

12. 做好临开会时的会务准备工作，如提前通知党支部所有党员（预备党员本人——编者注）、列席会议的其他人员，告知召开支部党员大会的时间、地点、内容、要求等。党支部负责人要找预备期满的预备党员个别谈话，指导预备党员做好向支部大会汇报情况的准备，教育其正确对待参加会议人员提出的批评和建议、不能按期转为正式党员（延长预备期半年或者一年，取消预备党员资格——编者注）的思想准备等。

注意：根据中共中央于2019年12月印发的《中国共产党党和国家机关基层组织工作条例》第三十七条的规定，机关党的基层委员会审批预备党员或者预备党员转正（含按期转正、延长预备期、取消预备党员资格——编者注），应当提前报党组（党委）讨论决定。机关不设党的基层委员会的总支部委员会、支部委员会接收预备党员或者讨论预备党员转正，应当经党组（党委）审核把关后，报党的机关工作委员会审批。

四、预备党员转正支部党员大会流程图

严格按照预备党员转正支部党员大会的流程召开预备党员转正的支部党

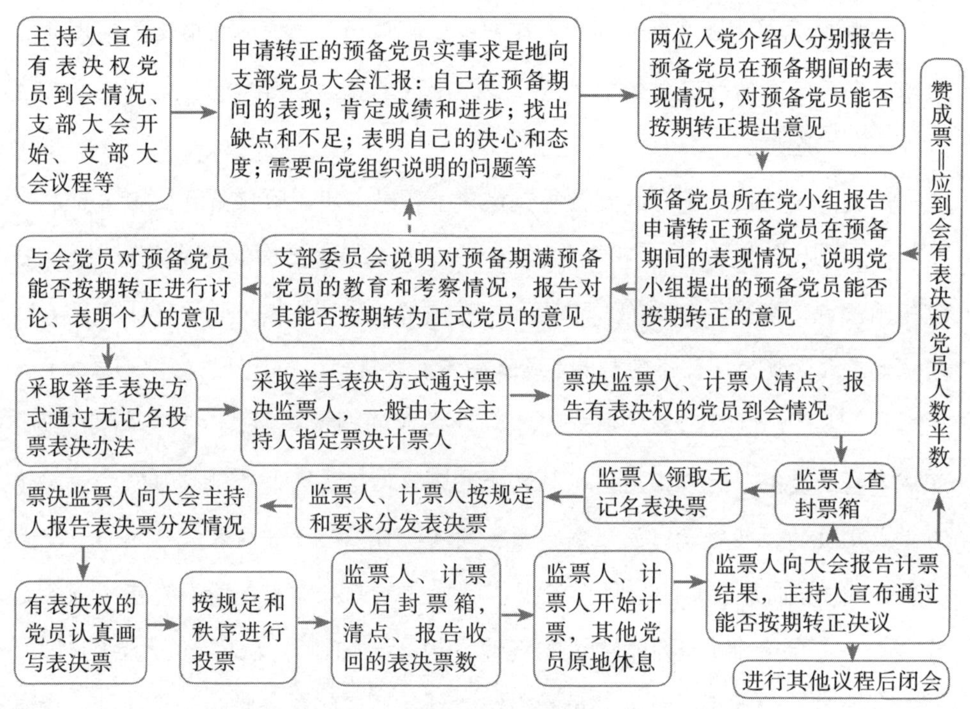

图2-8 预备党员转正支部党员大会流程图

员大会，是党支部办理预备党员转正手续的一项重要的经验。根据党章、《中国共产党发展党员工作细则》等党内法规的有关规定和要求、中共中央组织部有关工作问答等说明的精神，以及基层党组织办理预备党员转正手续的实践经验，预备党员转正支部党员大会流程图如上页图 2-8。

说明：①本流程图供党支部在实际工作中参考，实践中可根据本党支部的实际情况进行调整和优化。②申请转正的预备党员要对能否按期转为正式党员表明自己的态度。③支部党员大会讨论两个或两个以上的预备党员转正的，应当逐个讨论和表决。④所需文本样例请参阅本书第六章的相关内容。

五、召开预备党员转正支部党员大会注意事项

开好预备党员转正的支部党员大会，是办理预备党员转正手续的一个重要环节。根据党章、《中国共产党发展党员工作细则》等党内法规、规范性文件的有关规定和要求，以及中共中央组织部工作问答等有关说明的精神，实践中要注意的事项主要有以下几个方面：

1. 召开讨论预备党员转正的支部党员大会一般应在预备期满（包括延长预备期满——编者注）、充分做好前期准备工作后及时召开。

2. 召开讨论预备党员转正的支部党员大会，有表决权的到会党员人数必须超过有表决权的党员人数的半数方可进行表决。

3. 召开讨论预备期满的预备党员转正的支部党员大会时，申请转正的预备党员必须到会，因故不能到会时，讨论其转正的支部党员大会应改期召开。

4. 主持人要引导与会党员，对预备期满预备党员能否按期转为正式党员发表意见、充分讨论，重点针对申请转正的预备党员在预备期间的表现，肯定其成绩，指出其缺点，提出希望和建议，并表明自己是否同意预备党员转正的意见。

5. 预备党员违犯党纪，情节较轻，尚可保留预备党员资格的，应当对其进行批评教育或延长预备期（延长预备期的时间不能少于半年，最长不超过一

年——编者注）；情节较重的，应当取消其预备党组织资格。

6. 预备党员转为正式党员或者延长预备期或者取消预备党员资格，应当经支部大会讨论通过和具有审批权限的上级党组织批准。

7. 认真履行党员义务、具备党员条件的，应当按期转为正式党员；需要继续考察和教育的，可以延长一次预备期，延长时间不能少于半年，最长不超过一年；不履行党员义务、不具备党员条件的，应当取消其预备党员资格。

8. 在与会党员对申请转正的预备党员能否按期转为正式党员进行充分讨论后，采取无记名投票方式进行表决。

9. 因故不能到会的有表决权的正式党员，在讨论预备党员转正的支部党员大会召开前，正式向党支部提出书面意见的（一般为赞成意见——编者注），应当统计在票数内。

10. 申请转正的预备党员获得赞成票数超过应到会有表决权的正式党员的半数，才能通过预备党员按期转为正式党员（延长预备期半年或一年，取消预备党员资格——编者注）的决议。

11. 除另有规定外，临时党支部不能办理预备党员转正手续，但一般要把申请转正的预备党员的表现情况如实向其正式组织关系所在的党支部进行说明，并提出能否按期转为正式党员的意见。

12. 支部党员大会讨论两个或者两个以上申请转正的预备党员能否按期转为正式党员时，应当逐个讨论和表决。

六、预备党员转正无记名投票表决问题处理

召开讨论预备党员转正的支部党员大会，支部党员大会要对申请转正的预备党员能否按期转为正式党员进行无记名投票表决。在实际工作中，应根据党章、《中国共产党发展党员工作细则》等党内法规、规范性文件的有关规定和中共中央组织部等工作问答，正确处理好以下可能出现的情况：

1. 预备党员在预备期满后一直不向所在党支部提出书面转正申请书、经反复教育启发后，仍然不向党组织提出书面转正申请书的，表明该预备党员的理想信念产生动摇、没有转为正式党员的意愿，在报请具有审批权限的上级党委（或党组或党的机关工作委员会，下同）预审或者县级及其以上党委组织部门批准后，支部委员会应集体研究提出取消其预备党员资格的意见，然后再提交支部党员大会无记名投票表决通过取消其预备党员资格的决议。

2. 支部委员会严格按照有关规定和要求，集体研究提出申请转正的预备党员按期转为正式党员的意见，然后再提交支部党员大会对预备党员按期转为正式党员进行无记名投票表决时：

（1）赞成人数（包括因故不能到会的有表决权的党员，在支部党员大会召开前，正式向党支部提出书面赞成意见的人数，下同——编者注）超过应到会有表决权的正式党员人数的半数，通过预备党员按期转为正式党员的决议。

（2）赞成人数正好是应到会有表决权的正式党员人数的半数的，如果因党员对预备党员转正的某些问题不清楚而出现意见不一致的，党支部应介绍有关情况或者加以说明后，再次进行无记名投票表决，赞成人数超过应到会有表决权的正式党员人数的半数，通过预备党员按期转为正式党员的决议。

（3）赞成人数正好是应到会有表决权的正式党员人数的半数、党支部介绍有关情况或者加以说明后，再次进行无记名投票表决，赞成人数仍然不超过应到会有表决权的正式党员人数的半数的，应根据预备党员的实际情况，经无记名投票表决通过延长预备党员预备期半年（或一年）的决议。

（4）赞成人数不超过应到会有表决权的正式党员人数的半数，如果因预备党员不完全具备党员条件或者存在某些影响其转为正式党员的问题的，党员对其能否转正意见有分歧，应根据预备党员的现实表现、存在的问题等实际情况，经无记名投票表决通过延长其预备党员预备期半年（一年）或者取消其预备党员资格的决议。

（5）赞成人数不超过应到会有表决权的正式党员人数的半数，如果支部党员大会上提出或发现新的问题，一时又确实难以弄清的，支部党员大会应该暂行休会，待查清问题后，先由支部委员会集体研究提出能否按期转为正式党员的意见（按期转为正式党员，取消预备党员资格，延长预备党员预备期半年，延长预备党员预备期一年——编者注），再提交支部党员大会经无记名投票表决通过。

3. 申请转正的预备党员不履行党员义务、不具备党员条件的，支部委员会应严格按照有关规定，集体研究提出取消申请转正预备党员的预备党员资格的意见，支部党员大会对此进行无记名投票表决时：

（1）赞成人数超过应到会有表决权的正式党员人数的半数的，通过取消其预备党员资格的决议。

（2）赞成人数正好是应到会有表决权的正式党员人数的半数的，如果因党员对预备党员某些问题不清楚而出现意见不一致的，党支部应介绍有关情况或者加以说明后，再次进行无记名投票表决，赞成人数超过应到会有表决权的正式党员人数的半数的，通过取消其预备党员资格的决议。

（3）赞成人数正好是应到会有表决权的正式党员人数的半数、党支部介绍有关情况或者加以说明后，再次进行无记名投票表决，赞成人数仍然不超过应到会有表决权的正式党员人数的半数的，应根据预备党员的实际情况，经无记名投票表决通过延长其预备党员预备期半年或者一年的决议。

（4）赞成人数不超过应到会有表决权的正式党员人数的半数，如果因对预备党员不履行党员义务、不具备党员条件意见有分歧，应根据预备党员的实际情况，经无记名投票表决通过延长其预备党员预备期半年或者一年的决议。

（5）赞成人数不超过应到会有表决权的正式党员人数的半数，如果支部党员大会上提出或者发现原先认定预备党员不履行党员义务、不具备党员条件的情况有出入，一时又确实难以弄清的，支部党员大会应该暂行休会，待查清事实后，先由支部委员会根据有关规定、集体研究提出按期转为正式党员或者延长预备党员预备期半年（或者一年）的意见，再提交支部党员大会经无记名投票表决通过。

4. 申请转正的预备党员需要继续考察和教育的，支部委员会严格按照有关规定、根据预备期满的预备党员的实际情况，集体研究提出延长申请转正的预备党员预备期一年（或者半年）的意见，支部党员大会对此进行无记名投票表决时：

（1）赞成人数超过应到会有表决权的正式党员人数的半数的，通过延长预备党员预备期一年或者半年的决议。

（2）赞成人数正好是应到会有表决权的正式党员人数的半数的，如果因党员对预备党员某些问题不清楚而出现意见不一致的，党支部应介绍有关情况或者加以说明后，再次进行无记名投票表决，赞成人数超过应到会有表决权的正式党员人数的半数的，通过延长预备党员预备期一年或者半年的决议。

（3）赞成人数正好是应到会有表决权的正式党员人数的半数、党支部介绍有关情况或者加以说明后，再次进行无记名投票表决，赞成人数仍然不超过应到会有表决权的正式党员人数的半数的，应根据预备党员的具体情况，经无记名投票表决通过按期转为正式党员或者取消其预备党员资格的决议。

（4）赞成人数不超过应到会有表决权的正式党员人数的半数，如果因需要对预备党员继续考察和教育的意见有分歧，支部党员大会认为预备党员能够认真履行党员义务、具备党员条件、应当按期转为正式党员的，应经无记名投票表决通过按期转为正式党员的决议。

（5）赞成人数不超过应到会有表决权的正式党员人数的半数，如果支部党员大会上又提出或者发现新的问题，申请转正预备党员不履行党员义务、不具备党员条件的事实清楚的，应经支部党员大会无记名投票表决通过取消其预备党员资格的决议。

（6）赞成人数不超过应到会有表决权的正式党员人数的半数，如果支部党员大会上又提出或者发现新的问题，一时又确实难以弄清的，支部党员大会应该暂行休会，待查清事实后，由支部委员会根据有关规定提出按期转为正式党员或者取消其预备党员资格的意见，再提交支部党员大会经无记名投票表决通过。

注意：表决延长预备党员预备期或取消预备党员资格前要报经具有审批权限的上级党组织预审批准。

七、预备党员转正支部党员大会后续工作流程图及说明

根据党章、《中国共产党发展党员工作细则》等党内法规和党内规范性文件的有关规定和要求，以及有关工作问答和基层党组织的实践经验，预备党员转正支部党员大会后续工作的流程图（见图 2-9）及说明如下：

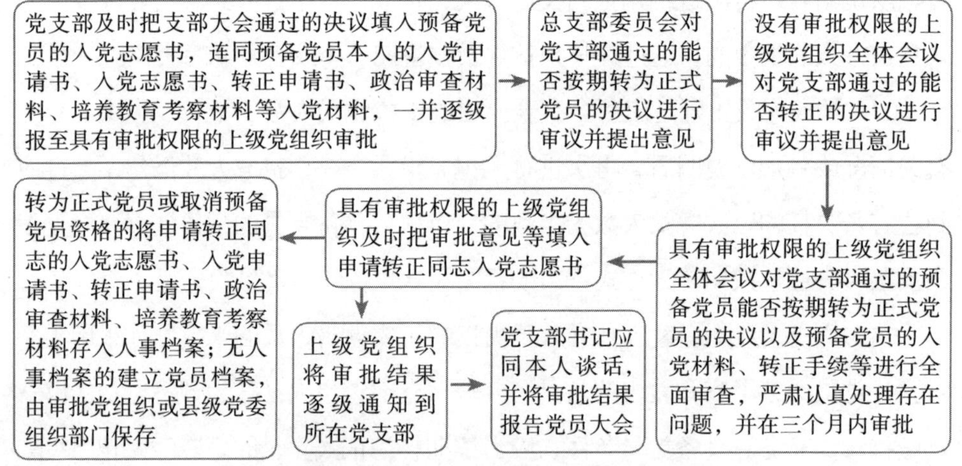

图 2-9　预备党员转正支部党员大会后续工作流程图

根据党内有关规定和要求、工作问答等，讨论预备党员转正的支部党员大会的后续工作，需要说明的事项有以下几个方面：

1. 流程图中所称的能否按期转为正式党员是指按期转为正式党员或者取消预备党员资格或者延长预备期半年或者延长预备期一年。

2. 流程图中党总支部委员会是指预备党员所在党支部的上级党总支部（《中国共产党发展党员工作细则》规定：党总支部不能审批预备党员，但应当对支部大会通过接收的预备党员进行审议；除另有规定外，临时党总支部不能审批预备党员——编者注）、没有审批权限的上级党委是指预备党员所在党支

部的上级党委［《中国共产党发展党员工作细则》规定：乡镇（街道）党委所属的基层党委，不能审批预备党员，但应当对支部大会通过接收的预备党员进行审议；除另有规定外，临时党委不能审批预备党员——编者注］，对于有些预备党员所在的党支部来讲是没有的，因此也就没有相应的步骤。

3. 预备党员所在党支部的上级党组织如党总支部提出意见、没有审批权限的上级党委提出意见、具有审批权限的上级党组织审批意见，都必须由委员会全体会议集体讨论通过，不能由个人或者少数人说了算（表决方式要执行上级党组织的规定和要求，没有具体规定和要求的可采取口头、举手或者无记名投票表决的方式进行——编者注）。

4. 预备党员所在党支部的上级党组织集体讨论（审批）两个或者两个以上的预备党员能否按期转为正式党员的，应当逐个审议和表决。

5. 预备党员转为正式党员的，其党龄从预备期满转为正式党员之日算起。具有审批权限的预备党员所在党支部的上级党组织，应在批准转正党员的入党志愿书中写明转正党员的党龄起始时间，并及时通知有关的党支部。

6. 延长预备党员预备期的，一般应把预备党员的入党志愿书、入党申请书、转正申请书、政治审查材料、培养教育考察材料等入党材料，交由预备党员所在的党支部（另有规定的要从其规定——编者注）。预备党员入党材料转移要严格履行交接手续。

7. 乡镇（街道）党委（党工委）所属的基层党委和所有党总支部，都不能审批预备党员转正，但应当召开委员会全体会议，对所属党支部召开的支部党员大会通过的预备党员能否转为正式党员的决议进行审议。

8. 预备党员所在党支部应及时了解具有审批权限的上级党委（党组或党的机关工作委员会）的审批情况，防止出现支部党员大会决议审批不及时问题。党支部知晓具有审批权限的上级党组织的审批结果后，要及时把上级党组织的审批结果报告本党支部所有党员，同时要通知按期转正党员或延长预备期预备党员或被取消预备党员资格的人员，并根据审批结果做好思想工作。

9. 所需的文本样例请参阅本书第六章相关内容。

第四节　民主评议党员的支部党员大会

一、坚持民主评议党员制度

民主评议党员制度是加强党的建设的一项重要制度。民主评议党员是1988年12月中共中央批转中央组织部《关于建立民主评议党员制度的意见》中提出的。《中国共产党组织工作教程》对此的说明是:“民主评议党员，就是按照党章规定的党员条件，通过对党员的正面教育、自我教育和党内外群众的评议，以及党组织的考核，对每个党员在各项工作中的表现和作用作出客观的评价，激励党员在改革开放和社会主义现代化建设事业中更好地发挥先锋模范作用。”

二、民主评议党员流程图及其说明

根据党内法规、规范性文件的有关规定和要求以及有关工作问答的解释，民主评议党员在各级党委的领导下，以党支部为单位，有计划、有步骤地进行。时间一般相对集中。根据《中国共产党支部工作条例（试行）》等规定、《中国共产党组织工作教程》等说明的民主评议党员的实施步骤，民主评议党员的流程图如下图，需要说明的事项主要有以下几个方面:

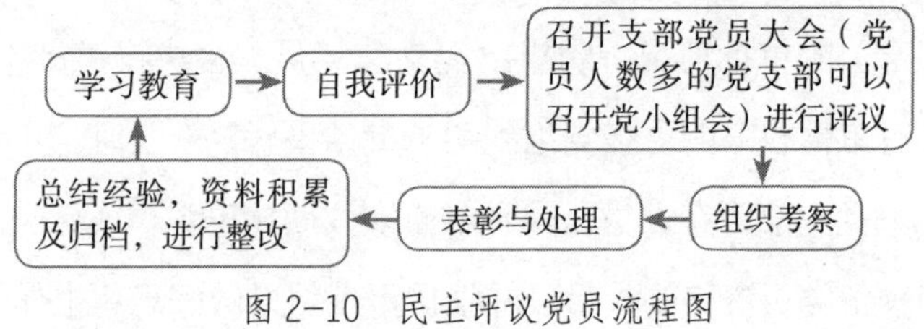

图2-10　民主评议党员流程图

1. 学习教育。党员认真学习党章规定的合格共产党员标准、入党誓词、党组织确定的民主评议党员的评议内容、党组织明确要求学习的内容。党支部要对坚持民主评议党员制度、开展民主评议党员的重要意义和如何参加民主评议党员等进行教育，提高党员的思想认识，为提高民主评议党员效果奠定思想基础。

2. 自我评价。每位党员都要严格按照党组织的规定和要求，认真对照合格党员标准和民主评议党员的评议内容，联系本人思想和工作实际等，主动征求党内外群众意见，撰写个人总结或者对照检查材料或者党性分析材料等，肯定成绩和进步，对是否符合合格党员标准进行自我认定，找出存在问题及其原因，明确目标及改进措施等。材料写好后要经党支部审定。

3. 召开支部党员大会进行评议（党员人数较多的党支部，可分党小组进行——编者注）。具体程序和注意事项参阅以下内容。

4. 组织考察。召开支部委员会，将各方面对每个党员的评价和反映，进行综合、分析，提出初步意见，需要核实的情况，再进一步调查核实。然后提交党员大会讨论，按照少数服从多数的原则，形成正式的组织意见。

5. 表彰、处理阶段。经过民主评议，对一致公认表现好的党员，由基层党组织通过口头或书面形式进行表扬，对表现突出的优秀党员，报上级党委给予表彰；对合格党员要给予肯定和鼓励；对不合格党员要按照有关政策，区别情况，严肃处置。

三、民主评议党员支部党员大会流程图及说明

如上所述，民主评议党员要在上级党委的领导下，以党支部为单位，有计划、有步骤地进行。民主评议党员工作要有实效，就要坚持实事求是、民主公开、平等对待的原则。根据党内法规、规范性文件的有关规定和要求，以及有关工作问答的解释，民主评议党员的时间一般相对集中，进行民主评议党员的支部党员大会流程如下图：

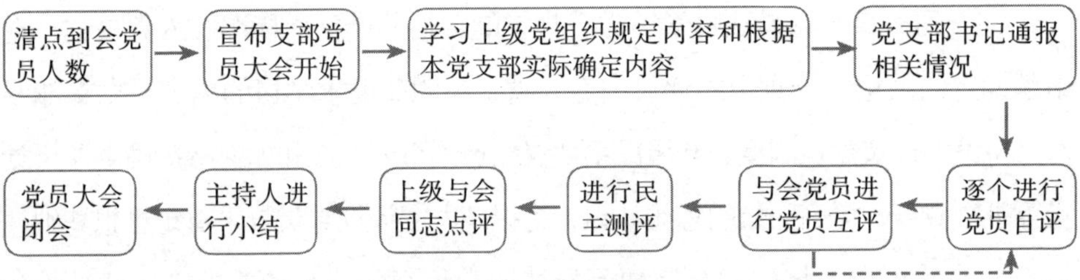

清点到会党员人数 → 宣布支部党员大会开始 → 学习上级党组织规定内容和根据本党支部实际确定内容 → 党支部书记通报相关情况 → 逐个进行党员自评 → 与会党员进行党员互评 → 进行民主测评 → 上级与会同志点评 → 主持人进行小结 → 党员大会闭会

图 2-11　民主评议党员支部党员大会流程图

需要说明的事项主要有以下几个方面：

1. 全体参会。党员应认真做好民主评议党员的前期各项准备工作，积极参加民主评议党员的支部党员大会。

2. 通报情况。党支部要扎实做好会前准备工作，由支部党员大会主持人（通常是党支部书记——编者注）报告党员大会前期准备情况，然后实事求是地向支部党员大会通报如下内容：党员参加组织生活情况；党员遵守党的纪律，首先是党的政治纪律和政治规矩情况；党员交纳党费情况；党员遵守党章、履行党员义务、行使党员权利情况；党员完成党组织交给的任务情况；党员发挥先锋模范作用情况；党支部了解群众对党员、党的工作的批评和意见情况；其他需要通报的情况。

3. 党员自评。与会党员逐个对照党员标准、民主评议党员内容、上级组织的规定和要求，从坚定理想信念、严守党的纪律、践行党的宗旨、履行党员义务、行使党员权利、发挥先锋模范作用、参加组织生活等方面，查找自身问题，开展自我批评。

4. 党员互评。党支部书记和党支部委员会其他成员带头开展批评，其他党员互相开展批评。党员互相评议，应根据党支部实际情况确定，一般逐个进行，即：某一党员开展自我批评之后、其他党员随即对其进行互相评议，然后再由另一名党员开展自我批评之后、其他党员随即对其进行互相评议，以此循环往复，对所有党员进行自我批评和相互批评。

5. 民主测评。根据本党支部实际情况决定。进行民主测评的，其一般程序是：提名并采取举手表决的方式，通过监票人、计票人（计票人也可由主持人指定——编者注）；主持人对客观公正地进行民主测评提出要求；监票人查封票箱；监票人领取民主测评表（是否使用民主测评表应根据上级党组织规定、本党支部实际情况决定——编者注）；监票人、计票人发放民主测评表；监票人报告民主测评表发放情况；与会党员、群众画写民主测评表；按照监票人、计票人、在主席台就座的同志和其他人员依次按投票顺序进行投票；监票人启封票箱，和计票人一道清点收回的民主测评表；监票人报告收回的民主测评表情况；监票人、计票人计票（计票结果是否立即由监票人向支部党员大会报告，由党支部根据上级党组织规定和要求、民主测评实际情况确定——编者注）。

6. 领导点评。上级党组织和有关部门与会同志进行点评（根据实际情况确定——编者注），对下一步工作提出要求。

7. 会议小结。会议主持人（通常是党支部书记——编者注）作简要的总结和表态发言后，宣布民主评议党员的支部党员大会闭会。

8. 上级党组织对召开民主评议党员的支部大会有其他规定和要求的，有关党组织必须严格执行。

链接 LINK

&对加强民主评议党员领导的规定

1988年12月15日，中共中央批转《中央组织部关于建立民主评议党员制度的意见》的通知，对此规定：民主评议党员是对党员进行教育和加强监督的重要措施，也是扶持和发扬党内的积极因素，克服消极因素，消除腐败分子和妥善处置不合格党员的一种有效办法。各级党委要认真讨论研究，作出具体部署，加强调查研究，进行督促检查，及时指导，防止形式主义。基层党组织要事先了解党员的情况，做到心中有数，并做好必要的准备工作，避免仓促行事。今后，民主评议党员每年进行一次，形成制度。

四、做好民主评议党员支部党员大会的后续工作

民主评议党员的支部党员大会召开后，要根据中共中央组织部等有关规定、工作问答和民主评议党员工作的经验做法，上级党组织的有关规定和要求、对党员进行民主评议和民主测评的实际情况，及时做好以下几个方面民主评议党员支部党员大会的会后工作：

1. 对合格党员要给予肯定和鼓励。

2. 对一致公认表现好的党员，由党支部或者由党支部报请上级党组织通过口头或者书面形式进行表扬。

3. 对表现突出的优秀党员，由所在党支部逐级上报上级党委，由上级党委给予表彰（不给予表彰的党支部的上级党组织应进行审议、集体研究提出表彰的意见后，报具有表彰优秀党员权限的上级党组织进行表彰——编者注），一般是授予优秀共产党员的称号。

4. 对不合格党员要按照有关政策界限，区别情况，依规依纪依法进行处置。

5. 按照上级党组织的有关规定和要求，认真做好民主评议党员台账、材料归档等工作。

6. 党支部班子和党员个人要对照查摆的问题和党员群众提出的意见，列出整改事项、作出整改承诺。

7. 对形式主义和官僚主义新表现，要抓住最突出的一两个问题马上就改，尽快让党员群众看到变化。

8. 对参加组织生活、发挥党员作用方面存在的差距，要尽快地、积极主动地从眼前改起、从具体事情做起。

9. 党支部一般应在支部党员大会召开半年内向党员群众通报党支部班子整改情况，党员每季度要在党员大会或党小组会上报告兑现承诺情况。

10. 对整改敷衍应付、存在问题在原地打转、党员和群众不满意的，上级

党组织要及时批评纠正，必要时应积极采取组织措施。

五、召开民主评议党员支部党员大会的注意事项

根据党内法规有关规定、中央组织部工作问答，以及基层党组织的实践经验，在进行民主评议党员支部党员大会前期准备工作、召开支部党员大会进行民主评议、做好民主评议党员支部党员大会的后续工作中，应注意的事项主要有以下几个方面：

1. 民主评议党员一般以支部党员大会形式进行，党员人数较多的党支部，可以党小组为单位开展个人自评和党员互评。

2. 个人自评、党员互评要讲学习、工作、生活等实际表现，用具体事例说话，指出存在的问题和不足。

3. 民主测评、组织评定要根据党员日常表现，结合评星定级、积分管理等情况，客观公正作出评价、确定等次，评为“优秀”的比例要根据上级党组织的规定、党支部的实际情况确定（一般不超过1/3，人数多的比例应该小些——编者注）。

4. 要用好民主评议结果，表扬先进、鞭策后进，对不合格党员按程序、政策界限作出组织处置。

5. 对失联党员重新取得联系、本人不能正确认识错误的，要严肃批评教育，经教育不改的要根据实际情况和政策界限作出限期改正、劝其退党、除名等组织处置。

6. 组织党员对党支部班子工作、作风等进行评议，评议结果作为上级党组织考核党支部班子的重要依据。

7. 开展民主评议党员要简便易行，不能搞复杂的表格、台账和材料。

8. 民主评议党员应当集中开展，不宜在网上进行。对确实难以集中的，可由上级党组织灵活作出安排。

9. 流动党员一般参加所在党支部民主评议，也可在流入地党组织参加。

10. 预备党员参加民主评议，但不评定优秀等次。存在问题的应按政策界限进行处理。

11. 党员领导干部参加民主生活会的一般可不再进行民主评议，但要参加所在支部民主评议党员会议。

12. 党员领导干部到党支部对民主评议党员情况进行点评，坚决防止只听汇报、只看台账等形式主义做法。

13. 民主评议党员的评议内容，根据上级党组织的有关规定和要求确定。党支部还应当结合实际补充具体内容。

14. 表彰优秀共产党员、对不合格党员进行组织处置都必须严格按照有关规定和要求执行。

15. 民主评议党员工作在规定时间内完成，有关情况要按照规定和要求及时报告上级党组织。

第五节　处置不合格党员的支部党员大会

一、处置不合格党员的形式

1. 限期改正。党章规定：“党员缺乏革命意志，不履行党员义务，不符合党员条件，党支部应当对其进行教育，要求他限期改正。”党内法规、规范性文件、工作问答等对限期改正的有关规定、解答有：（1）限期改正是党组织对不合格党员进行教育的一种形式，也是督促这些党员在规定时间内改正错误、提高觉悟、达到合格党员条件所采取的一种组织处置措施。（2）对缺乏革命意志、不履行党员义务、不符合党员条件，但本人有继续留在党内的强烈愿望，愿意接受党组织的教育帮助，有改正错误的决心和行动的党员，经支部党员大会讨论决定，并报具有审批权限的基层党委（有的是党组或党的机关工作委员会，下同——编者注）批准，要求其限期改正。（3）对缺乏革命意志、不履行党员义务、不符合党员条件，拒不改正或者限期改正期满仍无转变的，应当劝其退党，劝而不退的应予以除名。（4）限期改正期满，党支部应及时召开支部党员大会对其进行评议、讨论，确已改正缺点错误、达到合格党员条件的，应作出达到合格党员条件的决议，然后严格按照程序上报具有审批权限的基层党委审批。（5）限期改正期满，支部党员大会对其进行评议、讨论，确认其仍未改正缺点错误、仍未达到合格党员条件的，应作出劝其退党或者除名（劝而不退的）的决议，然后由具有审批权限的基层党委集体研究提出审批意见、报上一级党委组织部门审查批准。（6）限期改正不是党的纪律处分。党员在限期改正期间，其权利和义务不受影响。（7）限期改正的时限一般为一年。

2. 劝其退党。党章规定："党员缺乏革命意志，不履行党员义务，不符合党员条件，党的支部应当对他进行教育，要求他限期改正；经教育仍无转变的，应当劝他退党。"党内法规、规范性文件、工作问答等对劝党员退党的有关规定、解答有：（1）劝党员退党，是对党员进行组织处理的一种方式，不是党的纪律处分，也不能代替党的纪律处分。因为被劝告退党者不属于违犯党纪的党员。（2）劝党员退党，应当经支部党员大会讨论决定、由具有审批权限的基层党委集体研究提出审批意见、报上一级党委组织部门审查批准。（3）劝党员退党的条件是：党员缺乏革命意志，不履行党员义务，不符合党员条件，党支部对他进行教育、要求他限期改正，经教育仍无转变的，应当劝他退党。

3. 党内除名。根据党章关于"如被劝告退党的党员坚持不退，应当提交支部大会讨论，决定把他除名，并报上级党组织批准"和"党员如果没有正当理由，连续六个月不参加党的组织生活，或不交纳党费，或不做党所分配的工作，就被认为是自行脱党。支部大会应当决定把这样的党员除名，并报上级党组织批准"等规定，党员如果没有正当理由，出现上述情况的任何一种，都应当对其作党内除名处理。需要注意的是，对党员作党内除名处理应当报具有审批权限的基层党委预审经支部党员大会讨论决定、由具有审批权限的基层党委集体研究提出审批意见、报上一级党委组织部门审查批准。

二、处置不合格党员的政策界限

2014 年 8 月 28 日，中共中央组织部、中央党的群众路线教育实践活动领导小组印发的《关于做好处置不合格党员工作的通知》等对此的规定有如下方面：（1）处置不合格党员要注意区分主观原因和客观原因、个人原因和组织原因、一时表现和一贯表现，做到事实清楚、理由充分、处置恰当、手续完备，确保处置结果经得起历史检验。（2）对党员所在单位或居住地党组织不健全、组织生活不正常，以及党员年老体弱、长期患病、行动不便，造成无法正常参加组织活动、不能履行党员义务的，不能简单认定为不合格党员予以处置。（3）《中国共产党党员教育管理工作条例》（中共中央印发，自 2019 年 5 月 6 日起施行，下同）第二十四条规定：“对与党组织失去联系 6 个月以上、通过各种方式查找仍然没有取得联系的党员，予以停止党籍。停止党籍的决定由所在党支部或者上级党组织按照有关规定作出。停止党籍 2 年后确实无法取得联系的，按照自行脱党予以除名。”（4）对党员出国（境）定居，以及出国留学、劳务人员中的党员，按有关规定办理。《中国共产党党员教育管理工作条例》第二十四条的规定：“对因私出国并在国外长期定居的党员，出国学习研究超过 5 年仍未返回的党员，一般予以停止党籍。停止党籍的决定由保留其组织关系的党组织按照有关规定作出。”（5）对按照《中国共产党纪律处分条例》规定应当给予党纪处分的党员，不能用组织处置代替党纪处分。对受警告、严重警告、撤销党内职务、留党察看处分的党员，一般不因同一问题再进行组织处置；但有其他不合格表现的，应当按程序作出相应处置，对被劝退、除名的及时通报纪检机关。（6）党支部书记要履行直接责任，敢于坚持原则，敢于动真碰硬，把工作做细做实。（7）处置不合格党员工作要有计划、有步骤地开展，不定比例、不下指标，不搞末位淘汰。（8）对把握不准的问题要及时请示，重大问题及时报告，防止简单粗糙、宽严皆误。（9）要加强正面宣传，防止炒作。对工作不负责任、处置不合格党员不及时不严格的党组织和有关责任人，要通报批评。（10）对确有不合格党员，但所在党支部拖延不作处置，或支部大会不能形成处置决议的，应责成党支部及时作出处置；必要时，基层党委可直接调查核实，作出处置决定。（11）对借机打击报复、侵犯党员权利的，严肃追究有关责任人责任。

三、给予党员除名处置的情形

《中国共产党党员教育管理工作条例》（中共中央印发，自2019年5月6日起施行，下同）第三十一条规定，党员具有下列情形之一的，按照规定程序给予除名处置：（一）理想信念缺失，政治立场动摇，已经丧失党员条件的，予以除名；（二）信仰宗教，经党组织帮助教育仍没有转变的，劝其退党，劝而不退的予以除名；（三）因思想蜕化提出退党，经教育后仍然坚持退党的，予以除名；（四）为了达到个人目的以退党相要挟，经教育不改的，劝其退党，劝而不退的予以除名；（五）限期改正期满后仍无转变的，劝其退党，劝而不退的予以除名；（六）没有正当理由，连续6个月不参加党的组织生活，或者不交纳党费，或者不做党所分配的工作，按照自行脱党予以除名。对违犯党纪的党员，按照《中国共产党纪律处分条例》规定给予党纪处分。

四、处置不合格党员应遵循的方针

处置不合格党员要遵循“坚持标准，立足教育，区别对待，综合治理”的方针。《中国共产党组织工作教程》对此作出了如下的进一步解释和说明：

（1）坚持标准，是指民主评议一个党员是否合格，必须按照党章规定的党员标准来衡量，看其是否符合党章规定的党员条件，是否履行党员义务、发挥党员作用，不能随意拔高要求，也不能任意降低标准。（2）立足教育，是指处置不合格党员，目的不仅仅是为了使少数丧失党员条件的党员出党，而且是要通过对广大党员进行坚持党员标准的再教育，使广大党员自觉地做合格的共产党员。对确属不合格的党员，也不能采取简单处置的方法，而应立足于教育和帮助，做好转化工作，促使他们提高觉悟，振奋精神，改正缺点和错误，努力做一个合格的共产党员。即使对那些经过教育仍不合格而出党的人，党组织仍要关心和团结他们，做好耐心细致的思想政治工作，鼓励他们做一个好公民，为中国特色社会主义建设事业服务。（3）区别对待，是指处置不合格党员，必须根据本人表现和态度，实事求是，区别情况，妥善进行。处置不合格党员要注意区分主观原因和客观原因、个人原因和组织原因、一时表现和一贯表现，做到事实清楚、理由充分，处置恰当、手续完备。对党员所在单位或居住地党组织不健全、组织生活不正常，以及党员年老体弱、长期患病、行动不便造成无法正常参加组织活动、不能履行党员义务的，不能简单认定为不合格党员予以处置。（4）综合治理，是指要从党员个人和党组织两个方面入手，实行综合治理，从根本上解决党员不合格问题。在发展党员工作中要严格坚持党员标准，必须把政治标准放在首位，把好“入口关”；要加强党的制度建设，健全组织生活和党内生活，对党员经常进行教育，加强监督。

五、处置不合格党员流程图

根据党章等党内法规、规范性文件的有关规定、工作问答和各地的经验做法，处置不合格党员流程图一般是：

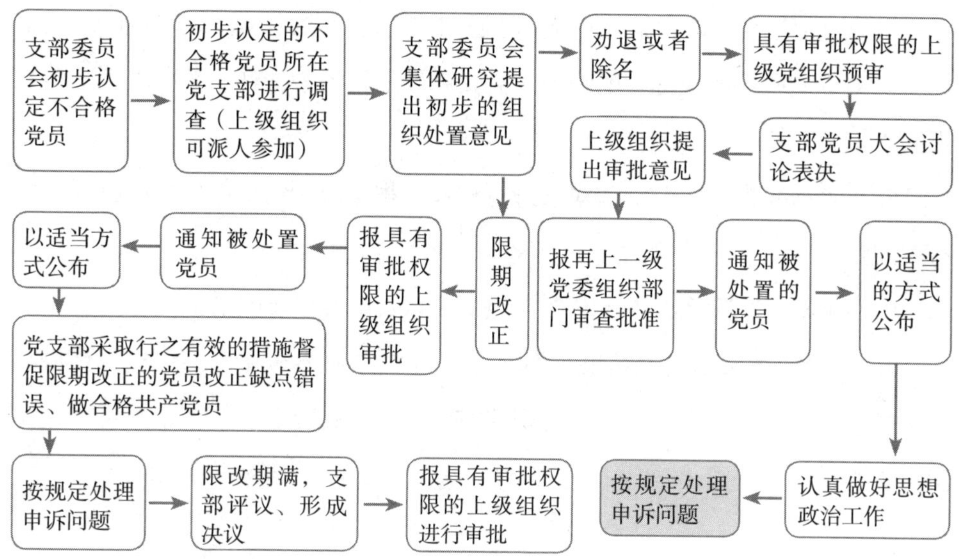

图 2-12　处置不合格党员流程图

本流程图供参考。实践中，应根据党支部的实际情况和上级党组织的要求进行调整、优化。根据党内有关规定和工作问答等，需要说明的有以下几个方面：

1. 党支部在民主评议党员工作中，根据个人自评、党员互评、民主测评结果，由支委会对有不合格表现的党员作出初步认定。

2. 党支部对党员不合格表现进行调查，形成调查核实材料，支委会提出初步的组织处置意见。上级党组织（指具有审批预备党员权限的党委或者党组或者党的机关工作委员会，下同——编者注）可派人参加。

3. 党支部将初步的组织处置意见、调查核实材料报上级党组织预审。对拟作出劝退、除名处置的，由上级党组织报再上一级党委组织部门预审。

4. 经预审同意后，党支部召开支部大会，通报对拟处置党员调查核实和预审情况，讨论处置意见并进行表决。

5. 对作出限期改正处置的，由具有审批权限的上级党组织集体研究审批；对作出劝退、除名处置的，由具有审批权限的上级党组织集体研究提出审批意见，报再上一级党委组织部门审查批准。

6. 党支部接到审批意见后，要及时通知被处置的党员，并以适当方式宣布。

7. 对受到限期改正处置的党员，党支部要通过谈心谈话、教育培训、结对帮扶等措施促其改正。

8. 限期改正期满，党支部对其进行评议，根据改正情况作出相应决议，按有关规定和程序上报审批。

9. 对被劝退、除名的人，基层党组织要认真做好思想政治工作。

10. 被处置党员对处置结果有不同意见的，按党章、《中国共产党党员权利保障条例》等规定提出申诉。党组织要按照规定进行复议、复查，并对本人作出负责的回复。

六、处置不合格党员支部党员大会程序

根据党章和其他有关文件的规定、党内工作问答和各地实践，支部大会讨论处置不合格党员的程序和需要说明的事项一般是：

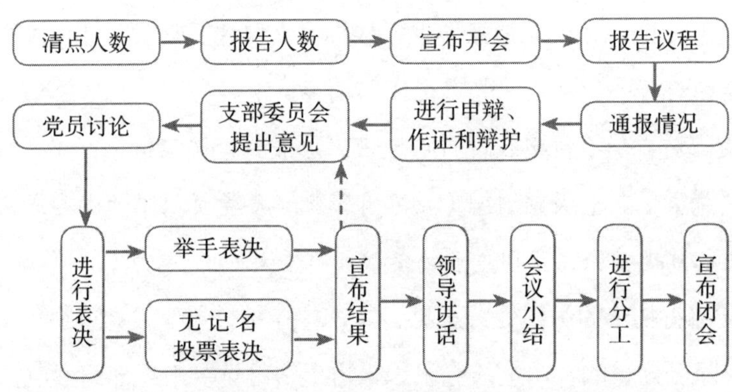

图 2-13　处置不合格党员支部党员大会流程图

1. 清点人数。党员人数多的党支部，应在会前明确专人负责清点有表决权的党员实到会人数，并把清点人数的情况报告会议主持人。人数少的党支部，可由会议主持人清点有表决权的党员实到会人数。

2. 报告人数。会议主持人报告有表决权的党员应到会人数、实到会人数和

缺席人数，说明缺席党员的缺席原因。

3. 宣布开会。有表决权的党员实到会人数超过有表决权的党员人数的半数（上级党组织另有规定的，要从其规定——编者注），会议主持人宣布党员大会开始。

4. 报告议程。会议主持人报告本次支部党员大会的主要议程。

5. 通报情况。负责调查不合格党员不合格表现的同志，介绍不合格党员不合格表现情况和调查结果。支部委员会（不设支部委员会的一般是支部书记）通报具有审批权限的上级党组织对拟处置党员的预审情况。

6. 本人申辩。听取不合格党员本人的检查和申辩。

7. 作证辩护。听取其他党员为不合格党员的作证和辩护。

链接 LINK

&不合格党员表现

中共中央组织部、中央党的群众路线教育实践活动领导小组于 2014 年 8 月 28 日印发的《关于做好处置不合格党员工作的通知》对此的规定是：准确认定不合格党员是做好组织处置工作的关键。对民主评议中被评为“差”的党员，支委会（不设支委会的召开支部大会，下同）要结合平时掌握的党员现实表现，对照以下情形，客观准确地认定不合格党员：一是理想信念缺失，对马克思主义缺乏信仰，对中国特色社会主义缺乏信心，推崇西方价值观念和社会制度，热衷于组织、参加宗教活动和封建迷信活动。二是政治立场动摇，在思想上、政治上、行动上不能自觉与党中央保持一致，不能严格遵守党的政治纪律和国家法律法规，传播政治谣言及有损党和国家形象的言论。三是宗旨观念淡薄，服务群众意识差，利己主义严重，与民争利甚至损害群众利益，在人民群众生命财产安全受到威胁时临危退缩。四是工作消极懈怠，不思进取、不负责任、不敢担当，在生产、工作、学习和社会生活中不起先锋模范作用，落后于普通群众。五是组织纪律散漫，不按规定参加党的组织生活，不按时交纳党费，不完成党组织分配的任务，不按党的组织原则办事，甚至参加非组织活动。六是道德行为不端，违反社会公德、职业道德、家庭美德，贪图享受，奢侈浪费，沉迷低级趣味，生活作风不检点。

8. 提出意见。支部委员会提出对不合格党员的初步组织处置意见（支部委员会应在支部党员大会前集体研究提出限期改正一年或劝其退党或党内除名的初步处置意见——编者注）及其依据。

9. 党员讨论。会议主持人引导到会党员展开讨论、发表意见，提出对不合格党员进行组织处置的意见或者建议。

10. 进行表决。清点、确认有表决权的党员实到会人数符合规定的到会人数后，对支部委员会提出的组织处置初步意见进行表决：

（1）采取举手表决方式进行表决的程序一般是：①赞成的请举手，请放下；②不赞成的请举手（如果没有举手的，会议主持人宣布“没有”；如有举手的，会议主持人清点举手人数并宣布“有 × 人”、请放下——编者注）；③弃权的请举手（如果没有举手的，会议主持人宣布“没有”；如有举手的，会议主持人清点举手人数并宣布“有 × 人”、请放下——编者注）；④赞成人数超过有表决权的党员应到会人数的半数，会议主持人宣布“支部党员大会通过给予 ××× 同志限期改正一年或劝其退党或党内除名的决议”［如果赞成人数正好是有表决权的党员应到会人数的半数，党支部应根据实际情况，把不合格党员的具体表现等情况，再向支部党员大会进行说明，然后再进行表决，如果赞成人数仍然不超过有表决权的党员应到会人数的半数（包括第一次表决赞成人数少于有表决权的党员应到会人数的半数），则应根据党员的具体表现、问题性质等实际情况，由支部委员会按照有关规定和要求，提出确定其为合格党员（经支部党员大会讨论，确认其是合格党员的，对存在的问题进行批评教育）或者新的组织处置意见或者给予党的纪律处分的意见，按有关规定报请批准后，再提交支部党员大会讨论、表决通过，下同——编者注］。

（2）采取无记名投票方式进行表决的程序一般是：①一般采取举手表决方式通过无记名投票表决办法；②采取举手表决方式通过监票人、计票人（计票人可由会议主持人指定——编者注）；③监票人查封票箱；④监票人领取、分发表决票（人数多的党支部一般由监票人、计票人按照会前分工分发——编者

注）并报告表决票分发情况；⑤有表决权的到会党员画写表决票，然后按照监票人、计票人、在主席台就座的党员、然后是其他党员的顺序依次投票；⑥监票人启封票箱、清点并报告收回的表决票情况；⑦监票人、计票人计票，其他党员原地休息；⑧继续召开支部党员大会，监票人向支部党员大会报告计票结果；⑨赞成人数超过有表决权的党员应到会人数的半数，会议主持人宣布“支部党员大会通过给予 ××× 同志限期改正一年或劝其退党或党内除名的决议”［如果赞成人数正好是有表决权的党员应到会人数的半数，党支部应根据实际情况，把不合格党员的具体表现等情况，再向支部党员大会进行说明，然后再进行表决，如果赞成人数仍然不超过有表决权的党员应到会人数的半数（包括第一次表决赞成人数少于有表决权的党员应到会人数的半数），则应根据党员的具体表现、问题性质等实际情况，由支部委员会按照有关规定和要求，提出确定其为合格党员（经支部党员大会讨论，确认其是合格党员的，对存在的问题进行批评教育）或者新的组织处置意见或者给予党的纪律处分的意见，按规定报请批准后，再提交支部党员大会讨论、表决通过，下同——编者注］。

11. 领导讲话。可以根据实际情况，在支部党员大会其他议程全部完成以后，安排上级党组织与会同志、本单位领导讲话。

12. 会议结束。支部党员大会的所有议程全部完成以后，会议主持人可视情进行会议小结、提出要求，然后宣布支部党员大会闭会。

注意：①本流程图和说明供参考，实践中应根据党支部的实际情况和上级党组织的有关规定进行优化和调整补充。②讨论限期改正期满党员、给予党员纪律处分的支部党员大会的流程图和程序，略作修改即可参考。③文本样例请参阅本书的第六章相关内容。

七、处置不合格党员支部党员大会的后续工作

根据党内法规、规范性文件等有关规定和要求，党的组织工作问答，以及

党支部处置不合格党员的实际需要和经验做法，支部党员大会召开之后，一般应做好以下几个方面的后续工作：

1. 填写决议。党支部应及时把支部党员大会通过的对不合格党员的组织处置意见的决议填入其《入党志愿书》的“备注”栏（上级党组织另有规定的，从其规定——编者注）。支部党员大会决议内容主要包括：不合格党员的主要表现；支部党员大会共有、应到会和实际到会的有表决权的党员人数；进行表决的方式及其表决的结果；通过决议的日期；党支部书记签名。

2. 报请批准。按照上级党组织的规定和要求，及时把受到组织处置党员不合格表现情况和调查核实材料、《入党志愿书》等材料，逐级报具有审批权限的基层党委（具有审批预备党员权限的党委，也包括具有审批权限的党组和党的机关工作委员会，下同——编者注）审查批准（没有审批预备党员权限的不合格党员所在党支部的上级党组织如党总支部或者基层党委，应对党支部通过的决议进行审议，并集体研究提出意见，下同——编者注）。

3. 审查批准。对作出限期改正处置的，由具有审批权限的基层党委集体研究审批；对作出劝退、除名处置的，由具有审批权限的基层党委集体研究提出审批意见，报再上一级党委组织部门审查批准。

4. 通知本人。党支部接到上级党委的审批意见后，要及时通知被处置的不合格党员，认真做好思想政治工作，告知申诉权利和规定。

5. 告知党员。党支部接到审批意见后，及时并以适当方式宣布，告知本党支部的党员。要加强正面宣传，防止炒作。

6. 复议复查。被处置党员对处置结果有不同意见、按党章和《中国共产党党员权利保障条例》等规定提出申诉的，有关党组织要按照规定进行复议、复查，并对其本人作出负责的回复。

7. 帮助改正。对受到限期改正处置的不合格党员，党支部要通过谈心谈话、教育培训、结对帮扶等措施促其改正。

8. 期满审批。对受到限期改正处置的党员，限期改正期满，党支部对其进行评议，根据改正情况作出相应决议，按程序逐级上报具有审批权限的基层党委审批。

第六节　听取和审查支部委员会报告的支部党员大会

一、听取和审查支部委员会报告支部党员大会的前期准备

根据有关规定和要求，进行换届选举的支部党员大会，要听取和审查支部委员会的报告（请参阅本书本章第一节相关内容——编者注）。目前，有的基层党组织明确规定，党的支部委员会一般每年要向支部党员大会报告一次工作，接受监督。按照党内有关规定和工作问答，做好听取和审查支部委员会报告的支部党员大会前期准备工作主要有以下几个方面：

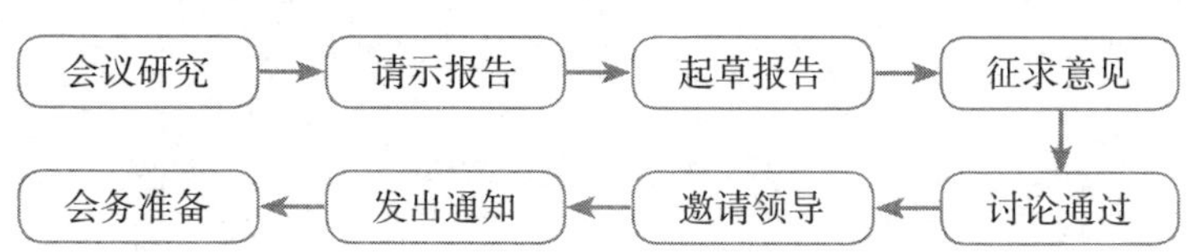

图 2-14　听取和审查支部委员会报告的支部党员大会前期准备流程图

1. 会议研究。召开支部委员会全体会议，讨论起草支部委员会报告的有关事宜，进行分工、明确责任（一般由党支部书记直接负责——编者注），并指定起草支部委员会报告的专门人员。

2. 请示报告。根据上级党组织的有关规定和要求，以及召开支部党员大会的实际需要，会后应及时把支部委员会全体会议研究决定的召开支部党员大会的有关事项请示报告上级党组织（也可由党支部书记直接报告上级党组织——编者注）。

3. 起草报告。上级党组织批准后，在深入调查研究、广泛听取党员和群众

等各方面意见的基础上，指定的专门人员撰写支部委员会的报告。

4. 征求意见。报告初稿形成后，要印发所属党小组（不设党小组的直接印发党员、群众——编者注）进行讨论，认真听取所属党小组和党员、群众的意见，进行反复修改。

5. 讨论通过。支部委员会的报告形成后，提交支部委员会全体会议讨论通过，同时讨论、决定召开支部党员大会的其他有关事项。

6. 发出通知。会后向所属的党小组（不设党小组的直接向所有党员——编者注）、其他与会人员发出召开党员大会的通知。

7. 会务准备。做好文件材料、布置会场、邀请上级领导等临开会时的各项会务准备工作。

二、听取和审查支部委员会报告支部党员大会流程图

不同地区、不同情况下，支部党员大会流程和要求是不同的。本书提供如下听取和审查支部委员会报告支部党员大会流程图和说明以供参考：

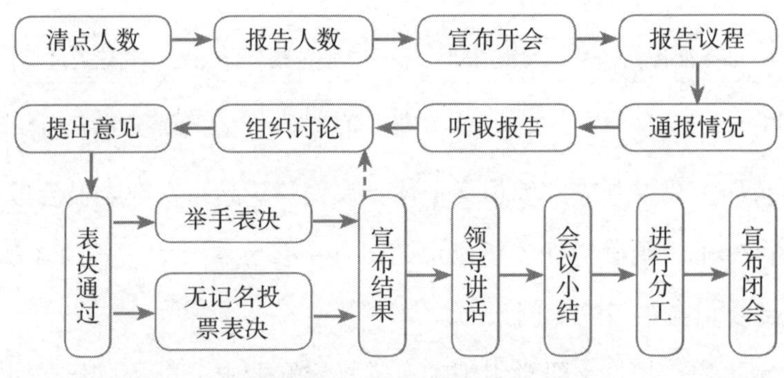

图 2-15　听取和审查支部委员会的报告的支部党员大会流程图

1. 清点人数。党员人数多的党支部，应在会前明确专人负责清点有表决权的党员实到会人数，并把清点人数的情况报告会议主持人。人数少的党支部，可由会议主持人清点有表决权的党员实到会人数。

2. 报告人数。会议主持人报告有表决权的党员应到会人数、实到会人数和缺席人数，说明缺席党员的缺席原因。

3. 宣布开会。有表决权的党员实到会人数超过本支部有表决权的党员人数的半数（选举时有选举权的党员实到会人数不少于应到会人数的4/5，上级党组织另有规定的要从其规定，下同——编者注），会议主持人宣布听取和审查支部委员会报告的党员大会开始。

4. 报告议程。会议主持人报告本次支部党员大会的主要议程。

5. 通报情况。会议主持人通报支部委员会的报告形成过程、支部党员大会筹备工作等情况。

6. 听取报告。与会党员听取党支部书记代表支部委员会（换届选举时代表上一届支部委员会——编者注）向支部党员大会作报告。

7. 组织讨论。听取支部委员会的报告后，分党小组讨论（人数少的，或者上级党组织批准不分组讨论的，可以在支部党员大会上组织党员一起讨论——编者注）支部委员会的报告。

8. 提出意见。支部委员会指定专人收集各党小组或者党员提出的修改意见，并根据多数党小组或者党员的意见，按照有关规定和要求进行修改。

9. 审查通过。一般采取举手表决的方式进行表决［如不分组讨论的，则没有“组织讨论”“提出意见”两个步骤，会议主持人在此处增加：“请各位党员考虑一下，对支部委员会的报告，有什么意见的请发表”，（稍等后）如果没有党员提出意见的，则说“没有，下面进行表决”；如果有同志提出意见的，则说“请发表，请负责起草报告的×××同志做好记录、按照规定和要求进行修改”；没有党员再发表意见后，则说“如果没有意见了，下面进行表决”——编者注］。会议主持人：“赞成支部委员会报告的，请举手”，（稍等后）“请放下”；“不赞成的，请举手”，（稍等后）如有举手的则说“有×人，请放下”，如没有举手的则说“没有”；“弃权的，请举手”，（稍等后）如有举手的则说“有×人，请放下”，如没有举手的则说“没有”。

链接 LINK

&起草支部委员会报告的“四要”

《党组织选举工作手册》提出的“四要”要求，即:(1)要实事求是地总结过去，肯定成绩、找出差距，给人以继往开来的信心和动力;(2)要清醒研判形势，把握机遇、应对挑战，给人以战胜困难的决心和勇气;(3)要科学规划未来，明确目标、厘清思路，给人以开拓进取的方向和希望;(4)要有务实管用的举措，出实招、办实事、求实效，让群众听得懂、干部好操作、组织能落实。

10. 宣布结果。赞成人数超过应到会有表决权的党员人数的半数，通过支部委员会的报告的决议。

11. 领导讲话。可以根据实际情况，在支部党员大会其他议程全部完成以后，安排上级党组织与会同志、本单位领导讲话。

12. 宣布闭会。支部党员大会的所有议程全部完成以后，会议主持人可视情进行会议小结、提出落实要求、进行有关工作分工后，宣布支部党员大会闭会。

注意：①本流程图仅供参考，实践中应根据党支部的实际情况和上级党组织的有关规定进行调整和优化。②文本样例请参阅本书的第六章相关内容。

三、听取和审查支部委员会报告的支部党员大会后续工作

听取和审查支部委员会报告的支部党员大会闭会以后，应立即根据党内的有关规定和工作问答，做好以下方面的工作：

1. 根据支部党员大会提出的意见，按照有关的规定和要求，对支部委员会的报告进行修改（支部党员大会没有提出修改意见的除外——编者注）。

2. 根据支部委员会的报告修改情况，按照有关规定和要求，视情召开支部委员会全体会议，集体讨论通过修改后的支部委员会的报告（支部党员大会没

有提出或者没有提出原则性的修改意见的除外——编者注)，对报告明确的各项目标任务，进行任务分解、人员分工、提出落实要求等。

3. 按照有关规定和要求，将支部委员会的报告印发所属的党小组（不设党小组的印发全体党员——编者注)，同时报送上级党组织。

4. 搞好听取和审查支部委员会报告的资料积累和台账等工作，做好经验总结。

5. 按照分工和安排，抓好支部委员会的报告明确的各项目标任务的完成和落实。

第七节　讨论决定其他事项的支部党员大会

一、讨论决定其他事项支部党员大会前期准备流程图

这里所说的是支部党员大会按照党内有关规定、工作问答、实践经验和会议需要等，除讨论决定前面六节所述内容以外的如推荐优秀共产党员、贯彻落实上级党组织的决议、不设委员会的党支部确定入党积极分子和发展对象、贯彻落实中共中央办公厅于 2020 年 9 月印发的《关于巩固深化“不忘初心、牢记使命”主题教育成果的意见》作出的“党支部每年组织 1 次党章专题学习交流”规定等其他事项的前期准备工作程序和流程图及其需要说明的事项，归纳起来有如下方面：

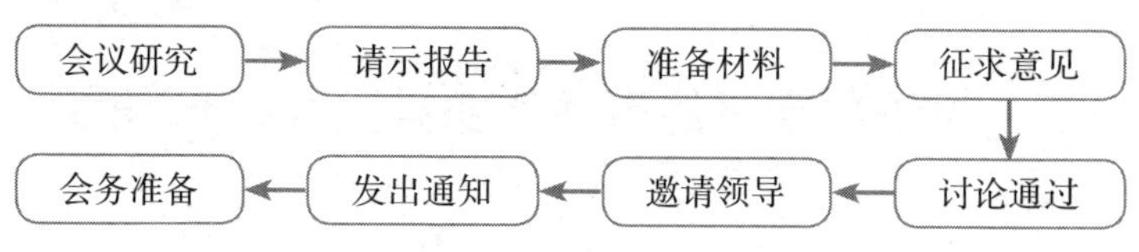

图 2-16　讨论决定其他事项的支部党员大会前期准备流程图

1. 会议研究。根据规定和要求及党支部工作的实际需要，视情召开支部委员会全体会议，集体研究决定召开支部党员大会的有关事宜，提出初步意见供支部党员大会表决通过，对支部党员大会的筹备工作进行分工、明确责任。

2. 请示报告。根据上级党组织的有关规定和要求，以及召开支部党员大会的实际需要，支部委员会召开后及时把支部委员会全体会议研究决定的召开支部党员大会的有关事项请示报告上级党组织。

3. 准备材料。上级党组织批准后，根据支部党员大会讨论决定的事项需要，安排专人准备会议材料。

4. 征求意见。根据上级党组织的有关规定和要求、支部党员大会讨论决定事项的实际需要，视情征求上级党组织、所属党小组和党员、群众的意见、建议。

5. 讨论通过。根据有关规定和要求、支部党员大会需要，视情召开支部委员会全体会议，集体研究、解决支部党员大会筹备工作中出现的问题，决定召开支部党员大会的有关事项。

6. 发出通知。提前向所属的党小组（不设党小组的直接向所有党员——编者注）和其他与会人员发出召开支部党员大会的通知、提出要求。

7. 会务准备。做好会议材料、会场布置、邀请上级领导等临开会时的有关会务准备工作。

链接 LINK

&不设支部委员会的党支部如何确定入党积极分子

根据党内法规、规范性文件的有关规定，不设支部委员会的党支部，在入党申请人中确定入党积极分子，应当采取党员推荐、群团组织推优等方式产生人选，由支部大会研究决定，并报上级党委备案。

二、讨论决定其他事项支部党员大会流程图

这里是按照党内有关规定和要求、工作问答等，提供讨论决定本章第一至

六节事项以外的其他事项的支部党员大会的程序和流程图，及其需要说明的有关事项，供党支部在实际工作中参考：

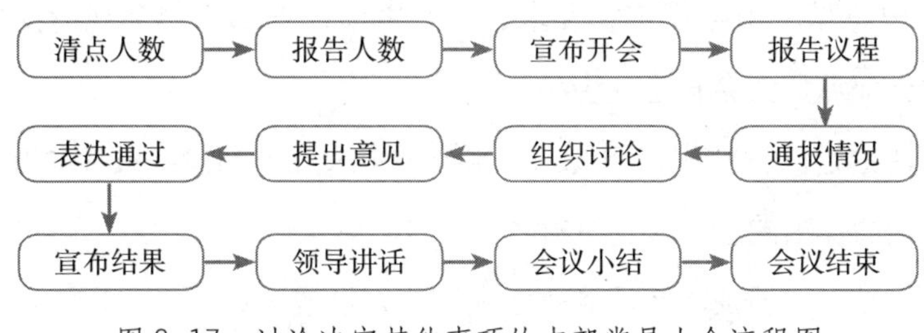

图 2-17　讨论决定其他事项的支部党员大会流程图

1. 清点人数。党员人数多的党支部，应在会前明确专人负责清点到会人数，并把清点人数情况提前报告会议主持人。党员人数少的党支部，也可由主持人自己清点。

2. 报告人数。会议主持人报告有表决权的党员人数、应到会人数、实到会人数和缺席人数，说明缺席人员的缺席原因。

3. 宣布开会。有表决权的到会人数符合规定和要求的，会议主持人宣布支部党员大会开始（表决必须有半数以上有表决权的党员到会方可进行）。

4. 报告议程。会议主持人报告本次支部党员大会的主要议程和开好支部党员大会的要求。

5. 通报情况。根据支部党员大会的规定和需要，通报支部党员大会筹备工作等有关情况。

链接 LINK

& 如何确定发展对象

根据党内法规等规定，对经过一年以上培养教育和考察、基本具备党员条件的入党积极分子，在听取党小组、培养联系人、党员和群众意见的基础上，采取党员推荐、群团组织推优等方式产生人选，支部委员会（不设支部委员会的由支部大会）讨论同意并报上级党委备案同意后，可列为发展对象。

6. 组织讨论。根据规定和要求、讨论事项，视情组织与会人员进行讨论、发表意见。

7. 提出意见。根据规定和要求、讨论事项，支部委员会视情提出初步意见，以供支部党员大会讨论、表决。

8. 表决通过。根据规定和要求，采取举手或无记名投票或其他方式，对支部委员会视情提出的初步意见进行表决。

9. 宣布结果。赞成人数达到规定人数的，形成决议。

10. 领导讲话。可以根据实际情况，在支部党员大会其他议程全部完成以后，安排上级党组织与会同志、本单位领导讲话。

11. 会议小结。会议主持人可视情进行会议小结、提出落实要求、进行工作和人员分工。

12. 会议结束。支部党员大会的所有议程全部完成之后，会议主持人即可宣布支部党员大会闭会。

注意：本流程图和程序仅供参考，实践中应根据党支部的实际情况和上级党组织的有关规定进行调整和优化。所需文本样例请参阅本书第六章相关内容。

三、讨论决定其他事项支部党员大会后续工作

讨论决定本章第一至六节的事项以外的其他事项的支部党员大会闭会以后，应立即做好以下几个方面的工作：

1. 及时做好支部党员大会台账、通过的决议等会议材料的整理、填写工作。

2. 按照有关规定和要求，及时把有关事项请示报告上级党组织。

3. 按照有关规定和要求，及时通知所属的党小组和党员认真贯彻落实支部党员大会形成的有关决议、决定。

4. 按照分工和安排，抓好支部党员大会决定事项的贯彻落实工作。

第三章

坚持支部委员会制度

按照《中国共产党组织工作教程》(中共中央组织部编，党建读物出版社 2015 年版，下同)的说明，支部委员会议题一般包括：研究、贯彻上级党委的决议和指示；讨论制定完成生产和工作任务的方针办法；研究党的建设和党员管理教育方面的问题；研究有关干部选拔、调整方面的问题；研究培养、发展新党员方面的问题；讨论研究协调工、青、妇组织工作方面的问题。本章根据《中国共产党章程》、《中国共产党基层组织选举工作条例》(中共中央于 2020 年 7 月 13 日发布，下同)、《中国共产党发展党员工作细则》(中共中央办公厅于 2014 年 5 月 28 日印发，下同)、《中国共产党支部工作条例(试行)》和《中国共产党组织工作辞典》(中共中央组织部编，党建读物出版社 2009 年版，下同)等规定和解释，分《开好进行选举的支部委员会》《开好确定入党积极分子的支部委员会》《开好确定发展对象的支部委员会》《开好处置不合格党员的支部委员会》《开好组织生活会的支部委员会》《开好其他事项的支部委员会》六节，对开好完成不同任务的支部委员会的会前准备、会中流程、会后工作等进行说明，以供广大基层党务工作者在坚持支部委员会制度、党务知识培训时加以参考。

第一节　开好进行选举的支部委员会

一、进行选举的支部委员会前期准备流程图及说明

根据党内法规等有关规定和中央组织部工作问答等，以及选举工作的实际需要、各地基层党组织的经验做法，支部委员会选举党支部书记、副书记会前准备流程图和需要说明的事项如下：

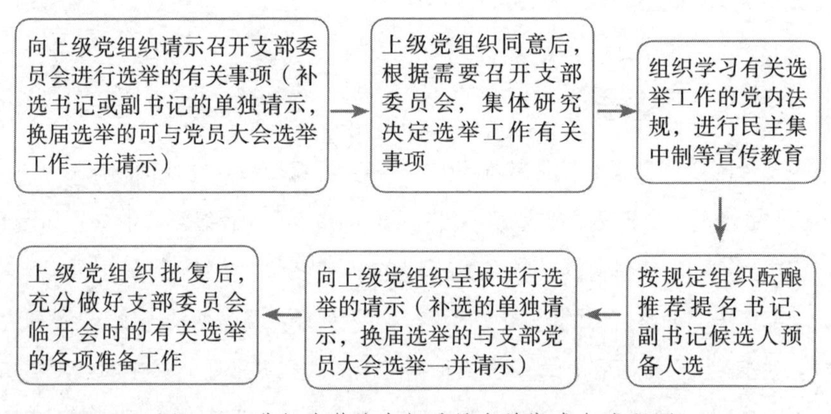

图 3-1　进行选举的支部委员会前期准备流程图

1. 进行换届选举的，除了由党员大会直接选举产生党支部书记、副书记以外，一般在进行换届选举的党员大会闭会后，立即召开新选举产生的支部委员会全体会议，选举党支部书记、副书记（党支部委员会副书记可以不设，根据党支部委员会人数和支部工作需要确定，下同——编者注）。

2. 进行换届选举的党支部书记、副书记候选人预备人选的产生，与支部委员会委员候选人预备人选的产生同步进行，请参阅本书第二章支部党员大会选举工作有关内容。

3. 党支部书记或者副书记在任期内出现缺额，可以召开支部委员会（不设支部委员会的党支部或者规定由党员大会选举党支部委员会书记、副书记的，应召开支部党员大会，下同——编者注）补选，也可由上级党组织指派。

4. 本流程图仅供参考，实际工作中应根据上级党组织的有关规定和要求，对本流程图进行调整、优化。

5. 所需的文本样例请参阅本书第六章的有关内容。

二、进行选举的支部委员会流程图及说明

根据党章、《中国共产党基层组织选举工作条例》等规定和中共中央组织部的工作问答，以及支部委员会选举工作需要，支部委员会进行选举的流程图如下：

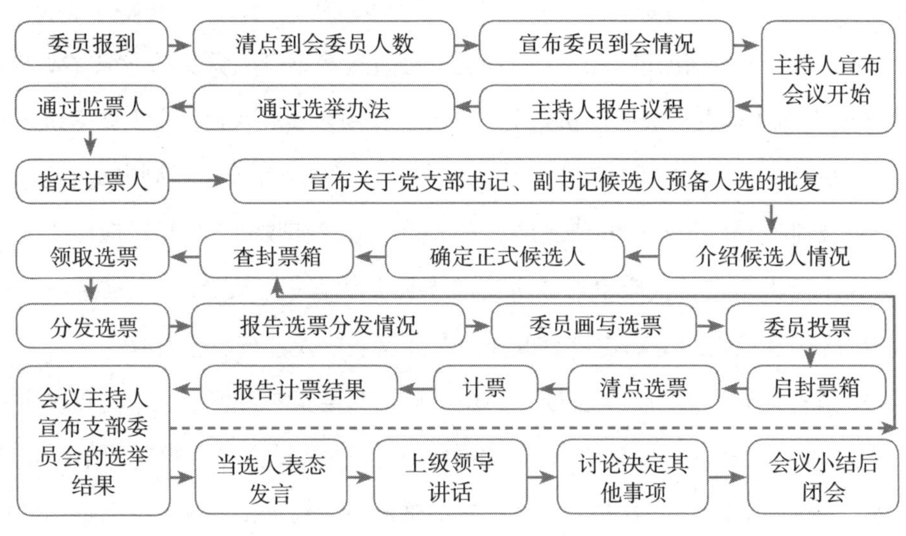

图 3-2　进行选举支部委员会流程图

需要说明的有以下几个方面：

1. 此流程图是支部委员会进行选举（包括换届选举、补选党支部书记或副书记——编者注）时的流程图，实践中应根据上级党组织的规定和要求、选举

工作需要、党支部的实际情况，进行调整和优化。

2. 清点选票后应报告收回选票情况。

3. 当选人表态发言、上级领导讲话、讨论决定其他事项都不是必需的议程，应根据本党支部的实际情况和选举工作需要等进行安排。

4. 所需文本样例请参阅本书第六章的有关内容。

三、召开进行选举的支部委员会的注意事项

根据党内有关规定、工作问答和基层党组织的实践经验等，召开进行选举的支部委员会的注意事项主要有以下几个方面：

1. 加强请示报告和组织领导。

2. 严格按照有关规定和要求，酝酿推荐产生党支部书记、副书记的候选人（换届选举时，一般与委员侯选人预备人选同步产生）。

3. 如果上级党组织明确规定由党员大会直接选举产生党支部书记、副书记（包括党支部书记或者副书记在党支部委员会任期内出现缺额，由上级党组织指派——编者注）的，则不存在召开支部委员会选举党支部书记、副书记的问题。

4. 支部委员会选举中报告到会委员人数、分发和收回选票情况应由监票人向会议主持人报告（实践中也可向支部委员会报告——编者注），被选举人得票情况应由监票人向支部委员会报告，由会议主持人宣布当选人。

5. 进行换届选举的，支部委员会由上届委员会推荐一名新当选的委员主持（一般是书记候选人——编者注）。届中召开支部委员会补选党支部书记或者副书记的，由支部委员会书记（补选副书记的——编者注）或者副书记（补选书记的——编者注）或者委员（补选书记的支部委员会未设副书记的——编者注）主持。

6. 选举设监票人、计票人，具体人数可根据选举工作需要确定，一般设监票人 1 名、计票人 2 名（只有 3 人组成的支部委员会可只设 1 名监票人、1 名

计票人——编者注）。监票人、计票人均不能是选举候选人。

7. 有选举权的委员实到会人数必须不少于应到会人数的4/5，否则，选举无效。

四、进行选举的支部委员会后续工作注意事项

进行选举的支部委员会闭会后，应立即按照党内法规、规范性文件等有关规定和要求、中共中央组织部的工作问答等，以及基层党组织的经验做法，做好后续工作，并注意以下几个方面的问题：

1. 进行换届选举的，如果由新当选的党支部委员会第一次全体会议选举产生书记、副书记的，在支部委员会第一次全体会议闭会后，应及时向上级党组织报告书记、副书记选举结果的情况，报请上级党组织批准。

2. 由支部委员会补选党支部书记或副书记的，党支部应在补选的书记或者副书记选举产生后，及时向上级党组织报告选举结果的情况，报请上级党组织批准。

3. 受双重领导的党支部，支部委员会的选举结果应同时抄报上级协管单位党组织。

4. 当选的党支部委员会书记、副书记，如果是经上级党组织审查同意的候选人预备人选名单之内的人选，当选结果宣布后即可进行公开的宣传报道，否则，应报经上级党组织批准后方可进行宣传报道。

5. 报道当选结果必须认真对待。对当选人姓名、性别、民族、当选职务、排列顺序，一定要反复认真核对，不得有疏漏和差错。报道的语言要准确、恰当。报道的文稿要经主持支部委员会选举会议的负责同志审签。

6. 向上级党组织呈报的支部委员会的选举结果的报告内容一般应包括：支部委员会召开情况和选举情况，包括开会时间、应到会委员人数、实到会委员人数，选举结果和当选书记、副书记获得的赞成票数等。

7. 上级党组织对支部委员会选举结果批复后，应及时报告支部党员大会。

8. 做好支部委员会的台账、会议材料的整理归档等各项工作。

第二节　开好确定入党积极分子的支部委员会

一、确定入党积极分子支部委员会前期工作内容

《中国共产党发展党员工作细则》规定：在入党申请人中确定入党积极分子，应当采取党员推荐、群团组织推优等方式产生人选，由支部委员会研究决定（不设支部委员会的由支部大会研究决定——编者注），并报上级党委备案。由此可见，召开确定入党积极分子的支部委员会，应按照党内有关规定和要求、基层党组织的实践经验，积极做好前期工作，主要内容有以下几个方面：

1. 征求有关党小组（没有党小组的除外，下同——编者注）和党员、群众对入党申请人的意见和建议。

2. 对反映入党申请人存在的问题，要根据有关规定和具体情况，视情指派党性强、作风好、认真负责的正式党员进行调查核实，形成调查核实材料。

3. 组织本党支部的党员在入党申请人中推荐入党积极分子人选。

4. 组织所在单位的群团组织在入党申请人中推荐入党积极分子人选。

5. 综合征求意见情况和党员推荐、群团组织推优的结果，产生入党积极分子人选。

6. 如上级党组织有规定和要求的，应对入党积极分子人选的基本情况进行公示。

7. 根据有关规定和实际情况，视情把入党积极分子人选的基本情况呈报上级党组织审查批准。

8. 准备好确定入党积极分子的有关材料（采取无记名投票方式进行表决的，应准备好表决票——编者注）。

9. 向各位委员发出召开支部委员会确定入党积极分子的会议通知。

10. 做好支部委员会临开会时的各项会务工作等。

二、确定入党积极分子支部委员会流程图及说明

根据党内法规、规范性文件的规定和基层党组织的实践经验，确定入党积极分子的支部委员会流程图及说明如下：

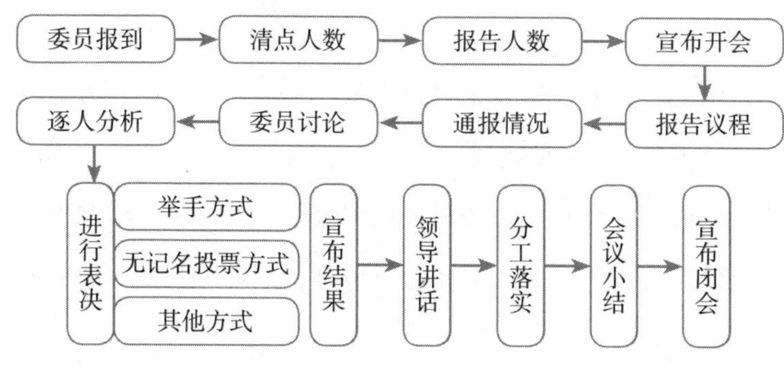

图 3-3 确定入党积极分子支部委员会流程图

1. 实际工作中，党支部应根据上级党组织的具体规定和要求，对本流程图列示的流程进行调整和优化。

2. 通报情况主要是通报征求有关党小组（没有党小组的除外——编者注）和党员、群众对入党申请人的意见和建议情况；对反映入党申请人存在的问题，根据有关规定和具体情况进行调查核实的情况；党员推荐、群团组织推优情况；其他需要通报的情况。

3. 委员讨论环节，主要是对入党申请人是否具备入党积极分子条件、确定入党积极分子手续是否完备、有无不能确定其为入党积极分子的问题等，每位委员都要明确提出是否同意确定入党申请人为入党积极分子的意见。

4. 会议主持人应根据多数委员的意见，提出确定入党申请人为入党积极分

子的初步意见，并采取举手或者无记名投票或者其他方式（具体根据上级党组织的规定、本党支部的实际情况确定——编者注）进行表决。

5. 赞成人数超过应到会有表决权的委员的半数，宣布确定入党申请人为入党积极分子（否则，不能确定入党申请人为入党积极分子——编者注）人选。

6. 会议主持人可根据规定和要求、入党积极分子队伍建设的需要等，对落实支部委员会确定的有关事项和工作进行分工、明确责任、提出要求。

7. 会议主持人可对支部委员会进行简要的小结，然后宣布支部委员会闭会。

三、确定入党积极分子支部委员会注意事项

根据有关规定和要求、基层党组织实践经验等，召开确定入党积极分子的支部委员会，应注意以下几个方面：

1. 充分做好召开支部委员会确定入党积极分子的前期各项准备工作。

2. 有表决权的委员实到会人数要超过应到会人数的半数（委员应尽量全部参加会议——编者注）。

3. 会议主持人（一般是党支部书记——编者注）要把征求各方面意见、党员推荐和群团组织推优等情况，实事求是、客观公正地向与会委员报告。

4. 会议主持人要引导与会委员，本着对党组织和同志负责的态度，充分发表意见。每名与会的委员都要明确表明自己同意哪些入党申请人为入党积极分子的意见。

5. 支部委员会研究决定两个及两个以上的入党申请人为入党积极分子时，应逐个讨论和表决［采取无记名投票方式进行表决的，如果经上级党组织批准，可以待委员充分讨论后，一次性把几名入党申请人确定为入党积极分子的无记名表决票（建议印制同一张纸上，以便于分发、清点表决票和快捷计票）分发给与会委员进行表决，表决票样例请参阅本书第六章的相关内容——编者注］。

6. 表决方式应根据上级党组织的规定和要求、本党支部的实际情况确定，

具体采取举手表决方式或者无记名投票表决方式或者其他表决方式进行表决。

7. 入党申请人获得赞成票不超过应到会委员人数的半数，或者支部委员会讨论发现入党申请人存在新的不能确定其为入党积极分子的问题且事实清楚的入党申请人，不能被确定为入党积极分子。

四、确定入党积极分子支部委员会后续工作

根据《中国共产党发展党员工作细则》等党内法规的有关规定和要求、工作问答等，讨论确定入党积极分子的支部委员会闭会以后，党支部委员会应及时、全面、认真地做好以下几个方面的后续工作：

1. 整理支部委员会的会议材料，做好确定入党积极分子的支部委员会台账，把确定的入党积极分子名单及其入党材料逐级报至基层党委（具有审批预备党员权限的党委，以及有审批权限的党组或党的机关工作委员会，下同——编者注）备案。

2. 党支部应为确定的报经基层党委备案同意的每名入党积极分子各指定一至两名（建议指定两名——编者注）正式党员作入党积极分子的培养联系人。

3. 入党积极分子培养联系人应积极完成的主要任务是：向入党积极分子介绍党的基本知识；了解入党积极分子的政治觉悟、道德品质、现实表现和家庭情况等，做好培养教育工作，引导入党积极分子端正入党动机；及时向党支部汇报入党积极分子情况；向党支部提出能否将入党积极分子列为发展对象的意见。

4. 党组织应当采取吸收入党积极分子听党课、参加党内有关活动，给他们分配一定的社会工作以及集中培训等方法，对入党积极分子进行马克思列宁主义、毛泽东思想、邓小平理论、“三个代表”重要思想、科学发展观、习近平新时代中国特色社会主义思想教育，党的路线、方针、政策和党的基本知识教育，党的历史和优良传统、作风以及社会主义核心价值观教育，使他们懂得党的性质、纲领、宗旨、组织原则和纪律，懂得党员的义务和权利，帮助他们端

正入党动机，确立为共产主义事业奋斗终身的信念。

5. 党支部每半年对入党积极分子进行一次考察。

6. 基层党委每年对入党积极分子队伍状况作一次分析。针对存在的问题，采取改进措施。

7. 入党积极分子工作、学习所在单位（居住地）发生变动，应当及时报告原单位（居住地）党组织。原单位（居住地）党组织应当及时将培养教育等有关材料转交现单位（居住地）党组织。现单位（居住地）党组织应当对有关材料进行认真审查，并接续做好培养教育工作。培养教育时间可连续计算。

第三节　开好确定发展对象的支部委员会

一、确定发展对象支部委员会前期工作内容

《中国共产党发展党员工作细则》规定：对经过一年以上培养教育和考察、基本具备党员条件的入党积极分子，在听取党小组、培养联系人、党员和群众意见的基础上，支部委员会（不设支部委员会的由支部大会——编者注）讨论同意并报上级党委备案后，可列为发展对象。据此规定，确定发展对象的支部委员会前期工作内容主要有以下几个方面：

1. 认真听取有关党小组（没有党小组的除外——编者注）、入党积极分子培养联系人、党员、群众对入党积极分子的意见和建议。

2. 对反映入党积极分子存在的问题，要根据有关规定和具体情况，视情指派党性强、作风好、认真负责的正式党员进行调查核实，形成调查核实材料。

3. 组织本党支部的党员在经过一年以上培养教育和考察的入党积极分子中推荐发展对象人选。

4. 组织群团组织在经过一年以上培养教育和考察的入党积极分子中推荐发展对象人选。

5. 支部委员会综合征求意见情况和党员推荐、群团组织推优结果等，在经过一年以上培养教育和考察、基本具备党员条件的入党积极分子中确定发展对象的初步人选。

6. 如上级党组织有规定和要求的，应对确定的发展对象的初步人选的基本情况进行公示。

7. 根据有关规定和实际情况，视情把确定的初步人选的基本情况呈报具有审批权限的上级党组织备案（审查批准——编者注）。

8. 准备好确定发展对象的有关材料（采取无记名投票方式进行表决的，应准备好表决票——编者注）。

9. 向各位支部委员会的委员发出召开支部委员会确定发展对象的会议通知。

10. 做好支部委员会临开会时的各项会务工作等。

二、确定发展对象人选支部委员会流程图及说明

根据党内法规、规范性文件等有关规定、基层党组织的实践经验，确定发展对象人选的支部委员会一般应按照下图列示的流程图进行。

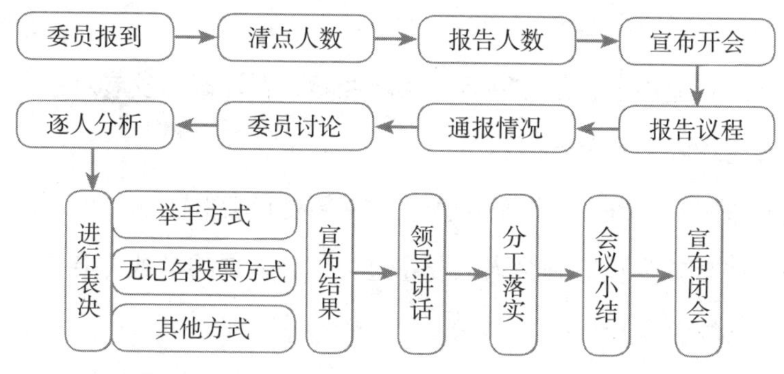

图 3-4　确定发展对象人选支部委员会流程图

需要说明的有以下几个方面：

1. 实际工作中，党支部应根据上级党组织的具体规定和要求，对本流程图列示的流程进行调整和优化。

2. 通报情况主要是通报听取有关党小组、入党积极分子培养联系人、党员、群众对入党积极分子的意见和建议情况；对反映入党积极分子存在的问题进行调查核实的情况；党员推荐、群团组织推优情况；其他需要通报的情况。

3. 委员讨论环节，主要是对入党积极分子是否具备发展对象条件、确定发展对象手续是否完备、有无不能确定其为发展对象的问题等，每位委员都要明确提出是否把入党积极分子确定为发展对象的意见。

4. 会议主持人应根据多数委员的意见，提出确定入党积极分子为发展对象的初步意见，并采取举手或者无记名投票或者其他方式（具体根据上级党组织的规定、本党支部的实际情况确定——编者注）进行表决。

5. 有表决权的委员赞成人数超过应到会人数的半数，宣布确定入党积极分子为发展对象人选（否则，不能确定入党积极分子为发展对象人选——编者注）。

6. 会议主持人可根据规定和要求、发展党员工作的实际需要等，对落实支部委员会确定的有关事项和工作进行分工、明确责任、提出要求。

7. 会议主持人可对支部委员会进行简要的小结，然后宣布支部委员会闭会。

三、召开确定发展对象人选支部委员会注意事项

根据党内有关规定、工作问答和实践经验，召开确定发展对象人选的支部委员会，应注意以下几个方面：

1. 充分做好召开确定发展对象人选的支部委员会的前期各项准备工作。

2. 有表决权的委员实到会人数要超过应到会人数的半数（委员应尽量全部参加会议——编者注）。

3. 会议主持人要把征求意见、党员推荐和群团组织推优等情况，实事求是、客观公正地通报与会委员。

4. 会议主持人要引导与会委员，本着对党组织和同志负责的态度，充分发表意见。

5. 支部委员会研究决定两个及两个以上的入党积极分子为发展对象人选时，应逐个讨论和表决［采取无记名投票方式进行表决的，如果经上级党组织批准，可以待委员充分讨论后，一次性把几名入党申请人确定为发展对象人选的无记名表决票（建议印制在同一张纸上，以便于分发、清点表决票和快捷计票）分发给与会委员进行表决，表决票样例请参阅本书第六章的相关内容——编者注］。

6. 表决方式应根据上级党组织的规定和要求、本党支部的实际情况确定，具体采取举手表决方式或者无记名投票表决方式或者其他表决方式进行表决。

7. 入党积极分子获得赞成票不超过应到会委员人数的半数，或者支部委员会讨论发现有新的问题且事实清楚、不具备党员条件的入党积极分子，不能被确定为发展对象人选。

8. 发展对象人选必须从经过一年以上培养教育和考察、基本具备党员条件的入党积极分子中择优产生。

9. 支部委员会讨论同意的发展对象人选，必须报基层党委（具有审批预备党员权限的党委，或党组，或党的机关工作委员会——编者注）备案批准后，才能列为发展对象。

四、确定发展对象人选支部委员会后续工作

根据《中国共产党发展党员工作细则》等党内法规有关规定和要求、党内的工作问答、基层党组织的经验做法，讨论确定发展对象人选的支部委员会闭会以后，党支部应及时、全面、认真地做好以下方面的后续工作：

1. 整理支部委员会台账、会议材料，把讨论同意的发展对象人选名单及其入党材料逐级报至基层党委（具有审批预备党员权限的党委或党组或党的机关

工作委员会，下同——编者注）备案。

2. 党支部应为经基层党委备案批准的每名发展对象指定两名正式党员作入党介绍人（入党介绍人一般由培养联系人担任，这也是编者建议安排两名正式党员做入党积极分子的培养联系人的缘由之一——编者注）。

3. 预备党员和受留党察看处分、尚未恢复党员权利的党员，都不能作入党介绍人。

4. 入党介绍人必须完成的主要任务是：向发展对象解释党的纲领、章程，说明党员的条件、义务和权利；认真了解发展对象的入党动机、政治觉悟、道德品质、工作经历、现实表现等情况，如实向党组织汇报；指导发展对象填写《中国共产党入党志愿书》，并认真填写自己的意见；向支部大会负责地介绍发展对象的情况；发展对象批准为预备党员后，继续对其进行教育帮助。

5. 党组织必须对发展对象进行政治审查。政治审查的主要内容是：对党的理论和路线、方针、政策的态度；政治历史和在重大政治斗争中的表现；遵纪守法和遵守社会公德情况；直系亲属和与本人关系密切的主要社会关系的政治情况。

6. 对发展对象进行政治审查的基本方法是：同本人谈话、查阅有关档案材料、找有关单位和人员了解情况以及必要的函调或外调。在听取本人介绍和查阅有关材料后，情况清楚的可不函调或外调。

7. 对流动人员中的发展对象进行政治审查时，还应当征求其户籍所在地和居住地基层党组织的意见。

8. 对发展对象进行政治审查必须严肃认真、实事求是，注重发展对象本人的一贯表现。审查情况应当形成结论性的材料。

9. 凡是未经政治审查或者政治审查不合格的发展对象，都不能发展入党。

10. 基层党委或者县级党委组织部门应当对发展对象进行短期集中培训。培训时间一般不少于三天（或不少于24个学时——编者注）。培训时主要学习党章、《关于党内政治生活的若干准则》、《关于新形势下党内政治生活的若干准则》等文件。中共中央组织部组织编写的《入党教材》（应选择培训当年的最新的版本——编者注），可以作为学习辅导材料。未经培训的，除个别特殊情况外，不能发展入党。

11. 按照规定和要求，在规定范围内对发展对象的基本情况进行公示。

12. 支部委员会应当根据前述工作情况、对发展对象进行严格审查，经集体讨论认为合格后，报基层党委预审。

13. 基层党委（指具有审批权限的基层党委，也包括具有审批权限的党组，还包括党的机关工作委员会，下同）对发展对象的条件、培养教育情况等进行审查，根据需要听取执纪执法等相关部门的意见。审查结果以书面形式通知党支部，并向审查合格的发展对象发放《中国共产党入党志愿书》。

14. 发展对象未来三个月内将离开工作、学习单位的，一般不办理接收预备党员的手续。

15. 经具有审批权限的基层党委预审合格的发展对象，填写好《中国共产党入党志愿书》后，由支部委员会提交支部党员大会讨论（接收预备党员的支部党员大会，请参阅本书第二章等相关内容，这里不再赘述——编者注）。

第四节　开好处置不合格党员的支部委员会

一、处置不合格党员支部委员会前期准备工作

根据党内有关规定和要求、工作问答及基层党组织的实践经验，要开好处置不合格党员的支部委员会，就要充分做好以下方面的召开支部委员会前期各项准备工作：

1. 党支部在民主评议党员工作中，根据党员个人自评、党员互评、民主测

评结果等情况和党员、群众反映出来的问题，由党支部指派党性强、作风好、认真负责的两名或者两名以上的党员对党员不合格表现、反映出来的问题进行调查（分组进行调查的，每组至少有两名党员且至少有一名正式党员——编者注），形成调查核实材料。上级党组织（是指具有审批预备党员权限的党委或党组或党的机关工作委员会，下同——编者注）可根据实际情况派人参加调查。

2. 提前向各位委员发出召开支部委员会讨论处置不合格党员的支部委员会的通知，让各位委员做好相关准备。

3. 做好支部委员会临开会时的会议材料、会场布置等会务准备工作。

二、处置不合格党员支部委员会流程图及相关说明

根据规定，党支部在民主评议党员工作中，根据个人自评、党员互评、民主测评结果，由支委会对有不合格表现的党员作出初步认定。实践中一般按照下图列示的处置不合格党员支部委员会流程图和有关说明进行：

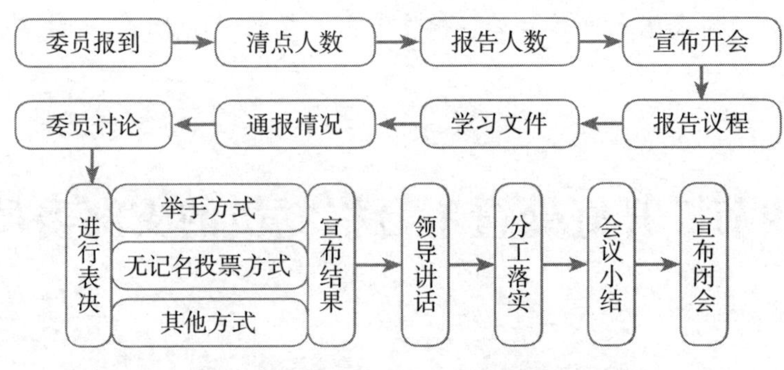

图 3-5　处置不合格党员支部委员会流程图

1. 实际工作中，党支部应根据上级党组织的具体规定和要求，对本流程图进行调整和优化。

2. 学习文件的内容应根据上级党组织的要求、有不合格表现党员的实际情况确定，一般应组织学习上级党组织明确的不合格表现、处置不合格党员的程序、处置不合格党员的政策界限等相关内容（会前已组织学习的内容可不再组

织学习——编者注）。

3. 通报情况主要是通报党支部在民主评议党员工作中，党员个人自评、党员互评、民主测评结果等情况和党员、群众反映出来的问题，以及派人进行调查核实的情况。

4. 委员讨论环节，主要是讨论党员不合格表现的调查核实情况是否客观公正、有无没有调查核实清楚和新发现的不合格表现的问题，对照处置不合格党员的政策界限等有关规定和要求，提出对不合格党员的具体组织处置方式（限期改正一年，或者劝其退党，或者党内除名，下同——编者注），涉嫌违纪、应给予党纪处分的，应根据有关规定提出给予适当的纪律处分（警告，或者严重警告，或者撤销党内职务，或者留党察看，或者开除党籍，下同——编者注）的初步意见。

5. 会议主持人应根据多数委员的意见，提出对不合格党员的组织处置方式或者纪律处分的意见，采取举手或者无记名投票或者其他方式（具体根据上级党组织的规定、本党支部的实际情况确定——编者注）进行表决。

6. 赞成人数超过应到会有表决权的委员的半数，宣布对不合格党员的组织处置或者党纪处分的初步意见（待提交支部党员大会讨论、表决通过——编者注）。

7. 领导讲话不是必须的，可根据情况安排上级党组织与会同志、本单位负责同志讲话，进一步统一思想、提出加强党员队伍建设的要求。

8. 会议主持人可根据领导提出的要求、党员队伍建设的实际需要、处置不合格党员的程序等，对落实支部委员会确定的有关事项和工作进行分工、明确责任、提出要求。

9. 会议主持人对支部委员会进行简要的小结，然后宣布支部委员会闭会。

三、处置不合格党员支部委员会注意事项

处置不合格党员，政治性、政策性、原则性都很强，社会关注度也比较

高。根据党章等党内法规、规范性文件有关规定和中央组织部工作问答，召开处置不合格党员的支部委员会要注意以下几个方面：

1. 对有不合格表现的党员，要注意区分主观原因和客观原因、个人原因和组织原因、一时表现和一贯表现，做到事实清楚、理由充分，处置恰当、手续完备，确保处置结果经得起历史和实践的检验。

2. 对把握不准的问题要及时请示，重大问题及时报告，防止简单粗糙、宽严皆误。

3. 对于工作不负责任、调查核实不合格，表现不认真、不及时、不严格导致调查核实情况不符合客观事实的，支部委员会应作出进一步调查核实有关情况的决议，必要时可报请基层党委（具有审批预备党员权限的党委，包括党组或党的机关工作委员会，下同——编者注）直接调查核实，作出处置决定。对借机打击报复、侵犯党员权利的，要严肃追究有关责任人责任。

4. 支部委员会要根据有不合格表现的党员的表现和态度，依据党章等党内法规、规范性文件及上级党组织的有关规定和要求，对有继续留在党内的愿望、愿意接受教育并决心改正的不合格党员，应当提出限期改正一年的初步意见（必须提交支部党员大会讨论通过，下同——编者注）；对拒不改正的，应当提出劝其退党的初步意见，劝而不退的应当提出予以除名的初步意见；如果没有正当理由，连续六个月不参加党的组织生活，或不交纳党费，或不做党所分配的工作，应当提出自行脱党予以除名的初步意见；对于应当给予党纪处分的不合格党员，应当提出给予警告或者严重警告或者撤销党内职务或者留党察看或者开除党籍处分的初步意见。

5. 对失联党员重新取得联系、本人不能正确认识错误的，要严肃批评教育，经教育不改的，要根据失联党员的具体情况、党内法规等有关规定，提出相应的劝其退党或者党内除名等组织处置的初步意见。

6. 对党员所在单位或居住地党组织不健全、组织生活不正常，以及党员年老体弱、长期患病、行动不便，造成无法正常参加组织活动、不能履行党员义务的，不能简单认定为不合格党员予以处置。

7.《中国共产党党员教育管理工作条例》(中共中央印发，自2019年5月6日起施行，全书同)第二十四条规定："对与党组织失去联系6个月以上、通过各种方式查找仍然没有取得联系的党员，予以停止党籍。停止党籍的决定由所在党支部或者上级党组织按照有关规定作出。停止党籍2年后确实无法取得联系的，按照自行脱党予以除名"，"对停止党籍的党员，符合条件的，可以按照规定程序恢复党籍。对劝其退党、劝而不退除名、自行脱党除名、退党除名、开除党籍的，原则上不能恢复党籍，符合条件的可以重新入党"。

四、处置不合格党员支部委员会后续工作

根据党内法规、规范性文件等有关规定和要求，以及党支部处置不合格党员的实际需要和经验做法，处置不合格党员支部委员会召开之后，一般应做好如下后续工作：

1. 起草支部委员会通过的、待提交支部党员大会表决通过的处置不合格党员的组织处置(限期改正一年或者劝其退党或者党内除名——编者注)的初步意见，涉嫌违反党的纪律、应该给予党纪处分的为党纪处分(警告或者严重警告或者撤销党内职务或者留党察看或者开除党籍处分——编者注)的初步意见。

2. 把支部委员会通过的处置不合格党员的初步意见通知不合格党员本人，听取其意见和对有关问题的说明，对其进行思想教育，帮助其提高思想觉悟，要求其根据规定和要求及其不合格表现，进行深刻的检查，分析查找存在的问题及其原因、教训，明确改进措施等。

3. 对于支部委员会上提出的党员不合格表现的新情况或者新问题，或者支部委员会认为原先调查情况不实或者需要进一步调查核实的问题，及时按照有关规定和要求，进一步明确有关人员，进行进一步的调查核实。

4. 对于支部委员会讨论认为原来反映的党员不合格的表现违背客观事实、

党员确实没有不合格表现，党员受到打击报复或者诬告陷害的，要及时按照规定和要求在一定范围内进行公布。要根据党章、《中国共产党党员权利保障条例》等规定，追究有关组织或个人的责任。

5. 对于受到错告或者诬告的党员，应当及时澄清事实，并在一定范围内公布。

6. 需要报请上级党组织预审或者审查批准的，要及时报请上级党组织预审或者审查批准。

7. 做好召开处置不合格党员的支部党员大会各种会议材料、表决工具、会场布置、邀请上级党组织领导（视情）等临开会时的各项会务准备工作。

第五节　开好组织生活会的支部委员会

一、组织生活会的内涵、会期及主要内容

根据《中国共产党支部工作条例（试行）》的规定、中共中央组织部的工作问答等说明，党支部的组织生活会是党支部以交流思想、总结经验教训、开展批评和自我批评为中心内容的组织活动制度。党支部的组织生活会每年至少召开一次（上级党组织要求的或者需要时，可随时报请上级党组织同意召开——编者注）。党支部的组织生活会主要内容包括：检查党支部党员在贯彻党的路线、方针、政策和上级党组织的决议，贯彻民主集中制原则，在思想、工作、学习、生活等方面坚持党性原则，密切联系群众，遵纪守法、廉洁自律等方面的情况和问题，以及党支部上一次组织生活会所制定的改进意见的落实情况。实践证明，要开好党支部的组织生活会，就要充分做好会前准备工作、按照流程召开组织生活会、认真做好组织生活会的后续工作。根据中共中央组织部于 2018 年 12 月 13 日印发的《关于召开 2018 年度基层党组织组织生活会

和开展民主评议党员几个问题的通知》要求，党支部根据党员人数等实际情况，以党员大会、党支部委员会会议或者党小组会形式，召开组织生活会，并组织开展民主评议党员。

二、组织生活会的支部委员会前期准备流程图及说明

根据党内法规和中央组织部关于召开组织生活会的有关规定精神，组织生活会一般以支委会（支部党员大会）形式召开，也可结合民主评议党员一并进行。根据党内有关规定和要求、中共中央组织部的工作问答、基层党组织的实践经验等，召开组织生活会的支部委员会的流程图和需要说明的事项如下：

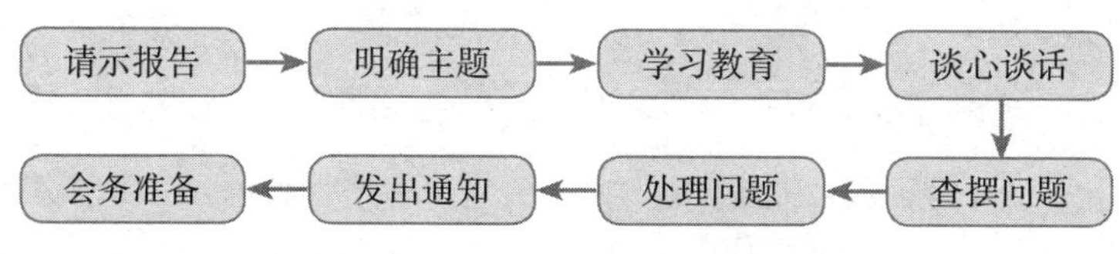

图 3-6　组织生活会前期准备流程图

1. 请示报告。党支部负责人按照上级党组织的规定和要求，向上级党组织请示报告召开支部委员会组织生活会的有关事项。

2. 确定主题。按照上级党组织的有关规定和要求，确定组织生活会的主题和具体内容。要坚持问题导向，内容要集中，重点要突出，每次解决一两个实际问题。

3. 学习教育。组织学习上级党组织规定的内容。对党员进行严格落实党的组织生活会制度的教育，提高党员参加组织生活会的自觉性。

4. 谈心谈话。支部委员会班子成员之间、党员之间要开展谈心谈话，广泛听取群众和服务对象的意见。

5. 查摆问题。党支部班子、班子成员和党员都要围绕上级党组织的规定和要求、组织生活会主题，对照党章等规定和要求，深入查摆具体问题，检查坚持组织生活会制度、遵守党的纪律特别是政治纪律、组织纪律等方面的问题；

检查本党支部党员在贯彻党的路线方针政策和上级党组织的决议，贯彻民主集中制原则，在思想、工作、学习、生活等方面的情况和问题，以及上次组织生活会所制定的改进意见的落实情况等。

6. 处理问题。认真处理组织生活会前期准备工作中出现的各种问题。

7. 发出通知。提前向各位委员发出召开组织生活会的通知，让各位委员做好相关准备。

8. 会务准备。做好支部委员会临开会时的会议材料、会场布置等会务准备工作。

9. 调整优化。党支部应根据上级党组织的有关规定和要求、本单位实际情况，对本流程图列示的流程进行调整和优化。

注意：①根据中共中央组织部的有关规定和要求，县级党委组织人事部门要组织力量，沉到一线督查指导基层党组织落实组织生活会制度。②不设支部委员会的党支部，或者上级党组织规定以支部党员大会形式召开组织生活会的，组织生活会则以支部党员大会形式召开，其流程图与此基本相同，但需作相应修改。

三、召开组织生活会的支部委员会流程图及说明

根据党内有关规定和要求、工作问答及基层党组织召开组织生活会的实践经验，召开组织生活会的支部委员会流程图（实践中，党支部应该根据上级党组织的规定和要求、本党支部的实际情况，对本流程图所列示的流程进行调整、优化——编者注）及相关说明如下：

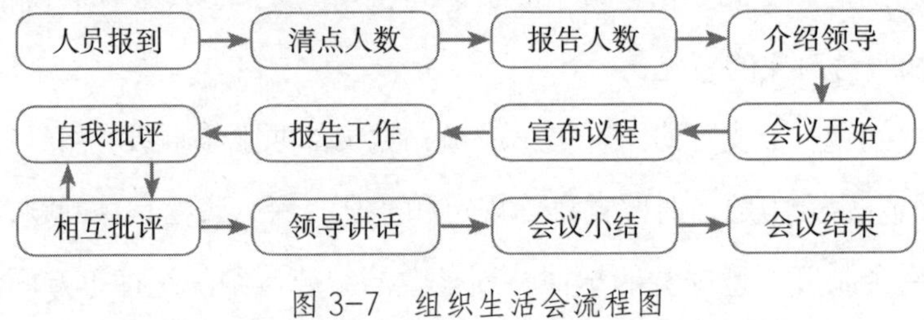

图 3-7　组织生活会流程图

1. 人员报到。参加组织生活会的委员（以支部党员大会形式召开党支部组织生活会的为党员，下同——编者注）报到（应参加组织生活会的同志没有特殊情况，都应该参加组织生活会——编者注）。

2. 清点人数。会议主持人（一般是党支部书记——编者注）清点到会人数（以支部党员大会形式召开、党员人数多的，会前应专门明确清点人数的人员，清点人数后及时把与会人员到会情况报告会议主持人——编者注）。

3. 报告人数。会议主持人报告应到会、实到会委员（党员）人数，因病、因事请假人数及其请假原因。

4. 介绍领导。会议主持人介绍上级党组织与会领导，并对上级党组织与会领导到会指导表示感谢和欢迎。

5. 会议开始。会议主持人宣布组织生活会开始。

6. 宣布议程。会议主持人宣布组织生活会的主要议程，并结合实际提出开好组织生活会的要求。

7. 报告工作。党支部书记报告一年来（或者上次组织生活会以来——编者注）党支部（或者支部委员会，具体根据上级党组织的要求确定——编者注）工作情况、检查党支部建设存在的问题。

8. 自我批评。班子成员（以支部党员大会形式召开党支部组织生活会的为党员——编者注）逐个检查履行职责情况、进行自我批评和党性分析等。党支部书记应带头进行党性分析、开展批评和自我批评。

9. 相互批评。班子其他成员（以支部党员大会形式召开党支部组织生活会的为党员——编者注）对检查履行职责情况、进行自我批评的班子成员（以支部党员大会形式召开党支部组织生活会的为党员——编者注）开展批评。

10. 领导讲话。班子成员（以支部党员大会形式召开党支部组织生活会的为党员——编者注）全部开展批评、自我批评之后，可请上级党组织的与会领导讲话，对组织生活会情况进行客观评价，肯定好的方面，指出需要改进的问题，对抓好问题整改提出要求或者建议。

11. 会议小结。会议主持人根据党支部组织生活会情况、上级党组织与会领导提出的要求，对贯彻落实会议精神、抓好会后整改工作等进行分工、提出要求，并对组织生活会进行小结。

12. 会议闭会。组织生活会的各项议程全部举行完毕以后，会议主持人即可宣布组织生活会闭会。

注意：组织生活上，党支部书记要代表支部委员会（不设支部委员会为支部）向党员大会述职，党员对支部委员会（支部）的工作、作风等进行评议。

四、召开组织生活会的注意事项

根据党章、中央组织部等有关规定和要求、工作问答及基层党组织开好组织生活会的实践经验，召开组织生活会的注意事项主要有以下几个方面：

1. 组织生活会有时以支委会的形式召开（*上级党组织规定以支部党员大会形式召开的，要从其规定——编者注*）。实践中，也可结合民主评议党员一并进行，但应根据上级党组织的规定和要求、结合本党支部的实际情况确定。

2. 召开组织生活会前，班子成员之间、党员之间要开展谈心谈话，广泛听取群众和服务对象的意见。

3. 组织生活会上，批评和自我批评要联系具体人具体事，实事求是、客观公正，不能大而化之、不痛不痒，防止表面化、形式化、娱乐化、庸俗化。

4. 组织生活会应当集中开展，不宜在网上进行。对确实难以集中的，也可由上级党组织灵活作出安排。

链接 LINK

& 从事基层党的建设工作体会

条规恪守贵精通，队伍坚强定建功。破解难题章法妙，承前启后党旗红。

5. 流动党员一般参加正式组织关系所在的党支部组织生活会，也可在流入地党组织参加。

6. 党员领导干部必须参加所在党委（党组）民主生活会，还要自觉参加所在党支部（党小组）组织生活会，要到下级党支部对组织生活会情况进行点评，坚决防止只听汇报、只看台账等形式主义做法。

7. 组织生活会要坚持党性原则，不回避矛盾，开展积极的思想斗争，切实解决问题。参加组织生活会的同志都要本着对党组织负责、对同志负责的态度，对党支部和同志存在的缺点、错误进行批评，并联系实际地提出整改落实的建议。

五、组织生活会的后续工作

扎实做好组织生活会的后续工作，对增强和扩大组织生活会的效果至关重要。根据党内有关规定和要求、中央组织部的工作问答及基层党组织的实践经验，党支部召开组织生活会后，应及时、认真地做好如下后续工作：

1. 党支部班子、班子成员和党员个人都要对照查摆的问题、党员和群众提出的意见、相互批评指出的问题和薄弱环节，列出整改事项、作出整改承诺。

2. 如果在组织生活会上反映班子成员或者其他党员存在需要调查核实的问题的，要按照有关规定和要求，及时安排党性强、作风好、认真负责的党员进行调查核实，并根据调查核实情况进行正确处理。

3. 对组织生活会进行总结，并按照上级党组织的规定和要求，及时把召开组织生活会情况、制定的整改措施等报告上级党组织。

4. 对存在的形式主义、官僚主义等不良表现，要抓住最突出的一两个问题马上就改，尽快让党员、群众看到整改效果、发生变化，以实际行动取信于人。

5. 对参加组织生活、发挥党员作用方面存在差距和不足的同志，应尽快从眼前改起、从具体事情做起，让党员和群众体会到组织生活会所取得的成效。

6. 党支部一般应在半年内（每半年召开一次组织生活会的应在三个月内——编者注）要向党员、群众通报党支部组织生活会制定的改进措施落实情况、对存在问题的整改情况，党员每季度要在党员大会或党小组会上报告兑现整改承诺的情况。

7. 对于整改敷衍应付、问题在原地打转无改变、整改效果不明显、党员和群众不满意或者有意见的，上级党组织要及时予以批评纠正，必要时要积极采取相应的组织措施促使其认真整改问题。

8. 县级党委组织人事部门要结合指导组织生活会和民主评议党员工作，对党支部建设情况进行摸排分析，抓两头带中间，扩大先进党支部数量，提升中间党支部水平，切实整顿后进党支部，不断提高党支部建设质量，充分发挥党支部职能作用。

9. 及时对组织生活会进行总结，并按照上级党组织的规定和要求，把召开组织生活会情况报告上级党组织。

第六节　开好其他事项的支部委员会

一、召开其他事项支部委员会前期准备流程图及说明

这里所说的召开其他事项的支部委员会是指召开除讨论决定前述事项以外的如推荐优秀共产党员、贯彻落实上级党组织的决议和指示等事项的支部委员会。根据党内有关规定和要求、工作问答及基层党组织的实践经验，召开其他事项支部委员会前期准备流程图和需要说明的事项如下：

1. 个别酝酿。对需要提交支部委员会研究的其他事项，党支部书记应与其他班子成员进行沟通或者其他党支部委员主动向党支部书记提出需要召开支部

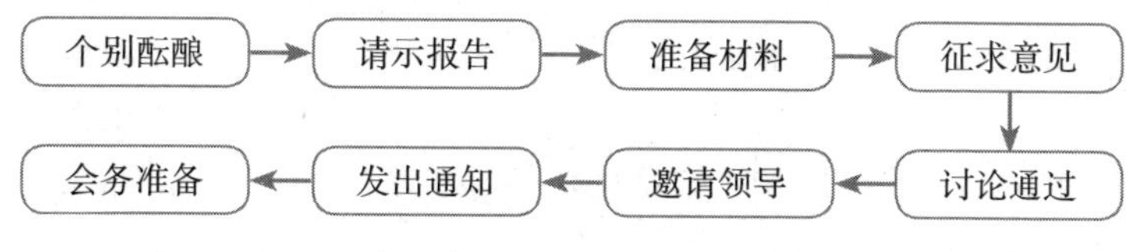

图 3-8　召开其他事项的支部委员会前期准备流程图

委员会研究的事项，并在会前进行有效交流、充分酝酿、统一思想、达成共识。

2. 请示报告。根据上级党组织的有关规定和要求，以及召开支部委员会的实际需要，党支部书记及时向上级党组织请示报告拟召开支部委员会的有关事项、个别酝酿情况等。

3. 准备材料。上级党组织原则同意后，根据支部委员会讨论决定事项的实际需要，安排专人准备相关的会议材料。

4. 征求意见。根据上级党组织的有关规定和要求、支部委员会讨论决定事项的实际需要，视情征求上级党组织、所属党小组和党员、群众的意见、建议。

5. 讨论通过。根据有关规定和要求、支部委员会需要，视情召开支部委员会全体会议，集体研究、解决支部委员会筹备工作中出现的问题，决定召开支部委员会的有关事项。

6. 发出通知。提前向各位党支部委员（包括列席会议人员——编者注）发出召开支部委员会的通知、提出要求及注意事项。

7. 会务准备。做好会议材料、会场布置、邀请上级领导等临开会时的有关会务准备工作。

注意：在实际工作中，党支部应根据上级党组织的有关规定和要求、本党支部的实际情况，对本流程图列示的流程进行调整和优化。

二、召开其他事项的支部委员会流程图及说明

根据党内有关规定和要求、工作问答和基层党组织的经验做法，召开除前面五节之外的其他事项的支部委员会的流程图和需要说明的事项如下：

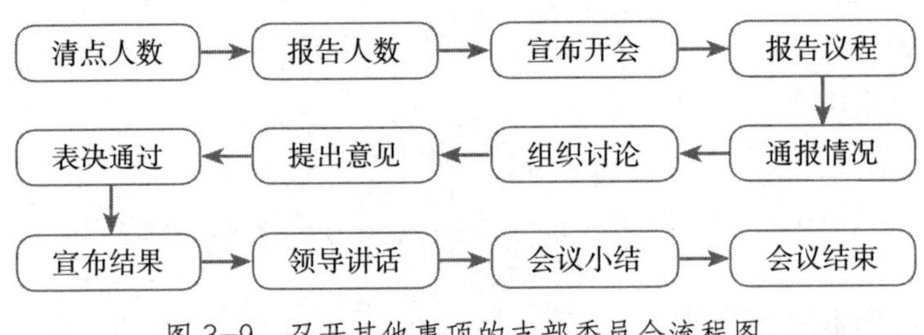

图 3-9　召开其他事项的支部委员会流程图

1. 清点人数。会议主持人清点到会人数。

2. 报告人数。会议主持人报告应到会人数、实到会人数和缺席人数，说明缺席人员的缺席原因。

3. 宣布开会。实到会人数符合有关规定和要求的，会议主持人宣布支部委员会开始。

4. 报告议程。会议主持人报告本次支部委员会的主要议程。

5. 通报情况。根据需要，通报支部委员会筹备工作等有关情况。

6. 组织讨论。根据规定和要求、讨论事项，视情组织与会人员进行讨论、发表意见。

7. 提出意见。会议主持人根据规定和要求、多数委员的意见，提出自己的建议。

8. 表决通过。根据规定和要求，采取举手或者无记名投票或者其他表决方式，对会议主持人提出的建议进行表决。

9. 宣布结果。赞成人数达到规定人数的，形成决议。

10. 领导讲话。可以根据实际情况，在支部委员会其他议程全部举行以后，安排上级党组织与会同志、本单位领导讲话。

链接 LINK

& 发展党员工作的总要求

根据《中国共产党发展党员工作细则》第三条规定，发展党员工作的总要求是控制总量、优化结构、提高质量、发挥作用。

11. 会议小结。会议主持人可视情对支部委员会进行小结，对会议确定的工作进行人员分工、提出落实要求，以确保尽快落实。

12. 会议结束。支部委员会的所有议程全部举行以后，会议主持人宣布支部委员会闭会。

注意：本流程图和程序仅供参考，在实际工作中，应根据讨论决定事项、党支部实际情况和上级党组织有关规定和要求，对本流程图列示的流程进行调整、优化。

三、召开其他事项支部委员会后续工作

讨论决定本章第一至五节的事项以外的其他事项的支部委员会闭会以后，应立即按照党内有关规定和要求、工作问答和基层党组织的实践经验，及时做好以下方面的工作：

1. 及时做好支部委员会台账、通过的决议等会议材料的整理、填写工作。

2. 按照有关规定和要求，支部委员会通过的决议需要提交支部党员大会讨论决定的，应充分做好提交支部党员大会讨论决定的各项准备工作，及时提交支部党员大会讨论决定，尽快落实支部党员大会确定的各项工作。

3. 按照党内有关规定和要求，需要报请上级党组织审查批准的事项，要及时把有关事项请示报告上级党组织审查批准。

4. 按照有关规定和要求，及时通知所属的党小组和党员认真贯彻落实支部委员会形成的有关决议、决定。

5. 按照分工和安排，抓好支部委员会决定事项的贯彻落实工作。

第四章

坚持党小组会制度

根据《中国共产党组织工作教程》（中共中央组织部编，党建读物出版社 2015 年版，下同）对党小组会的内容作出的明确说明，党小组会通常有以下内容：组织党员学习；研究如何贯彻执行支部决议和各项工作任务；党员汇报思想和工作情况；开展批评和自我批评；研究选举和发展党员工作；评选优秀党员；讨论对党员的处分等党务工作事项。本章根据党内有关规定和要求、中共中央组织部工作问答、基层党组织实践经验和开好党小组会的实际需要，分《开好进行选举的党小组会》《开好有关发展党员工作的党小组会》《开好对党员处分的党小组会》《开好党小组组织生活会》《开好其他事项的党小组会》五节，对开好完成不同任务的党小组会的会前准备、会中流程、会后工作等进行详细的说明，以供基层党组织坚持党小组会制度、对基层党务工作者进行党务知识培训时参考。

第一节　开好进行选举的党小组会

一、选举党小组长的党小组会前期准备流程图及说明

大家知道，党小组长是党小组的负责人，是党的基层工作骨干。根据党内有关规定和要求、工作问答等，党小组长一般由党支部指定，也可由所在党小组的党员推选产生，但应是正式党员。根据党小组长选举工作的实际需要、基层党组织的经验做法，选举党小组长的党小组会前期准备工作流程图及说明内容如下（党小组长由党支部指定的除外——编者注）：

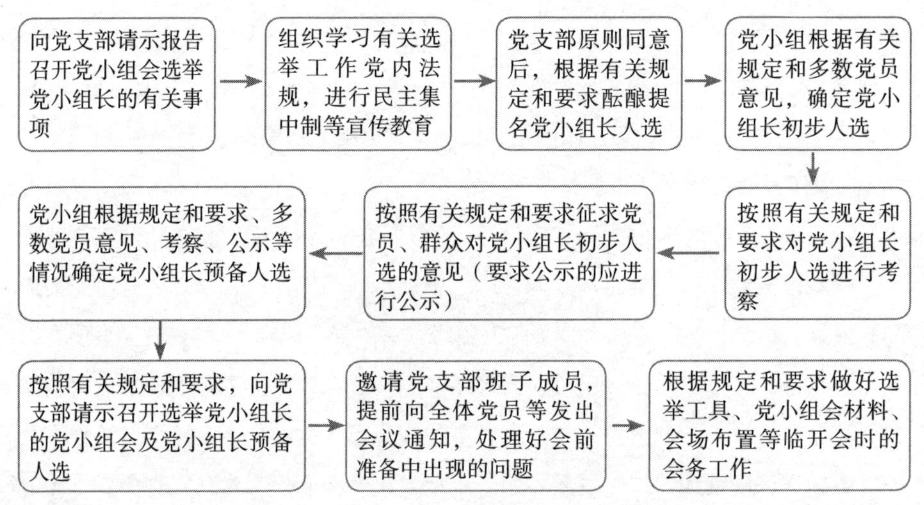

图 4-1　选举党小组长会前准备工作流程图

链接 LINK

& 党小组长的任期

根据党内工作问答的解释，党小组长的任期和支部委员会的任期相同，一般可在改选支部委员会的同时先改选党小组长。

1. 改选党小组长或者党小组长出现缺额时，党小组应及时报请党支部同意召开党小组会选举党小组长（也可由党支部直接要求党小组召开党小组会选举党小组长——编者注）。

2. 党小组应根据有关规定和要求，组织党员认真学习党小组选举的有关规定和要求、党小组长的任职条件、选举党小组长程序，进行民主集中制教育，提出做好召开党小组会选举党小组长的有关要求等。

3. 党支部原则同意或者要求召开党小组会选举党小组长以后，应根据有关规定和要求，酝酿提名党小组长人选。

4. 党小组根据多数党员的意见、党小组长的任职资格和有关规定，确定党小组长候选人初步人选。

5. 按照有关规定和要求，对党小组长初步人选进行考察（主要考察是否具备担任党小组长的资格条件——编者注），同时将党小组长候选人初步人选名单，印发本党小组各位党员和有关群众，广泛征求党员、群众意见。

6. 按照有关规定和要求，根据对党小组长初步人选进行考察、广泛征求意见情况、多数党员的意见，提出党小组长候选人预备人选（如无明确规定，可根据党小组实际情况，等额确定党小组长候选人预备人选，实行等额选举——编者注）。

7. 规定要进行公示的，应在本党小组范围内对党小组长候选人预备人选进行公示（也可在确定党小组长候选人预备人选前进行公示——编者注），全面征求各方面的意见。

8. 按照规定和要求，向党支部呈报召开党小组会选举党小组长及党小组长候选人预备人选的请示。

9. 邀请党支部领导、提前向党小组全体党员等发出召开党小组会选举党小组长的会议通知，处理好会前准备中出现的各种问题。

10. 根据有关规定和要求，做好选举工具、党小组会材料、会场布置等临开会时的会务工作。

注意：在实际工作中，应根据有关规定、党小组实际等情况对上述内容、程序进行增减。党小组正式党员人数少的，也可经党支部批准，不提名党小组长候选人，把具备担任党小组长资格条件的正式党员，都作为党小组长的候选人，在党小组会上进行充分酝酿后，直接选举产生党小组长。实践中，应以上图所示的召开选举党小组长的党小组会前期准备工作流程图，充分做好会前准备工作（本流程图和说明供参考，实际工作中应根据上级党组织有关规定和要求，进行必要的调整、优化）。

二、选举党小组长的党小组会流程图及说明

规范选举党小组长的党小组会，不仅仅是为了选好选优党小组长，更是为了加强对党小组党员进行党的选举知识的学习和教育。对此，党支部应高度重视。根据党内有关的工作问答和要求、党小组长选举工作需要和党小组的经验做法，参照党员大会选举基层党组织领导成员的程序，召开选举党小组长的党小组会的流程图及其相关说明如下（**党小组长由党支部指定的不存在召开党小组会选举党小组长的问题。党小组如有党小组长被选举权的党员超过 2 人或者**

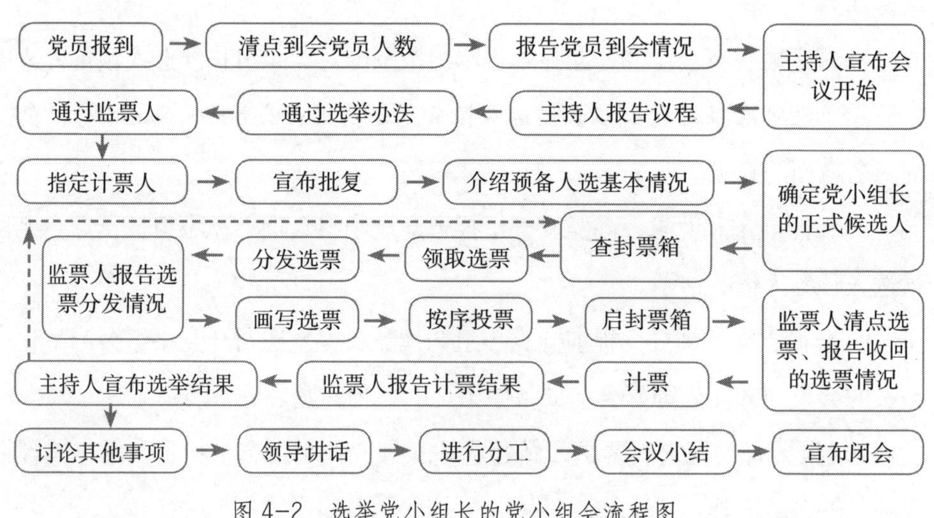

图 4-2　选举党小组长的党小组会流程图

更多的，一般应当采取本程序选举产生党小组长，党小组的上级党组织另有规定的，要从其规定——编者注）：

1. 组织党员报到。本党小组的全体党员根据会议通知的要求，提前到达党小组会的会场，签名报到。

2. 清点到会人数。会议主持人（改选党小组长的，一般是上一届党小组长主持党小组会；届中补选党小组长的，一般应由党支部指定该党小组一名正式党员主持党小组会——编者注）根据会议通知明确的会议时间、党员到会情况，清点到会党员人数。

3. 报告到会人数。会议主持人报告党小组会应到会党员人数、实到会党员人数、缺席人数及其缺席原因。

4. 宣布会议开始。会议主持人确认到会人数符合规定人数后（本党小组党员应尽可能到会，实到会人数一般应超过应到会党员人数的半数，上级党组织另有其他规定的，要从其规定——编者注），宣布党小组会开始。

5. 报告会议议程。会议主持人报告本次党小组会的主要议程，提出开好党小组会的相关要求。

6. 通过选举办法（改选党小组长的还应该在通过党小组长选举办法、进入选举党小组长程序前，参照支部党员大会换届选举党支部班子成员的程序和做法等，建议安排听取和审查党小组工作报告、党小组党费收缴情况报告等，具体应根据上级党组织的有关规定和要求确定——编者注）。一般采取举手表决的方式，通过党小组会选举党小组长的选举办法。

7. 通过监票人。一般采取举手表决的方式，通过党小组会选举党小组长的监票人。监票人应由党小组全体党员从不是候选人的党员中推选（上级党组织另有其他规定的从其规定——编者注），负责对选举全过程进行监督。

8. 指定计票人。一般由会议主持人指定不是候选人的同志担任计票人。计票人在监票人监督下进行工作。

9. 宣布党支部批复。一般由会议主持人宣布党支部关于召开党小组会选举党小组长及党小组长候选人预备人选的批复。

10. 介绍候选人情况。宣布党支部批复后，应介绍党小组长候选人预备人选的产生过程及其职务、出生年月、参加工作时间、入党时间、文化程度、主要优缺点等基本情况。

11. 确定正式候选人。介绍党小组长候选人预备人选的基本情况后，一般采取举手表决的方式，确定党小组长正式候选人，提交党小组会进行选举。

12. 查封票箱。监票人根据有关规定和要求，检查票箱内没有多余物品后，加封落锁。

13. 领取选票。监票人领取党小组长选票。

14. 分发选票。监票人分发党小组长选票。

15. 报告选票分发情况。监票人向会议主持人报告党小组长选票分发情况（发出的选票数等于该党小组参加选举党小组长的党小组会的党员人数，可以进行选举，否则应抓紧处理。报告党小组长选票分发情况，如分发选票无误的，可与计票结果一并报告——编者注）。

16. 画写选票。会议主持人确认党小组长选票分发无误后，请参加党小组会的党员画写选票。

17. 投票。会议主持人确认参加党小组会的党员全部画写好选票以后，请党员投票［投票应按照先监票人（监票人投票后应站在票箱旁的适当位置，监督其他党员投票）、再计票人、最后是其他党员的顺序依次投票——编者注］。

链接 LINK

&党内选举是否必须设监票人

根据党内工作问答解释，党内选举监票人是指进行党内选举时，对投票选举进行监督的人员。《党组织选举工作手册》（中共中央组织部组织一局编著，党建读物出版社 2011 年版，第 263 页）明确说明：“在党内选举中，必须设监票人，必要时可以设总监票人，对投票选举包括清点选举人数、发放选票、投票、计票等进行监督。”

链接 LINK

&党内选举是否必须设计票人

根据党内工作问答的解释，党内选举计票人是指进行党内选举时，清点和计算选票的人员。《党组织选举工作手册》(中共中央组织部组织一局编著，党建读物出版社出版，2011 年 3 月第 1 版，第 263 页) 明确说明："在党内选举中，必须设计票人，在监票人监督下负责清点选举人数、发放选票、清点选票、计算选票等。"

18. 启封票箱。党员全部投票完毕后，监票人及时启封票箱，清点并向会议主持人报告收回的党小组长选票数（收回的选票数少于或者等于参加投票人数，选举有效。如果收回的选票数符合规定，可以与计票结果一并报告——编者注）。

19. 计票。会议主持人确认收回的选票数等于或者少于参加选举党小组长的投票人数，请监票人、计票人计票。

20. 报告计票结果。监票人向党小组会报告被选举人得票情况（可以只报告得赞成票数——编者注）。

21. 宣布选举结果。主持人根据监票人报告的计票结果和选举办法规定的当选原则，宣布党小组长选举结果［被选举人获得的赞成票数超过该党小组应到会党员人数的半数，始得当选；当选人多于应选名额时，以得赞成票数多的当选（如遇赞成票数相等不能确定当选人时，应就赞成票数相等的被选举人重新投票，得赞成票数多的当选）；被选举人得赞成票数都不超过应到会党员人数的半数，等额选举党小组长的，应确定得赞成票数最多的被选举人为党小组长候选人，再次进行选举，获得的赞成票数超过应到会党员人数的半数，当选党小组长（差额选举党小组长的，应确定得赞成票数最多的 2 位被选举人为党小组长候选人，再次进行选举，获得的赞成票数超过应到会党员人数的半数、且得赞成票数多的，当选党小组长）——编者注］。

22. 讨论其他事项。党小组长选举产生后，可以根据实际情况请当选的党

链接 LINK
&党内选举当选原则

《中国共产党基层组织选举工作条例》(中共中央于 2020 年 7 月 13 日发布施行，全书同)第二十九条对此的规定是：进行正式选举时，被选举人获得的赞成票超过应到会有选举权人数半数的，始得当选。当选人多于应选名额时，以得票多的当选。如遇票数相等不能确定当选人时，应就票数相等的被选举人重新投票，得票多的当选。当选人少于应选名额时，对不足的名额另行选举。如果接近应选名额，也可以减少名额，不再进行选举。

小组长作表态发言，讨论党小组其他需要讨论决定的事项。

23. 领导讲话。可以根据党小组的实际情况，请党支部与会领导成员、党小组所在单位的领导讲话提要求或建议。

24. 进行分工。会议主持人可以根据党小组会确定的有关事项、领导要求，结合党小组的实际情况，对有关工作的落实及如何做好会后工作进行安排、人员分工。

25. 会议小结。会议主持人应对选举党小组长的党小组会召开情况进行小结，肯定好的方面、指出需要加以改进的问题和不足。

26. 闭会。选举党小组长的党小组会各项议程全部举行之后，会议主持人即可宣布选举党小组长的党小组会闭会。

注意：①以上程序是从党小组有党小组长被选举权的党员人数多、改选或补选党小组长最为复杂的情况提出的，实践中，应根据上级党组织的规定和要求、党小组的实际情况进行调整和优化。②根据《中国共产党基层组织选举工作条例》第十九条“进行选举时，有选举权的到会人数不少于应到会人数的五分之四，会议有效”、第二十九条“进行正式选举时，被选举人获得的赞成票超过应到会有选举权人数半数的，始得当选”的规定和中共中央组织部组织一局编著、党建读物出版社 2011 年 3 月出版的《党组织选举工作手册(第二次修订本)》第 150 页“考虑到基层的实际情况，如果有选举权的到会人数正好是应到会人数的4/5，可算作会议有效”（但应在会前制定、经党员大会党员表决通过的《选举办法》中明确“有选举权的党员到会人数不少于应到会人数的4/5，选举有效”——编者注）的明确说明，召开党员大会选举（包括换届选举、补选）党的基层委员会（党的基层纪律检查委员会）或者总支部委员会或者支部委员会委员、常委（基层党组织一般不设常务委员会——编者注）、书记、副书记和不设支部委员会的党支部书记、副书记，有选举权的党员实到会人数不少于应到会人数的4/5。本书作者从党小组党员人数一般不多、为了使选举产生的党小组长得到所在党小组半数以上的党员赞成等实际出发，建议召开选举党小组长会议的党小组“党员实到会人数一般应超过党小组党员人数的半数”、党小组长被选举人获得的赞成票数“超过该党小组应到会党员人数的半数，始得当选”、预备党员也应参加会议和选举，这些建议与上述关于基层党组织选举的相关规定和要求有的是不完全一致的（考虑了党小组不是党的基层组织——编者注），实践中，选举党小组长的上级党组织应根据党小组的实际情况、本党组织的规定作出具体明确的规定，党小组要从其规定。与此相似的内容，本书在此一并加以说明，其他地方不再赘述。③常用的文本样例请参阅本书第六章的相关内容。

三、选举党小组长党小组会的后续工作内容

党小组会选举产生党小组长后，应立即按照党内有关规定和要求、党小组会的分工和经验做法，认真做好以下方面的后续工作（党支部指定党小组长的除外——编者注）：

1. 及时向党支部报告召开选举党小组长党小组会的情况、选举结果。如果当选的党小组长不是党支部审查同意的党小组长候选人预备人选，党小组应向党支部呈报关于党小组长任职的请示。

2. 党支部收到党小组的报告后，一般应及时向党小组发出党小组长任职的

通知。如果当选的党小组长不是党支部审查同意的党小组长候选人预备人选，党支部接到党小组的请示后，应尽快召开支部委员会全体会议审批，并及时向党小组发出关于党小组长任职的批复。

3. 党小组接到党支部的通知或者批复后，应及时在党小组会上宣布。

4. 填写党小组会台账，做好会议材料归档工作。

5. 抓好党小组会确定的各项工作落实。

四、推荐党组织选举候选人党小组会前期准备工作内容

根据党章、《中国共产党基层组织选举工作条例》等有关规定、中央组织部的工作问答等，党小组的上级党组织进行选举（包括进行换届选举、届中补选班子成员如补选委员或者补选书记或者补选副书记、选举出席上级党组织召开的党代表大会或者党代表会议的代表，下同——编者注）的，一般都要组织所属党组织、党小组酝酿、提名、推荐选举候选人（包括党组织班子成员、党代表大会或者党代表会议代表候选人，以下统称选举候选人——编者注）。根据党内的工作问答、上级党组织选举工作的实际需要、党小组的实践经验，推荐上级党组织选举候选人的党小组会前期准备工作内容主要有以下方面：

1. 党小组组织党员认真学习党内选举规定、进行选举的上级党组织有关文件、选举候选人的资格条件、酝酿推荐选举候选人程序，进行民主集中制等教育，提出做好酝酿推荐选举候选人的有关要求。

2. 根据进行选举的上级党组织有关酝酿推荐选举候选人的有关规定和要求，组织本党小组的党员提出选举候选人的提名人选。

3. 党小组长及时收集本党小组党员提出的选举候选人的提名人选名单，根据选举候选人资格条件、进行选举党组织的有关要求、多数党员的提名意见，提出选举候选人初步提名人选名单的意见。

4. 党小组长根据有关规定和要求，视情把提出的选举候选人初步提名人选

名单报告上级党组织（一并应报告党支部，要求报告党支部的上级党组织的要从其规定，下同——编者注）。

5. 对在推荐提名选举候选人过程中出现的难以把握的问题或者需要请示报告上级党组织指导解决的问题，都要及时报告上级党组织解决。

6. 提前向党小组全体党员发出召开党小组会酝酿提名推荐选举候选人的党小组会的通知。

7. 根据有关规定和要求，做好酝酿推荐工具、党小组会材料、会场布置等临开会时的会务工作。

注意：在实际工作中，应根据进行选举的上级党组织的有关规定和要求、党小组实际情况等对上述内容、程序进行调整和优化。

五、推荐上级党组织选举候选人党小组会流程图及说明

根据上级党组织的规定和要求，召开党小组会酝酿、提名、推荐上级党组织选举候选人（包括党小组的上级党组织进行换届选举或者届中补选党组织班子成员，党小组一般都要按照进行选举的上级党组织的有关规定和要求，召开党小组会酝酿、提名、推荐上级党组织的委员、常委、书记、副书记或者不设支部委员会的党支部书记、副书记或者出席上级党委召开的党代表大会、党代表会议的代表候选人人选，以下统称选举候选人——编者注），是党小组的一项例行性的工作，也是一项政策性很强、要求很高的工作。根据党内有关规定和要求、工作问答、推荐党组织选举候选人的实际需要和基层党组织的经验做法，召开推荐选举候选人的党小组会的流程图如下页及需要说明的事项如下：

1. 党员报到。本党小组的全体党员根据会议通知的要求，提前到达党小组会的会场，签名报到。

2. 清点人数。会议主持人（一般是党小组长——编者注）根据会议通知明确的会议时间、党员到会情况，清点到会党员人数（党小组党员人数多的，应于

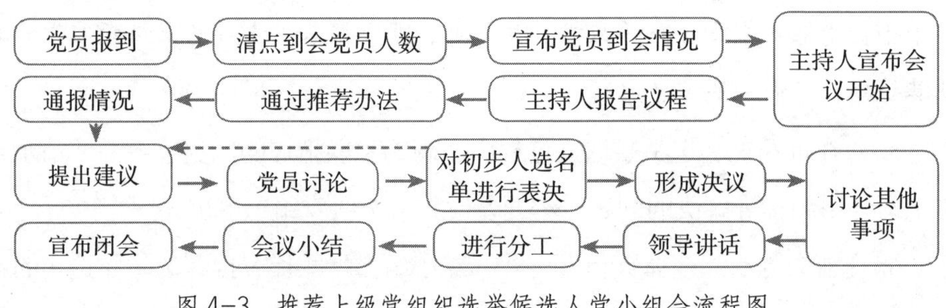

图 4-3　推荐上级党组织选举候选人党小组会流程图

会前明确专人清点、全面了解掌握参加党小组会的到会党员情况——编者注）。

3. 报告人数。会议主持人报告党小组会应到会党员人数、实到会党员人数、缺席人数及其缺席原因。

4. 会议开始。会议主持人确认到会人数符合规定人数后，宣布推荐上级党组织选举候选人的党小组会开始。

5. 报告议程。会议主持人报告本次党小组会的主要议程，提出开好党小组会的有关要求。

6. 通过推荐办法。根据上级党组织的有关规定和要求，一般采取举手表决的方式，通过酝酿、推荐上级党组织选举候选人的推荐办法（具体的推荐办法一般由进行选举的上级党组织于会前制定印发党小组使用。上级党组织不统一制定推荐办法的，党小组应根据上级党组织的有关规定和要求，于会前制定推荐办法并报上级党组织审定——编者注）。

7. 通报情况。主要是通报党小组在会前按照上级党组织的有关规定和要求，组织学习教育、党员和群众推荐上级党组织选举候选人提名人选等情况。

8. 提出意见。党小组长根据多数党员提名意见、上级党组织选举候选人资格条件、上级党组织的规定和要求等，提出的供党小组会党员酝酿、讨论的选举候选人推荐人选名单的初步意见。

9. 党员讨论。与会党员对党小组长提出的上级党组织选举候选人初步推荐人选名单进行酝酿、充分讨论、发表意见，明确自己是否同意推荐或者推荐另外同志的意见和理由。

链接 LINK

&如何处理少数人的不同意见

党章第十七条对此的规定是：党组织讨论决定问题，必须执行少数服从多数的原则。决定重要问题，要进行表决。对于少数人的不同意见，应当认真考虑。如对重要问题发生争论，双方人数接近，除了在紧急情况下必须按多数意见执行外，应当暂缓作出决定，进一步调查研究，交换意见，下次再表决；在特殊情况下，也可将争论情况向上级组织报告，请求裁决。

10. 进行表决。在与会的全体党员充分酝酿、讨论的基础上，可采取举手表决（上级党组织规定采取无记名投票表决的，应从其规定——编者注）等方式，对党小组长提出的选举候选人初步推荐人选名单进行表决。

11. 形成决议。赞成党小组长提出的选举候选人初步推荐人选名单的党员人数超过规定的党员人数的，通过党小组长提出的选举候选人初步推荐人选名单为本党小组推荐的上级党组织选举候选人的推荐人选的决议（如果有个别的或者少数的党员有不同意见的，要按照少数服从多数的原则，服从和拥护这个决议——编者注）。如果党小组长提出的选举候选人初步推荐人选名单中有的人选获得的赞成票没有达到规定的党员人数的，党小组应根据多数党员的意见、上级党组织选举候选人的资格条件、有关规定和要求、推荐办法等，确定再次进行表决的人选名单，再进行表决推荐，直至推荐的选举候选人数等均符合上级党组织的规定和要求（对于这些可能的情况，都应在会前制定的推荐办法中明确予以处理的措施——编者注）。

12. 讨论其他事项。根据党小组工作需要、党小组会的议程、党小组会出现的情况等，逐项举行党小组会的其他议程。

13. 领导讲话。可以根据党小组的实际情况，请党支部与会领导成员、党小组所在单位的领导讲话提要求。

14. 进行分工。会议主持人可以根据党小组会确定的有关事项、领导要求，结合党小组的实际情况，对有关工作的落实及如何做好会后工作进行安排、做好人员分工，以确保会议确定的工作、决定的事项得到切实落实。

15. 会议小结。会议主持人应对推荐上级党组织选举候选人的党小组会召开情况进行小结，肯定好的方面，指出需要加以改进的问题或者不足。

16. 闭会。推荐上级党组织选举候选人的党小组会各项议程全部举行之后，会议主持人即可宣布党小组会闭会。

注意：①推荐上级党组织选举候选人的党小组会流程图及其相关说明，都是从党小组酝酿、提名、推荐上级党组织选举候选人最为复杂的情况考虑的，实践中，应根据上级党组织的有关规定和要求、本党小组的具体情况进行调整和优化。②对于召开推荐上级党组织选举候选人的党小组会的到会人数规定、预备党员能否参加表决或者推选、被推荐人选获得赞成票数达到多少才能成为上级党组织选举候选人的推荐人选、是采取举手表决方式还是通过无记名投票选举推荐选举候选人等，都应由进行选举的上级党组织根据党内有关规定、上级党组织的要求、党小组的实际情况等作出明确规定，党小组应在会前制定的推荐办法中予以明确说明。③常用的文本样例请参阅本书第六章的相关内容。

六、推荐党组织选举候选人党小组会后续工作内容

党小组会确定上级党组织选举候选人推荐人选（包括党小组的上级党组织进行换届选举或者届中补选党组织班子成员，党小组一般都要按照进行选举的上级党组织的有关规定和要求，召开党小组会酝酿、推荐上级党的委员会委员、常委、书记、副书记或者不设支部委员会的党支部书记、副书记或者出席上级党委召开的党代表大会、党代表会议代表的候选人人选，以下统称“选举候选人”——编者注）后，应立即按照党内有关规定和要求、工作问答及基层党组织的经验做法，以及党小组会确定的工作事项、人员分工等，认真做好以下方面的后续工作：

1. 及时向上级党组织（一般是向本党小组所在的党支部，下同——编者

注）报告召开酝酿、推荐上级党组织选举候选人党小组会的会议情况、推荐结果即选举候选人推荐人选名单。

2. 党小组根据上级党组织的有关规定和要求，及时征求本党小组党员和本党小组所在单位群众对上级党组织确定的选举候选人初步人选、预备人选的意见和建议。

3. 党小组按照上级党组织的规定和要求，及时把征求党员、群众对选举候选人的意见和建议情况，逐级报告进行选举的上级党组织。

4. 做好党小组会台账、会议材料归档等工作。

5. 抓好党小组会确定的其他各项工作的落实等。

第二节　开好有关发展党员工作的党小组会

一、开好推荐入党积极分子党小组会

中共中央办公厅印发的《中国共产党发展党员工作细则》规定："在入党申请人中确定入党积极分子，应当采取党员推荐、群团组织推优等方式产生人选，由支部委员会（不设支部委员会的由支部大会，下同——编者注）研究决定，并报上级党委备案。"对于确定入党积极分子要不要党小组推荐、如何提出意见，党章和发展党员的党内法规没有作出统一规定，各地的做法也不尽相同。实践中，一般应根据入党申请人所在单位党支部的实际情况、从切实把好入党积极分子质量关出发，认真听取、征求申请入党人所在党小组的意见（没有党小组的，或者没有要求党小组组织推荐入党积极分子的除外——编者注）。由党小组推荐、提出意见的，应根据党内有关规定和要求、工作问答和基层党组织的实践经验，认真做好以下方面的工作：

（一）做好推荐入党积极分子党小组会前期工作

充分做好推荐入党积极分子党小组会的前期准备工作十分重要。一般应充分做好以下方面的工作：

1. 党小组要组织党员学习申请入党的资格条件、确定入党积极分子的有关规定和要求，对党员进行教育，提高党员的思想认识。

2. 组织党员在入党申请人中推荐入党积极分子人选。

3. 对反映入党申请人存在的问题，要根据有关规定和具体情况，报告党支部，根据支部要求指派党性强、作风好、认真负责的党员（其中要有正式党员，下同——编者注）进行调查核实，形成调查核实材料。

4. 党小组长应根据多数党员的推荐意见，提出入党积极分子初步推荐人选名单。

5. 准备好推荐入党积极分子的有关材料（党小组会采取无记名投票方式进行表决的，应准备好表决票——编者注）。

6. 向本党小组所有党员发出召开党小组会推荐入党积极分子的会议通知。

7. 做好党小组会临开会时的邀请党支部领导成员、会场布置、人员分工等各项临开会时的会务工作。

（二）召开推荐入党积极分子党小组会流程图及说明

召开党小组会确定入党积极分子推荐人选，应根据党内有关规定和要求、工作问答、基层党组织的经验做法和本党小组的实际情况等，按下页图 4-4 所示的流程图及以下说明开好党小组会：

1. 党员报到。本党小组的全体党员根据会议通知的要求，提前到达党小组会的会场，进行签名报到。

2. 清点人数。会议主持人（一般是党小组长——编者注）根据会议通知明确的会议开始时间、党员到会情况，清点到会党员人数（党小组党员人数多的应在会前分工专门人员负责签到、清点人数、全面掌握党小组党员到会情况——编者注）。

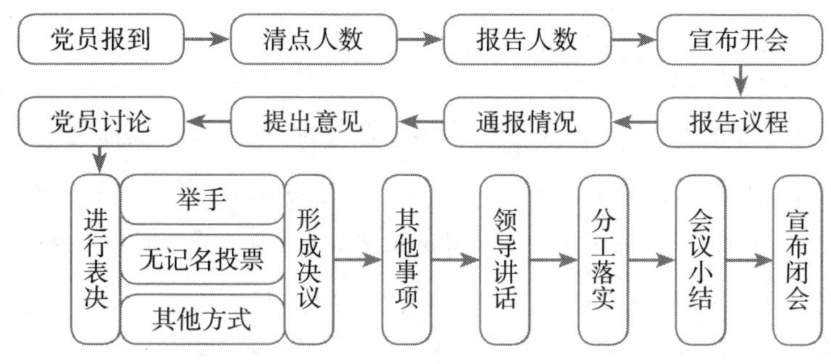

图 4-4　推荐入党积极分子党小组会流程图

3. 报告人数。会议主持人报告党小组党员总人数和党小组会应到会党员人数、实到会党员人数、缺席人数及其缺席原因。

4. 会议开始。会议主持人确认到会人数符合规定人数后，宣布党小组会开始。

5. 报告议程。会议主持人报告本次党小组会的主要议程，提出开好党小组会的相关要求。

6. 通报情况。主要是通报党小组会的前期准备工作情况、党员和群众推荐入党积极分子情况、有关问题调查核实情况、入党申请人名单、推荐入党积极分子人选数量和其他需要通报的情况。

7. 提出意见。党小组长报告按照有关规定和要求、根据多数党员和群众的推荐意见、入党积极分子的资格条件、上级党组织的规定和要求等提出的入党积极分子初步推荐人选名单及推荐意见（缘由）。

8. 党员讨论。与会党员对党小组长提出的入党积极分子初步推荐人选名单（推荐人选既可以是本党小组的入党申请人，也可以是本党支部范围内的其他党小组的入党申请人，下同——编者注）进行充分酝酿、讨论，发表自己是否同意推荐的意见（如要推荐非党小组长提出人选的其他入党申请人为入党积极分子人选的，应同时说明推荐的理由——编者注）。

链接 LINK
& 党员享有的权利

根据党章第四条规定，党员享有以下方面的权利：1. 参加党的有关会议，阅读党的有关文件，接受党的教育和培训。2. 在党的会议上和党报党刊上，参加关于党的政策问题的讨论。3. 对党的工作提出建议和倡议。4. 在党的会议上有根据地批评党的任何组织和任何党员，向党负责地揭发、检举党的任何组织和任何党员违法乱纪的事实，要求处分违法乱纪的党员，要求罢免或撤换不称职的干部。5. 行使表决权、选举权，有被选举权（预备党员没有表决权、选举权、被选举权——编者注）。6. 在党组织讨论决定对党员的党纪处分或作出鉴定时，本人有权参加和进行申辩，其他党员可以为他作证和辩护。7. 对党的决议和政策如有不同意见，在坚决执行的前提下，可以声明保留，并且可以把自己的意见向党的上级组织直至中央提出。8. 向党的上级组织直至中央提出请求、申诉和控告，并要求有关组织给以负责的答复。

9. 进行表决。可采取举手表决或者无记名投票表决方式（具体应根据上级党组织的有关规定和要求确定表决方式——编者注），对党小组长提出的入党积极分子初步推荐人选进行表决。

10. 形成决议。入党积极分子初步推荐人选获得赞成票数超过规定人数的，通过推荐入党申请人为入党积极分子人选的决议。

11. 讨论其他事项。可以根据党小组会的议程，请入党积极分子推荐人选代表作表态发言；还可根据党小组的工作需要或者党小组会出现的新情况，以及党小组会的议程，按照有关规定和要求，举行党小组会的其他议程。

12. 领导讲话。可以根据党小组的实际情况，请党支部与会领导成员、党小组所在单位的领导讲话提要求或建议。

13. 进行分工。会议主持人可以根据党小组会确定的有关事项、领导要求、党小组会召开情况等，结合本党小组的实际，对有关事项的落实及如何做好会后工作进行安排、人员分工。

14. 会议小结。党小组会各项议程举行完毕后，会议主持人应对推荐入党积极分子党小组会的召开情况进行简单的小结，肯定好的方面，指出需要加以改进的问题。

15. 闭会。推荐入党积极分子党小组会各项议程全部举行之后，会议主持人即可宣布党小组会闭会。

注意：①本推荐入党申请人为入党积极分子的流程图及其相关说明，都是从党小组酝酿、提名、推荐入党积极分子人选最为复杂的情况考虑的，实践中，应根据上级党组织的有关规定和要求、本党小组的具体情况进行调整和优化。②推荐 2 名或者 2 名以上的入党申请人为入党积极分子即一次党小组会推荐 2 名或者 2 名以上入党申请人为入党积极分子人选的，应逐个讨论和表决[采取无记名投票方式进行表决的，如果上级党组织同意，可以在本党小组的所有党员对每个入党积极分子推荐人选逐个进行充分酝酿和讨论后，再把每个推荐人选的无记名表决票（建议印制在同一张纸上，以便于分发、清点收回的无记名表决票和计票、监票等）一次性分发与会党员进行表决]。③对于召开推荐入党积极分子人选的党小组会的到会人数规定、预备党员能否参加表决或者票决、被推荐的入党申请人获得赞成票数达到多少才能成为入党积极分子推荐人选、是采取举手表决方式还是采取无记名投票表决入党积极分子推荐人选等，都应由党支部根据党内有关规定和要求、党小组的实际情况等作出明确规定，党小组要在会前制定的相关推荐办法中予以明确说明。④常用的文本样例请参阅本书第六章的相关内容。

（三）做好推荐入党积极分子党小组会后续工作

党小组会确定入党积极分子推荐人选后，有入党积极分子的党小组应迅速按照党内法规、规范性文件等有关规定和要求、中共中央组织部工作问答、党小组会分工等，认真做好以下方面的后续工作：

1. 及时向党支部报告推荐入党积极分子党小组会的会议情况、推荐入党积极分子人选名单及推荐意见（理由）。

链接 LINK

&入党积极分子培养联系人主要任务

根据《中国共产党发展党员工作细则》规定，入党积极分子培养联系人的主要任务是:（1）向入党积极分子介绍党的基本知识;（2）了解入党积极分子的政治觉悟、道德品质、现实表现和家庭情况等，做好培养教育工作，引导入党积极分子端正入党动机;（3）及时向党支部汇报入党积极分子情况;（4）向党支部提出能否将入党积极分子列为发展对象的意见。

2. 党小组根据党支部的有关至规定和要求，征求并及时报告有关党员、群众对入党积极分子人选的意见和建议。

3. 党支部确定入党积极分子后，应向党支部推荐担任入党积极分子培养联系人，协助党支部确定好入党积极分子培养联系人（**根据党内法规规定，党支部应当指定一至两名正式党员作入党积极分子的培养联系人。本书作者建议：有条件的党支部，应确定2名优秀党员做入党积极分子的培养联系人——编者注**）。

4. 党小组在加强入党积极分子培养、教育、考察的同时，还应积极配合上级党组织采取吸收入党积极分子听党课、参加党内有关活动，给他们分配一定的社会工作以及集中培训等方法，对入党积极分子进行马克思列宁主义、毛泽东思想、邓小平理论、“三个代表”重要思想、科学发展观、习近平新时代中国特色社会主义思想教育，党的路线、方针、政策和党的基本知识教育，党的历史和优良传统、作风以及社会主义核心价值观教育，使他们懂得党的性质、纲领、宗旨、组织原则和纪律，懂得党员的义务和权利，帮助他们端正入党动机，确立为共产主义事业奋斗终身的信念。

5. 积极配合党支部每半年对入党积极分子进行一次考察，积极配合基层党委每年对入党积极分子队伍状况作一次分析。针对存在的问题，采取改进措施。

6. 入党积极分子工作、学习所在单位（居住地）发生变动的，党小组应当及时教育即将转出的入党积极分子及时到所去单位（居住地）报到、报到后及时向所去单位（居住地）党组织递交书面的思想汇报材料（内容包括何时向党组织提交入党申请书、何时被确定为入党积极分子、自己对党的认识及思想变化过程等——编者注），同时按照规定和要求报告原单位（居住地）党组织（一般应在知晓入党积极分子工作、学习单位发生变动后及时报告入党积极分子所在的党支部——编者注）。原单位（居住地）党组织应当及时按照有关规定和要求将对入党积极分子培养教育等有关入党材料转交所去单位（居住地）党组织。入党积极分子所去单位（居住地）党组织应当对转入的入党积极分子的有关材料进行认真审查，并接续做好入党积极分子的培养、教育和考察工作（培养教育时间可连续计算——编者注）。

7. 党小组要按照有关规定、党支部的要求，及时向党支部报告入党积极分子培养、教育和考察情况。

8. 党小组要按照有关规定和要求，及时、正确处理入党积极分子培养、教育和考察过程中出现的问题。要配合党支部建立入党积极分子动态管理机制，及时把不合格的入党积极分子调整出入党积极分子队伍。

9. 认真做好党小组会和入党积极分子的培养、教育和考察的台账、会议材料积累和归档等工作。

二、开好推荐发展对象党小组会

中共中央办公厅印发的《中国共产党发展党员工作细则》规定："对经过一年以上培养教育和考察、基本具备党员条件的入党积极分子，在听取党小组、培养联系人、党员和群众意见的基础上，支部委员会（不设支部委员会的为支部党员大会——编者注）讨论同意并报上级党委备案后，可列为发展对象。"上级党组织要求党小组推荐发展对象的，党小组要根据党内有关规定和要求、工作问答、基层党组织的经验做法、党员和群众推荐发展对象情况等，从确保和提高发展党员质量的实际出发，认真做好会前、会中、会后工作。

（一）做好推荐发展对象党小组会的前期准备工作

充分做好推荐发展对象党小组会的前期准备工作，对于确定好发展对象十分重要。会前准备工作应充分做好以下方面的工作：

1. 组织党员学习党章规定的党员标准、发展对象的资格条件、确定发展对象有关规定和要求，对党员进行加强新形势下发展党员工作、始终把政治标准放在首位的重要意义等教育，提高党员的思想认识。

2. 组织党员、群众从经过一年以上培养教育和考察、基本具备党员条件的入党积极分子中推荐发展对象。

3. 对符合推荐条件的、党员或者群众反映存在问题的入党积极分子，要根据有关规定和具体情况，报请党支部或者根据上级党组织的有关规定和要求，指派党性强、作风好、认真负责的正式党员进行调查核实，形成调查核实材料。

4. 党小组长应根据多数党员和群众的推荐提名意见，提出发展对象初步推荐人选名单（既可以是本小组的入党积极分子，也可以是其他小组的入党积极分子）、推荐意见和理由。

5. 准备好推荐发展对象党小组会有关材料（党小组会采取无记名投票方式进行表决的，应准备好表决票，推荐无记名投票表决的监票人、计票人——编者注）。

6. 向党小组所有党员发出召开党小组会推荐发展对象的会议通知。

7. 做好党小组会临开会时的各项会务准备工作等。

（二）召开推荐发展对象党小组会流程图及说明

召开党小组会确定发展对象推荐人选，会议主持人一般是党小组长。应根据党内有关规定和要求、工作问答、基层党组织的实践经验等，按照下页图 4-5 的流程图及相关说明进行：

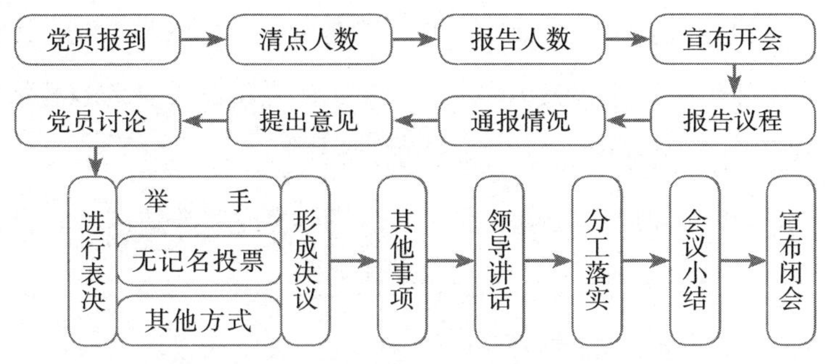

图 4-5 推荐发展对象党小组会流程图

1. 党员报到。本党小组的全体党员要根据党小组的通知要求，提前到达党小组会的会场，进行签名报到。

2. 清点人数。会议主持人（一般是党小组长，下同——编者注）根据会议通知明确的会议时间、党员到会情况，清点到会党员人数（人数多的，也可安排专人负责清点人数、全面掌握到会党员人数及缺席党员情况——编者注）。

3. 报告人数。会议主持人报告党小组党员总人数、应到会党员人数、实到会党员人数、缺席人数及其缺席原因。

4. 会议开始。会议主持人确认到会党员人数符合规定人数后，宣布党小组会开始。

5. 报告议程。会议主持人报告本次党小组会的主要议程，提出开好党小组会的相关要求。

6. 通报情况。主要是通报党小组会前期准备工作情况、党员和群众推荐发展对象意见、有关问题调查核实情况和其他需要通报的情况等，提出发展对象初步推荐人选及推荐意见。

7. 提出意见。党小组长根据会前多数党员和群众的推荐提名意见、党员标准、上级党组织的规定和要求等，提出发展对象初步推荐人选名单及推荐意见（理由）。

8. 党员讨论。与会党员对党小组长提出的发展对象初步推荐人选名单进行充分讨论、发表意见。

9. 进行表决。在党员充分酝酿、讨论的基础上，采取举手或者无记名投票表决的方式（具体采取什么表决方式，按照上级党组织的规定和要求确定——编者注），对党小组长提出的发展对象初步推荐人选名单进行表决。

10. 形成决议。发展对象初步推荐人选获得赞成票数超过应到会党员人数的半数的，通过确定其为发展对象推荐人选的决议。

11. 讨论其他事项。根据党小组会的议程，可以请发展对象推荐人选（或者发展对象推荐人选代表——编者注）作表态发言。

12. 领导讲话。可以根据党小组的实际情况，请党支部与会的领导成员、党小组所在单位的领导讲话提要求或建议。

13. 进行分工。会议主持人可以根据党小组会确定的有关事项、领导要求，结合党小组的实际情况，对有关工作的落实及如何做好会后工作进行安排、做出人员分工。

14. 会议小结。会议主持人应对推荐发展对象党小组会情况进行小结，肯定好的方面、指出需要加以改进的问题。

15. 闭会。推荐发展对象党小组会各项议程全部举行之后，会议主持人即可宣布党小组会闭会。

注意：①本推荐入党积极分子为发展对象的流程图及其相关说明，都是从党小组酝酿、提名、推荐发展对象人选最为复杂的情况考虑的，实践中，应根据上级党组织的有关规定和要求、本党小组的具体情况进行调整和优化。②推荐 2 名或者 2 名以上的入党积极分子为发展对象即一次党小组会推荐 2 名或者 2 名以上入党积极分子为发展对象人选的，应逐个讨论和表决［采取无记名投票方式进行表决的，如果上级党组织同意，可以在本党小组的所有党员对每个发展对象推荐人选逐个进行充分酝酿和讨论后，再把每个推荐人选的无记名表决票（建议印制在同一张纸上，以便于分发、清点收回的无记名表决票和计票、监票等）一次性分发与会党员进行表决］。③对于召开推荐发展对象人选的党小组会的到会人数规定、预备党员能否参加表决或者票决、被推荐的入党积极分子获得赞成票数达到多少才能成为发展对象推荐人选、是采取举手表决方式还是采取无记名投票表决发展对象推荐人选等，都应由党支部（上级党组织）根据党内有关规定和要求、党小组的实际情况等作出明确规定，党小组要在会前制定的相关推荐办法中予以明确说明。④文本样例请参阅本书第六章相关内容。

（三）做好推荐发展对象党小组会后续工作

党小组会确定发展对象推荐人选、形成推荐意见后，应立即按照党内有关规定和要求、工作问答、基层党组织实践经验、党小组会的分工等，认真做好党小组会的后续工作：

1. 及时向党支部报告推荐发展对象党小组会的会议情况、推荐人选名单及推荐意见（即推荐理由——编者注）。

2. 党小组根据党支部（上级党组织——编者注）的有关规定和要求，及时报告党员、群众推荐发展对象情况及提出的意见建议。

3. 党支部确定发展对象后，应及时在党小组会上宣布，同时按照党支部的要求、根据本党小组的实际情况等，配合党支部做好发展对象备案工作，向党支部推荐发展对象的入党介绍人，协助党支部确定好发展对象的入党介绍人（一般由培养联系人担任——编者注）。

链接 LINK

&入党介绍人的主要任务

《中国共产党发展党员工作细则》第十五条明确的入党介绍人的主要任务是：1. 向发展对象解释党的纲领、章程，说明党员的条件、义务和权利；2. 认真了解发展对象的入党动机、政治觉悟、道德品质、工作经历、现实表现等情况，如实向党组织汇报；3. 指导发展对象填写《中国共产党入党志愿书》，并认真填写自己的意见；4. 向支部大会负责地介绍发展对象的情况；5. 发展对象批准为预备党员后，继续对其进行教育帮助。

4. 党小组要按照党支部的要求，积极主动协助党支部或者党支部交给的对发展对象进行征求党员和群众意见、政治审查、短期集中培训、公示、接收预备党员等有关工作，做好其他入党积极分子或者党小组推荐的发展对象人选没有被党支部确定为发展对象人员的思想工作。

5. 发展对象被接收为预备党员后，按照有关规定和要求、本党小组的实际情况等，及时在党小组会上宣布具有审批权限的党委（党组或党的机关工作委员会）审批预备党员的结果，按照党支部的要求把预备党员编入党小组。

6. 党小组应当按照有关规定和要求、本党小组的实际情况等，通过党的组织生活、听取本人汇报、个别谈心、集中培训、实践锻炼等方式，对预备党员进行教育和考察。

7. 认真做好党小组会和对预备党员进行教育考察的有关台账、材料归档等工作。

三、开好讨论预备党员转正（接收预备党员）的党小组会

中共中央办公厅印发的《中国共产党发展党员工作细则》中对预备党员转正手续作出的规定是:“本人向党支部提出书面转正申请；党小组提出意见；党支部征求党员和群众的意见；支部委员会审查；支部大会讨论、表决通过；报上级党委审批。”党小组对预备期满的预备党员提出能否按期转正的意见（包括按期转正，或者延长预备期半年，或者延长预备期一年，或者取消预备党员资格，下同——编者注），是预备党员转正必须的程序（预备党员所在党支部不设党小组的除外——编者注）。实践中，要召开党小组会讨论预备党员转正的，该党小组应根据党内有关规定和要求、工作问答和基层党组织的经验做法等，从严把预备党员转正关、党小组的实际情况等出发，认真做好以下方面的工作（讨论有关接收预备党员的党小组会，参照开好讨论预备党员转正的党小组会，这里不作专门阐述——编者注）:

（一）做好研究预备党员转正党小组会前期准备工作

党小组提出预备党员能否按期转正的意见，应由党小组会集体研究提出。实践证明，做好党小组会前期准备工作十分重要。具体应根据党内的有关规定和要求、党小组的实际情况、各地经验做法，充分做好以下方面的党小组会前期准备工作：

1. 党小组要组织党员学习合格党员标准、预备党员转正手续及其他的有关规定和要求，对党员进行教育，提高党员的思想认识。

2. 认真听取党员、群众、入党介绍人对预备期满的预备党员能否转正的意见和建议。

3. 如有党员或群众反映预备期满的预备党员存在的问题，要根据有关规定和具体情况，及时报告党支部，由党支部或按党支部的要求进行调查核实，并形成调查核实材料。

4. 党小组长应根据多数党员、群众的意见和反映问题调查核实情况，以及预备党员在预备期间的实际表现情况，提出预备期满的预备党员按期转正（或者延长预备期半年，或者延长预备期一年，或者取消预备党员资格——编者注）的初步意见。

5. 准备好研究预备党员转正党小组会有关材料（党小组会采取无记名投票方式进行表决的，应准备好表决票——编者注）。

6. 提前向党小组所有党员发出召开研究预备党员转正党小组会的会议通知。邀请党支部领导成员与会指导。

7. 做好党小组会临开会时的各项会务准备工作等。

（二）召开研究预备党员转正党小组会流程图及说明

研究预备党员转正的党小组会，一般由党小组长主持会议。实践中，召开研究预备党员转正、提出预备党员转正意见的党小组会，应根据党内有关规定和要求、工作问答、各地经验做法，按照以下流程图及说明进行：

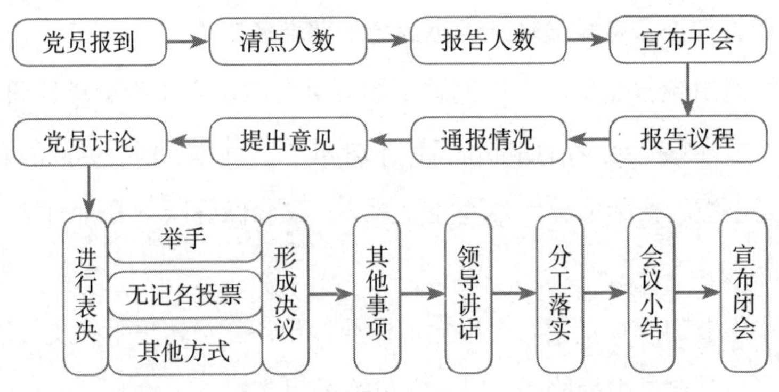

图 4-6 讨论预备党员转正党小组会流程图

1. 党员报到。本党小组的全体党员根据会议通知的要求，提前到达党小组会的会场，签名报到。

2. 清点人数。会议主持人根据会议通知明确的会议时间、党员到会情况，清点到会党员人数。党小组人数多的，可安排专门人员负责全面掌握本党小组党员参加党小组会情况、清点党员到会人数、缺席党员的原因。

3. 报告人数。会议主持人报告党小组党员总人数、应到会党员人数、实到会党员人数、缺席人数及其缺席原因。对党支部（上级党组织——编者注）与会领导表示感谢和欢迎。

4. 会议开始。会议主持人确认到会人数符合规定人数后，宣布党小组会开始。

5. 报告议程。会议主持人报告本次党小组会的主要议程，提出开好党小组会的相关要求。

6. 通报情况。主要是通报党小组在会前进行的准备工作情况，征求入党介绍人和其他党员、群众对预备党员转正的意见情况，反映的有关问题调查核实情况，以及其他需要通报的有关情况。

7. 提出意见。党小组长根据预备党员在预备党员期间的表现情况、预备党员转正条件、上级党组织的规定、多数党员和群众意见、反映问题调查核实情况等提出的预备期满的预备党员按期转正（或者延长预备期半年，或者延长预备期一年，或者取消预备党员资格——编者注）的初步意见。

8. 党员讨论。与会党员对党小组长提出的能否转正的初步意见、对预备党员在预备期间的表现等情况进行充分酝酿、讨论、发表意见，表明自己是否同意按期转正的意见。

9. 进行表决。采取举手表决或者无记名投票表决的方式（具体采取何种表决方式，要根据上级党组织的规定和要求确定，并在会前制定的表决办法、主持词中加以明确——编者注），对预备期满的预备党员按期转正（或者延长预备期半年，或者延长预备期一年，或者取消预备党员资格——编者注）进行表决。

10. 形成决议。赞成的党员人数超过应到会党员人数的半数的，通过预备党员按期转正（或者延长预备期半年，或者延长预备期一年，或者取消预备党员资格——编者注）的意见。

11. 讨论其他事项。根据党小组会的议程，请预备期满的预备党员本人作表态发言。逐项举行党小组会其他议程。

12. 领导讲话。可以根据党小组的实际情况，请上级党组织与会领导成员、党小组所在单位的领导讲话提要求或建议。

13. 进行分工。会议主持人可以根据党小组会确定的有关事项、领导要求，结合党小组的实际情况，对有关工作的落实及其如何做好会后工作进行安排、做好人员分工。

14. 会议小结。会议主持人应对讨论预备党员转正的党小组会情况进行小结，肯定好的方面、指出需要加以改进的问题。

15. 闭会。研究预备党员转正的党小组会各项议程全部举行之后，会议主持人即可宣布党小组会闭会。

注意：①讨论预备党员转正的党小组会流程图及其相关说明，都是从党小组讨论预备党员转正的党小组会最为复杂的情况考虑的，实践中，应根据上级党组织的有关规定和要求、本党小组的具体情况进行调整和优化。②讨论 2 名或者 2 名以上预备党员转正的党小组会，应逐个讨论和表决［采取无记名投票方式进行表决的，如果上级党组织同意，可以在本党小组的所有党员对每个预备党员能否转正逐个进行充分酝酿、讨论和明确表明态度后，再把每个预备党员转正表决票（建议印制在同一张纸上，以便于分发、清点收回的无记名表决票和计票、监票等）一次性分发与会党员进行投票］。③对于召开讨论预备党员转正的党小组会的到会人数规定、预备党员能否参加表决或者票决、预备党员获得赞成票数达到多少才能通过能否按期转正的决议、是采取举手表决方式还是采取无记名投票表决方式等，都应由党支部（上级党组织）根据党内有关规定和要求、党小组的实际情况等作出明确规定，党小组要在会前制定的相关表决办法中予以明确说明。④常用的文本样例请参阅本书第六章的相关内容。

链接 LINK

&党章对预备党员转正的规定

党章第七条对预备党员转正的规定如下：预备党员预备期满，党的支部应当及时讨论其能否转为正式党员。认真履行党员义务，具备党员条件的，应当按期转为正式党员；需要继续考察和教育的，可以延长预备期，但不能超过一年；不履行党员义务，不具备党员条件的，应当取消预备党员资格。预备党员转为正式党员，或延长预备期，或取消预备党员资格，都应当经支部大会讨论通过和上级党组织批准。

（三）做好研究预备党员转正党小组会后续工作

党小组会通过预备党员能否转正（按期转为正式党员，或者延长预备期半年，或者延长预备期一年，或者取消预备党员资格，下同——编者注）意见后，应立即按照党内有关规定和要求、工作问答和党小组会的分工等，认真做好以下方面的后续工作：

1. 党小组要及时向党支部报告研究预备党员转正的党小组会的会议情况，党小组会集体研究提出的预备党员能否转正的意见。

2. 对于被延长预备期半年或者延长预备期一年的预备党员，党小组要指出其存在的问题，帮助其提高党悟、制定改进措施并认真加以落实、整改。

3. 对于被取消预备党员资格的同志，党小组要积极配合党支部，对其进行教育引导，认真做好思想政治工作。

4. 被延长预备期或者被取消预备党员资格的同志有不同意见、按《中国共产党党员权利保障条例》规定提出申诉的，党小组要协助党支部按照规定进行复议、复查并对预备党员本人作出回复。

5. 认真做好党小组会有关台账、材料归档等工作。

第三节　开好对党员处分的党小组会

一、做好讨论对党员的处分党小组会前期准备工作

根据《中国共产党组织工作教程》（中共中央组织部编，党建读物出版社2015年版，第162页——编者注）说明，讨论对党员的处分是党小组会的内容之一。党章第四十二条明确规定："对党员的纪律处分，必须经过支部大会讨论决定，报党的基层委员会批准；如果涉及的问题比较重要或复杂，或给党员以开除党籍的处分，应分别不同情况，报县级或县级以上党的纪律检查委员会审查批准。在特殊情况下，县级和县级以上各级党的委员会和纪律检查委员会有权直接决定给党员以纪律处分。"对违纪党员给予党的纪律处分、对不合格党员进行组织处置，是否必须由党小组会进行讨论以及如何进行讨论，要根据上级党组织的有关规定和要求、党支部和党小组的实际情况确定。对党员处分时要经过党小组会讨论的，一般要按照党内有关规定和要求、工作问答、基层党组织的实践经验，充分做好以下方面的会前准备工作（开展召开处置不合格党员党小组会的前期准备工作，参照讨论对党员进行处分的党小组会的前期准

备工作——编者注）：

1. 党小组要协助或者按照党支部的安排和要求，对违犯纪律的党员所犯的错误事实进行认真调查核实，形成调查核实材料，并同违犯纪律的党员本人进行谈话，听取他对错误事实的说明和申辩。

2. 组织党员学习《中国共产党纪律处分条例》有关内容（也可在党小组会上学习——编者注）、实施党的纪律处分的原则和政策界限、处理违犯纪律党员基本要求和程序，对党员进行遵守党的纪律的教育，切实提高党员对处理违犯党的纪律的党员的思想认识。

3. 按照党支部的安排和要求，根据违犯党的纪律的党员所犯的错误事实，听取党员对违犯纪律党员的作证、辩护和处理意见（包括应给予警告或者严重警告或者撤销党内职务或者留党察看或者开除党籍处分的意见，或者免于纪律处分的意见，或者给予组织处理的意见，或者其他意见，下同——编者注）。

4. 根据上级党组织的有关规定和要求，及时向党支部报告党小组会的时间、地点、内容、程序、方法等，邀请党支部领导成员参加党小组会。

5. 提前向党小组所有与会人员发出讨论对党员的处分党小组会的会议通知，通知与会人员做好准备。

6. 准备好讨论对党员的处分党小组会有关材料（党小组会采取无记名投票方式进行表决的，应准备好表决票，按照规定和要求推荐监票人、计票人——编者注）。

7. 做好讨论对党员的处分党小组会临开会时的会场布置、人员分工等各项会务工作。

注意：根据中共中央于 2019 年 12 月印发的《中国共产党党和国家机关基层组织工作条例》第三十七条的规定：“党组（党委）按照干部管理权限，讨论决定处分党员有关事项，在作出党纪处分决定前应当与派驻纪检监察组交换意见。处分决定生效后，有关处分决定和材料应当按照要求报机关纪检监察工作委员会备案。”

二、召开讨论对党员的处分党小组会流程图及说明

要求党小组召开讨论对党员的纪律处分的党小组会，应按党内有关规定和要求、工作问答、基层党组织的经验做法和党小组的实际情况，按以下流程图及说明开好党小组会（讨论对不合格党员进行组织处置的党小组会参照此流程图和说明——编者注）：

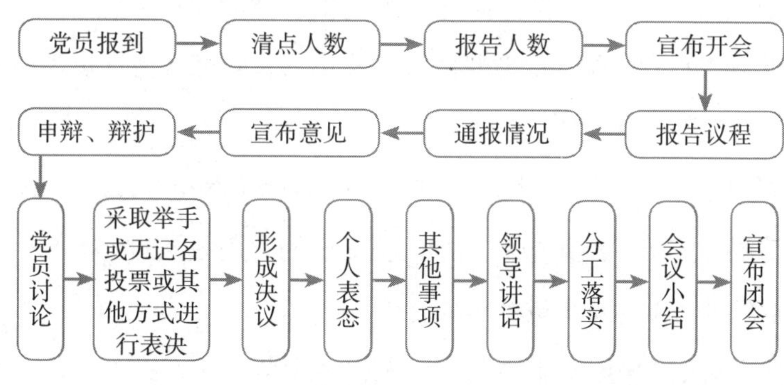

图 4-7 讨论对党员处分的党小组会流程图

1. 党员报到。本党小组的全体党员根据会议通知的要求，提前到达党小组会的会场，签名报到。

2. 清点人数。会议主持人（一般是党小组长——编者注）根据会议通知明确的会议时间、党员到会情况，清点到会党员人数。党员人数多的党小组，应明确专门人员负责掌握党员到会情况、清点到会党员人数。

3. 报告人数。会议主持人报告党小组正式党员和预备党员的人数、应到会党员人数、实到会党员人数、缺席人数及其缺席原因。

4. 会议开始。会议主持人确认到会人数符合规定人数后，宣布党小组会开始。

5. 报告议程。会议主持人报告本次党小组会的主要议程和方法，提出开好党小组会的相关要求。

6. 通报情况。主要是通报党小组会前期准备工作情况、违犯纪律的党员所犯的错误事实及有关问题调查核实情况、会前听取党员和群众（根据规定和要求听取意见——编者注）对违犯纪律党员的处理意见和其他需要通报的情况。

7. 宣布意见。上级党组织根据违犯党的纪律的党员所犯的错误事实及有关问题调查核实情况、对错误的认识态度等情况提出的纪律处分（组织处置）意见（上级党组织没有提出处分意见的，由党小组长根据上述情况提出初步的党纪处分或者组织处置意见——编者注）。

8. 听取申辩和辩护。说明和听取违犯党的纪律的党员所犯的错误事实及有关问题，听取违犯党的纪律的党员的说明和申辩，听取其他党员为违犯党的纪律的党员进行的作证和辩护。

9. 党员讨论。与会党员对违犯党的纪律的党员所犯的错误事实及有关问题调查核实情况、上级党组织或者党小组长提出的对违犯党的纪律的党员初步纪律处分（组织处置）意见等进行充分讨论。

10. 进行表决。采取举手表决或者无记名投票表决方式（具体采取什么表决方式，应根据上级党组织的有关规定和要求确定——编者注），对上级党组织或者党小组长提出的对违犯党的纪律的党员纪律处分（组织处置）意见进行表决。

11. 形成决议。赞成人数超过应到会党员人数的半数的，通过对违犯党的纪律的党员纪律处分（组织处置）意见，否则，应根据党员讨论情况，表决通过对违犯党的纪律的党员给予其他的纪律处分（组织处置）或者免于党的纪律处分（组织处置）的意见。

12. 本人表态。听取违犯党的纪律的党员本人对党小组会讨论通过的处理意见进行说明、表明态度。

13. 讨论其他事项。根据党小组会的议程安排，逐项举行党小组会其他议程。

14. 领导讲话。可以根据党小组的实际情况，请党支部与会领导成员、党小组所在单位的领导讲话提要求或建议。

15. 进行分工。会议主持人可以根据党小组会确定的有关事项、领导要求，结合党小组的实际情况，对有关工作的落实及如何做好会后工作进行安排、做好人员分工。

16. 会议小结。会议主持人应对讨论违犯党的纪律的党员的纪律处分（组织处置）的党小组会情况进行简要的小结，肯定好的方面、指出需要加以改进的问题。

17. 闭会。讨论对违犯党的纪律的党员的纪律处分（组织处置）的党小组会各项议程全部举行之后，会议主持人即可宣布党小组会闭会。

注意：①讨论对违犯党的纪律的党员的纪律处分（组织处置）的党小组会流程图及其相关说明，都是从党小组讨论对党员的纪律处分（组织处置）的党小组会最为复杂的情况考虑的，实践中，应根据上级党组织的有关规定和要求、本党小组的具体情况进行调整和优化。②讨论对不合格党员进行组织处置的党小组会，参照讨论对违犯党的纪律的党员的纪律处分（组织处置）的党小组会流程图及其相关说明，但需要根据不合格党员的表现、有关规定和要求对有关内容作必要的修改。③对于召开讨论对违犯党的纪律的党员的纪律处分（组织处置）、不合格党员的组织处置的党小组会的到会人数规定、预备党员能否参加表决或者票决、赞成票数达到多少才能通过纪律处分（组织处置）决议、是采取举手表决方式还是采取无记名投票表决方式等，都应由党支部（上级党组织）根据党内有关规定和要求、党小组的实际情况等作出明确规定，党小组要在会前制定的相关表决办法中予以明确说明。④常用的文本样例请参阅本书第六章的相关内容。

三、做好讨论对党员的处分党小组会后续工作

党小组会讨论通过对违犯党的纪律的党员的纪律处分（组织处置）意见后，应立即按照党内有关规定和要求、工作问答、基层党组织的经验做法和党

小组会的分工，认真做好以下方面的党小组会后续工作［讨论对不合格党员进行组织处置的党小组会，参照讨论对违犯党的纪律的党员的纪律处分（组织处置）的党小组会流程图及其相关说明，但需要根据不合格党员的表现、有关规定和要求对有关内容作必要的修改——编者注］：

1. 党小组应将党小组会通过的对违犯党的纪律的党员的纪律处分（组织处置）意见和所依据的事实材料同违犯纪律的党员本人见面（检举、揭发等按照规定不能与本人见面的材料除外——编者注），让他在处分意见上签署意见（具体要根据上级党组织的规定和要求执行——编者注）。

2. 党小组要及时向党支部报告讨论对违犯党的纪律的党员的纪律处分（组织处置）的党小组会的会议情况、党小组会集体讨论的对违犯党的纪律的党员的纪律处分（组织处置）意见。

3. 上级党组织对违犯党的纪律的党员的纪律处分（组织处置）或者免于党的纪律处分（组织处置）的决定正式下达以后，党小组应按照上级党组织的规定和要求，及时在适当的范围内宣布，并通知违犯党的纪律的党员本人。

4. 党小组要积极配合党支部，对违犯党的纪律的党员进行教育和启发、帮助其提高思想觉悟，认真做好针对性的思想政治工作。

5. 违犯党的纪律的党员对党组织给予的党纪处分（组织处置）提出申诉的，党小组要按照党支部的安排或者协助党支部按照规定进行复议、复查，并严格按规定对提出申诉的党员本人作出负责地回复。

6. 认真做好党小组会有关台账、材料归档等工作。

链接 LINK

&处理党员申诉的规定

《中共中央纪律检查委员会关于审理党员违纪案件工作程序的规定》第二十三条对此规定：对党员的申诉，一般情况下，由原来作出处分决定的党组织进行复查或复议；原办案单位如已撤销，由申诉人现在单位复查复议。

第四节　开好党小组组织生活会

一、党小组组织生活会的含义及其内容

中共中央组织部有关工作问答对此的解释有如下几个方面：党小组的组织生活会是党小组以交流思想，总结经验教训，开展批评和自我批评为中心内容的组织活动制度。党小组的组织生活会一般每季度或者每半年召开一次（上级党组织有要求的，或者党小组工作需要时，可随时报请党支部同意，召开党小组组织生活会——编者注）。党小组的组织生活会的主要内容包括：检查党小组党员在贯彻党的路线、方针、政策和上级党组织的决议，贯彻民主集中制原则，在思想、工作、学习、生活等方面坚持党性原则，密切联系群众，遵纪守法、廉洁自律等方面的情况和问题，以及党小组上一次组织生活会所制定的改进意见的落实情况。经验表明，要开好党小组的组织生活会，就要充分做好会前准备工作、按照流程召开组织生活会、认真做好组织生活会的后续工作。

二、党小组组织生活会前期准备工作流程图及说明

召开党小组组织生活会，是党小组的例行性会议。党小组要开好组织生活会，应根据党内有关规定和要求、工作问答、党小组召开组织生活会的实践经验等，按照以下流程图和说明的事项，充分做好会前准备工作：

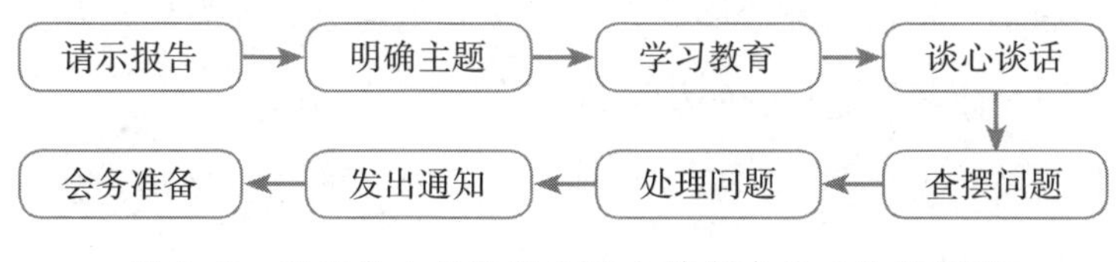

图 4-8　召开党小组组织生活会前期准备工作流程图

1. 请示报告。党小组长按照上级党组织的有关规定和要求，提前向党支部请示报告召开党小组组织生活会的有关事项。

2. 确定主题。按照上级党组织的有关规定和要求、本党小组的实际情况，确定党小组组织生活会的主题和具体内容。要坚持问题导向，内容要集中，重点要突出，每次能够解决一两个实际问题。

3. 学习教育。组织本党小组党员认真学习上级党组织规定的组织生活会的内容、合格党员标准、召开组织生活会的有关规定和要求。对党员进行严格落实党小组组织生活会制度的教育，提高党员参加组织生活会的自觉性、主动性。

4. 谈心谈话。党员之间开展谈心谈话、相互指出存在问题和不足、开展批评和自我批评，广泛听取群众和服务对象的意见。

5. 查摆问题。党小组、党员都要围绕上级党组织的规定和要求、组织生活会主题，深入查摆具体问题，检查坚持组织生活会制度、尊崇和遵守党章、遵守党的纪律特别是政治纪律和组织纪律等方面的问题；检查党小组党员在贯彻党的路线方针政策和上级党组织的决议，贯彻民主集中制原则，在思想、工作、学习、生活等方面的情况和问题，以及上一次组织生活会所制定的改进意见、措施的落实情况等。

6. 处理问题。认真处理组织生活会前期准备工作中出现的各种问题。对党员、群众和服务对象反映出来的关于党小组或者党员个人出现的问题，要慎重对待，视情及时报告党支部（上级党组织），并根据党支部（上级党组织）的规定和要求，安排专门人员或者配合上级党组织对反映出来的问题进行调查核实，并形成调查核实材料。

7. 发出通知。提前向党小组各位党员、其他与会人员发出召开党小组组织生活会的通知，让各位党员做好相关准备。

8. 会务准备。做好党小组组织生活会临开会时的会议材料、会场布置、邀请领导等会务准备工作。

注意：①实践中，党小组应根据上级党组织的有关规定和要求、本党小组的实际情况，对本流程图列示的流程进行调整和优化。②党支部要督查指导党小组落实组织生活会制度。③有关的文本样例请参阅本书第六章相关内容。

三、党小组召开组织生活会流程图及说明

党小组要开好组织生活会，就要根据党内有关规定和要求、工作问答、开好组织生活会的内在要求、党小组和党员的实际情况、党小组召开组织生活会的实践经验，按照以下流程图及说明组织召开党小组组织生活会：

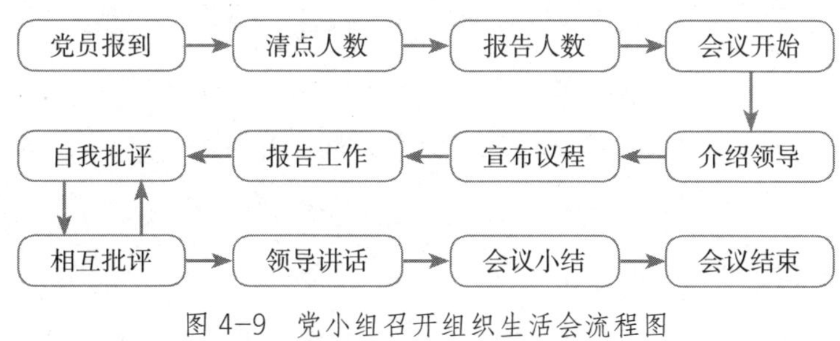

图 4-9　党小组召开组织生活会流程图

1. 党员报到。参加党小组组织生活会的党员按照会议通知的要求到会场签名报到（党员没有特殊情况，都应该参加党小组组织生活会——编者注）。

2. 清点人数。会议主持人（一般是党小组长——编者注）清点到会党员人数。党小组人数比较多的，应安排专人负责了解掌握党小组党员参加组织生活会情况、清点到会党员人数。

3. 报告人数。会议主持人报告应到会、实到会党员人数，因病、因事请假人数及其请假原因。

4. 会议开始。会议主持人确认到会人数符合规定（党小组组织生活会实到会党员人数要符合上级规定的到会党员人数——编者注），宣布组织生活会开始。

5. 介绍领导。会议主持人介绍党支部（上级党组织）与会的领导成员，并

对党支部（上级党组织）领导成员到会指导表示感谢和欢迎。

6. 宣布议程。会议主持人宣布本次党小组组织生活会的主要议程，并结合实际提出开好本次党小组组织生活会的要求。

7. 报告工作。党小组长报告党小组上次组织生活会以来的工作情况、上一次组织生活会制定的改进措施落实情况、党小组建设和党员队伍存在的主要问题（可根据上级党组织的有关规定和要求，在组织党员对党小组上次组织生活会整改措施落实情况及其成效等进行充分酝酿、讨论的基础上，采取举手表决的方式由党员表决通过——编者注）。

8. 自我批评。党员逐个围绕上级党组织的规定和要求、党小组组织生活会主题、党员标准、入党誓词等，深入查摆具体问题，检查坚持组织生活会制度、尊崇和遵守党章、遵守党的纪律特别是政治纪律和组织纪律等方面的问题；检查在贯彻党的路线方针政策和上级党组织决议，在贯彻民主集中制原则，在思想、工作、学习、生活等方面的情况和问题，以及上一次组织生活会所制定的改进意见的落实情况等。

9. 相互批评。一位党员进行对照检查、党性分析、自我批评、提出改进措施后，主持人随即引导其他的每位党员对其进行批评，指出其存在的问题、不足和需要采取的改进措施（这就是我们通常所说的开展批评与自我批评——编者注），然后再运用同样的方法对另一位党员开展批评与自我批评，以此类推，直至对本党小组每位党员都开展批评与自我批评为止。

10. 领导讲话。党员全部开展批评与自我批评之后，根据有关规定和要求、党小组组织生活会议程，请上级党组织与会领导成员讲话，对组织生活会情况进行客观评价，肯定好的方面，指出需要改进的问题，对抓好问题整改提出要求和建议。

11. 会议小结。会议主持人根据组织生活会情况、上级党组织与会同志提出的要求，对贯彻落实会议精神、抓好会后整改工作等进行分工、提出要求，并对党小组组织生活会进行小结。

12. 会议闭会。党小组组织生活会各项议程全部举行完毕以后，会议主持人即可宣布党小组组织生活会闭会。

注意：实践中，党小组应根据上级党组织的有关规定和要求、本党小组的实际情况，对本流程图列示的流程进行调整和优化。

四、党小组召开组织生活会注意事项

根据党内有关规定和要求、工作问答的说明、党小组召开组织生活会的成功经验等，党小组召开组织生活会主要应该注意以下几个方面的问题：

1. 组织生活会前，党小组和党员都要围绕上级党组织的规定和要求、组织生活会主题，深入查摆具体问题，检查坚持组织生活会制度、尊崇和遵守党章、遵守党的纪律特别是政治纪律和组织纪律等方面的问题；检查在贯彻党的路线方针政策和上级党组织的决议，在贯彻民主集中制原则，在思想、工作、学习、生活等方面的情况和问题，以及上一次组织生活会所制定的改进意见的落实情况等，联系实际起草对照检查材料（包括党小组对照检查材料、每个党员的对照检查材料——编者注）。

2. 召开组织生活会前，党小组要认真听取党员、群众对党小组工作的批评和意见、对照检查材料提出的整改意见和建议。每个党员都要开展谈心谈话活动，广泛听取其他党员、群众和服务对象对自己的批评和意见。

3. 党小组和每个党员都要根据广泛听取意见、积极开展谈心谈话活动等，认真修改对照检查材料。

4. 在组织生活会上，开展批评与自我批评要联系具体人具体事，不能大而化小、小而化了、不痛不痒，防止表面化、形式化、娱乐化、庸俗化。

5. 组织生活会应当集中开展，不宜在网上进行。对于党小组人数比较多、由于生产工作学习生活等实际情况确实难以集中的，可由党支部灵活作出安排。

6. 流动党员一般应参加所在党小组召开的组织生活会，也可以在流入地党组织参加组织生活会。

7. 党员领导干部、党支部班子成员要自觉参加所在党小组的组织生活会，要到所在的党小组对组织生活会情况进行点评，切实防止只听汇报、只看台账等形式主义做法。

8. 党小组的组织生活会要坚持党性原则，不回避矛盾，开展积极的思想斗争，切实解决存在的问题，为不断提高党支部建设质量奠定基础。

9. 必须严格按照上级党组织的规定和要求召开组织生活会。

五、扎实做好党小组组织生活会后续工作

扎实做好党小组组织生活会的后续工作，对巩固和扩大党小组组织生活会的效果至关重要。党小组要根据党内有关规定和要求、工作问答的说明、基层党组织的经验做法，召开组织生活会后要及时、全面、扎实地做好如下工作：

1. 党小组和党小组所有党员个人都要对照查摆出的问题、党员和群众提出的意见、开展批评和自我批评指出的问题和薄弱环节，列出整改事项，作出整改承诺。

2. 如果在组织生活会上反映党小组或者党员存在需要调查核实的问题的，要按照有关规定和要求，及时报告党支部（上级党组织），协助党支部或者按照党支部的要求，安排党性强、作风好、认真负责的党员开展调查核实工作，形成调查核实材料并及时报告党支部（上级党组织），根据党支部（上级党组织）的要求进行正确的处理。

3. 对组织生活会进行总结，并按照上级党组织的规定和要求，及时把召开组织生活会情况、党小组制定的整改措施等报告党支部（党员制定的整改措施应一式三份，党员个人、所在党小组、所在党支部各留存一份——编者注）。

4. 党支部对形式主义、官僚主义等不良表现，要抓住最突出的一两个问题马上整改，尽快让党员、群众看到变化，以整改落实的实际成效取信于群众。

5. 对参加组织生活、发挥党员作用方面存在的差距和不足，应尽快从眼前改起、从具体事情做起，尽快让党小组和其他党员、让群众看到组织生活会的效果。

6. 党小组应在三个月内向党员、群众通报党小组制定的改进措施落实情况、对存在问题的整改情况，党员应每季度在党小组会上报告兑现整改承诺和措施的情况。上级党组织有其他规定和要求的，党小组要严格执行。

7. 对于整改落实敷衍应付、问题在原地打转、没有成效、党员和群众不满意的党小组或者党员，党支部要及时予以批评纠正，必要时采取组织措施促使整改问题。

8. 上级党组织要结合指导党小组组织生活会和民主评议党员等工作，对党小组建设情况进行摸排分析，采取抓两头带中间、鼓励先进、鞭策落后等措施，扩大先进党小组的数量，提升中间党小组的水平，督查后进党小组整顿提高。

9. 认真抓好党小组组织生活会确定的其他各项工作的落实。

第五节　开好其他事项的党小组会

一、召开其他事项党小组会前期准备工作流程图及说明

根据《中国共产党组织工作辞典》等有关说明，党小组会除了讨论前面四节所阐述的有关选举、发展党员、处分（组织处置）党员、组织生活会等事项之外，还有组织党员学习、研究如何贯彻执行党支部决议和各项工作任务、评选优秀党员（党小组主要是向上级党组织推荐优秀党员、党员积极分子，下同——编者注）等事项（本节统称其他事项——编者注）。考虑到召开讨论其他事项的党小组会具有一定共同点，故本节一并进行说明。党小组应根据党内

有关规定和要求、工作问答、党小组的经验做法，召开研究决定其他事项的党小组会的前期准备工作，具体按照如下的流程图和具体说明进行：

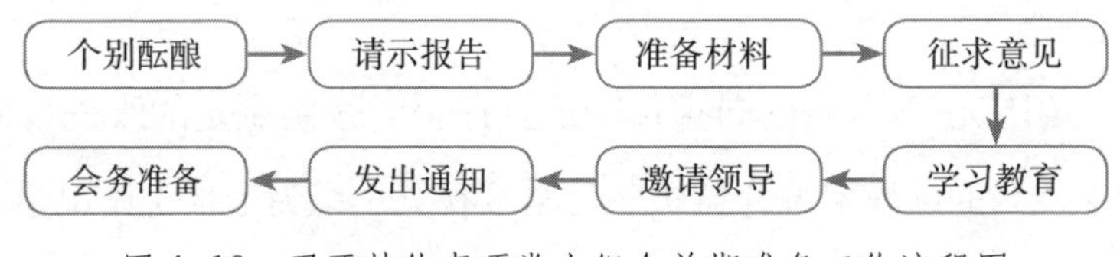

图 4-10　召开其他事项党小组会前期准备工作流程图

1. 个别酝酿。党小组长对需要提交党小组会研究的其他事项，与党员进行沟通或者党员主动向党小组长提出需要召开党小组会研究的事项，并在会前进行有效交流、统一思想、形成共识。

2. 请示报告。根据有关规定和要求，以及召开党小组会的实际需要，党小组长及时向党支部请示报告拟召开党小组会讨论研究的有关事项、个别酝酿情况等，确定党小组会的内容、方法。

3. 准备材料。党支部原则同意后，根据党支部的要求和党小组会讨论决定事项的实际需要，安排专人准备相关的会议材料，如：组织党员学习党的重要会议精神的应准备学习会议精神的有关材料；研究如何贯彻执行党支部决议或者各项工作任务的，应准备党支部的决议或者工作任务的相关材料；推荐（评选）优秀党员人选的应准备拟推荐（评选）为优秀党员的事迹材料等。

4. 征求意见。根据党支部的有关要求、党小组会讨论决定事项的实际需要，视情于党小组会召开前征求党支部（上级党组织）和有关党员、群众的意见建议。

5. 学习教育。根据召开讨论决定其他事项的党小组会的实际需要，组织党员和群众学习有关材料，进行思想教育，统一有关人员的思想，安排好工作，确保党小组所有党员和其他应参加党小组会的人员都能参加党小组会。

6. 邀请领导。根据党小组会研究讨论的事项及实际需要，党小组长应邀请党支部班子成员参加党小组会、本党小组所在单位不是党员的行政负责人等人员列席会议。

7. 发出通知。提前向党小组各位党员、其他参加党小组会的同志发出召开党小组会的通知，告知党小组会研究的事项，提出参加会议、开好党小组会的有关要求。

8. 会务准备。做好会议材料、会场布置等临开会时的各项会务准备工作。

注意：在实际工作中，党小组应根据有关规定和要求、本党小组的实际情况，对本流程图列示的流程进行调整和优化。

二、召开其他事项党小组会流程图及说明

召开组织党员学习、研究除本章一至四节内容以外的如何贯彻执行党支部决议和各项工作任务、评选优秀党员等事项（以下统称“其他事项”，下同——编者注）的党小组会，要根据党内有关规定和要求、有关工作问答、党小组的实践经验等，按照以下流程图和具体说明开好党小组会：

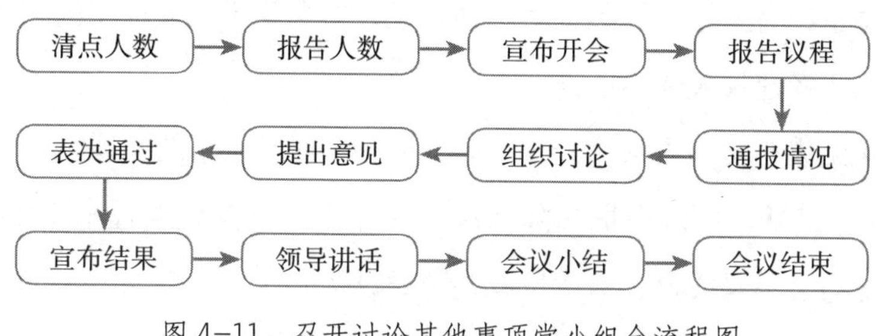

图 4-11　召开讨论其他事项党小组会流程图

1. 清点人数。会议主持人（一般应是党小组长——编者注）清点到会人数。党小组党员比较多的，应安排专人负责掌握与会人员到会情况、清点到会人数。

2. 报告人数。会议主持人报告党员总人数、党小组会应到会党员人数、实到会党员人数和缺席党员人数，说明缺席人员的缺席原因。

3. 宣布开会。会议主持人确认党员实到会人数符合有关规定和要求后，宣布党小组会开始。

4. 报告议程。会议主持人报告本次党小组会讨论和研究的事项、主要议

程，提出开好党小组会、做好会议记录等有关要求。

5. 通报情况。根据党小组会讨论研究事项的实际需要，通报党小组会筹备工作情况、会前征求党员和群众意见情况和其他有关情况，如：组织党员学习的应通报组织党员学习的背景、目的意义、党员前期学习等情况；研究如何贯彻执行党支部决议或者各项工作任务的，应通报党支部的决议或者工作任务的内容、贯彻落实目的意义和有关要求、分析贯彻落实有利条件和不利因素、需要采取的贯彻落实措施等情况；推荐（评选）优秀党员的应通报向上级党组织推荐优秀党员的规定和要求、优秀党员的条件、推荐人选的数量及先进事迹等情况。

6. 组织讨论。根据规定和要求、讨论事项，视情组织与会的有关人员进行充分酝酿、讨论，对讨论事项发表自己的意见。

7. 提出意见。会议主持人根据规定和要求、多数党员（群众）的意见，提出供党小组会表决通过的初步建议或者初步意见或者建议人选名单。

8. 表决通过。根据有关规定和要求、党小组会研究决定的具体事项等实际，采取举手或者无记名投票或者其他方式，对会议主持人提出的初步建议或者初步意见或者建议人选名单进行表决。

9. 宣布结果。赞成人数达到规定人数的，形成党小组的决议。

10. 领导讲话。可以根据实际情况，在党小组会其他议程全部举行以后，安排党支部与会领导成员、本单位有关领导讲话。

11. 会议小结。会议主持人可视情对党小组会进行小结、人员分工、提出落实党小组会确定事项的具体要求。

12. 会议结束。党小组会的所有议程全部举行以后，会议主持人宣布党小组会闭会。

注意：①本流程图和说明仅供参考，实践中，党小组应根据讨论决定事项、党小组实际情况、上级党组织有关规定和要求，对本流程图列示的流程进行调整和优化。②要安排专人负责党小组会的会议记录，会议主持人要认真检查会议记录。会议记录由会议主持人、会议记录人都签字后归档。③常用文本样例请参阅本书第六章相关内容。

链接 LINK

&党内表彰的一般程序和要求

《党员管理手册》(中共中央组织部组织局编，党建读物出版社出版，1998 年 1 月第 1 版）对党内表彰作出的有关解释如下：表彰工作应在党内开展“创先争优”活动的基础上进行，要坚持走群众路线，自下而上，经过民主评选，组织认真考察和推荐，严格按照程序审批。表彰工作的一般程序是：确定表彰范围，制发评选标准；推荐评选，确定对象；考察审批；作出表彰决定，宣传先进事迹等。各级党组织表彰的对象由下一级党组织考察推荐，本级党组织审批。表彰对象是党员领导干部的，要按干部管理权限征求主管部门意见。

三、做好召开其他事项党小组会后续工作

召开组织党员学习、研究除本章一至四节内容之外的事项如何贯彻执行党支部决议和各项工作任务、评选优秀党员等事项（以下统称“其他事项”——编者注）的党小组会闭会以后，党小组应根据党内有关规定和要求、有关的工作问答精神等，立即做好以下方面的后续工作：

1. 及时做好党小组会台账、通过的决议等会议材料的整理、填写工作。会议记录由会议主持人、会议记录人签字后归档。

2. 党小组要及时把党小组会召开情况报告党支部。

3. 党小组会通过的决议需要报请党支部（上级党组织）批准的，要及时按照有关规定和要求，报请党支部（上级党组织）审批。

4. 按照有关规定和要求，应及时把党支部（上级党组织）的审批结果在党小组会上进行宣布。

5. 按照分工和安排，抓好党小组会决定的其他事项的贯彻落实工作。

第五章

坚持按时上好党课制度

《中国共产党组织工作辞典（修订版）》（中共中央组织部编，党建读物出版社 2009 年版）明确说明：党课教育是党组织用授课形式定期对党员和入党申请人进行教育的一种方法。根据编者学习的体会和了解，各地各类基层党组织坚持按时上好党课制度的实践经验，坚持按时上好党课制度，提高党课教育效果，要重点做好课前准备、搞好课堂教育、抓好课后讨论等三个环节。坚持按时上好党课制度内容丰富、要求严格、十分重要，党内文件对坚持按时上好党课作出了许许多多规定、专家学者对坚持按时上好党课制度提出了许许多多见解，编者无法作全面的说明和推介，只择其部分，根据自己从事基层党建工作、开展党课教学活动的一些体会做一些归纳和说明。因此，本章根据党内有关规定和要求、工作问答、基层党组织实践经验、按时上好党课的客观需要，分《对坚持按时上党课制度的基本要求》《党课的目标任务》《党课的教学要求》《上好党课的基本经验》四节，对坚持按时上好党课制度进行一些说明，以供基层党组织坚持按时上好党课制度、对基层党务工作者和党员进行党务知识培训时参考。

第一节　对坚持按时上党课制度的基本要求

一、党课教育要讲党性

根据党内的工作问答解释，党性是政党所固有的本质属性，通常是指政党代表哪个阶级的利益，为哪个阶级服务。无产阶级政党的党性，就是无产阶级阶级性最高、最集中的表现。2016 年 10 月 27 日，中国共产党第十八届中央委员会第六次全体会议通过的《关于新形势下党内政治生活的若干准则》明确规定：“‘三会一课’要突出政治学习和教育，突出党性锻炼，坚决防止表面化、形式化、娱乐化、庸俗化。”自 2018 年 10 月 28 日起施行的《中国共产党支部工作条例（试行)》再次明确了这些规定和要求。《中共中央关于加强党的政治建设的意见》(中共中央于 2019 年 1 月 31 日印发，下同）规定：“增强党内政治生活的原则性，坚持按原则开展党的工作和活动，按原则处理党内各种关系，按原则解决党内矛盾和问题，严格执行党的组织生活制度，认真召开民主生活会和组织生活会，提高‘三会一课’质量，落实谈心谈话、民主评议党员和主题党日等制度，坚持和完善重温入党誓词、党员过‘政治生日’等政治仪式，使党内生活庄重、严肃、规范，坚决防止和克服党内政治生活不讲原则、平淡化庸俗化随意化的倾向。”《中国共产党党员教育管理工作条例》(中共中央印发，自 2019 年 5 月 6 日起施行，下同）第十六条规定：“党支部应当运用‘三会一课’制度，对党员进行经常性的教育管理。党员应当按期参加党员大会、党小组会和上党课，进行学习交流，汇报思想、工作等情况。党员领导干部应当参加双重组织生活。”等等。由此可见，党课教育首先要突出党性锻炼，这是坚持按时上好党课制度的鲜明特点。经验表明，在党课教育中，要始终突出党课教育的党性特点，就要坚持马克思主义的立场、观点和方法，坚持马克思主义基本理论，坚持党课教育为党的路线、方针、政策服务，为发展党和人民事业服务的原则和方向。从当前来看，就是要通过坚持按时上好党课制度，教育和引导广大共产党员不忘初心、牢记使命，在参加社会主义现代化建设和改革开放的实践中，不断加强党性修养，树立正确的世界观、人生观、价值观，自觉参加党的组织生活和上党课，虚心接受党组织和群众的监督，做到全心全意为人民服务，当党性和个性发生矛盾时，个性能够无条件地服从党性。说到底，就是要始终坚持党课教育的内容和形式符合党的根本利益，让基层党组织和广大共产党员（入党申请人）牢固树立“四个意识”、自觉坚定“四个自信”、坚决做到“两个维护”。

二、党课教育要讲政治

我们知道，旗帜鲜明地讲政治，是我们党作为马克思主义政党的根本要求。讲政治的目的在于统一全党意志、凝聚全党力量，为实现我们党的纲领和目标而共同奋斗。我们党成立以来，之所以能够领导和团结全国各族人民，始终保持团结和统一，始终保持进取精神和强大力量，经历各种曲折和挫折而愈挫愈奋、愈挫愈勇、愈挫愈强，让近代以来久经磨难的中华民族迎来了从站起来、富起来到强起来的伟大飞跃，迎来了实现中华民族伟大复兴的光明前景，同我们党始终注重讲政治是密不可分的。

2017 年 2 月，习近平总书记在省部级主要领导干部学习贯彻党的十八届六中全会精神专题研讨班开班式上的讲话指出，历史经验表明，我们党作为马克思主义政党，必须旗帜鲜明讲政治，严肃认真开展党内政治生活。讲政治，是我们党补钙壮骨、强身健体的根本保证，是我们党培养自我革命勇气、增强自我净化能力、提高排毒杀菌政治免疫力的根本途径。什么时候全党讲政治、党内政治生活正常健康，我们党就风清气正、团结统一，充满生机活力，党的事业就蓬勃发展；反之，就弊病丛生、人心涣散、丧失斗志，各种错误思想得不到及时纠正，给党的事业造成严重损失。习近平总书记的讲话既为我们坚持按时上党课制度、开展党课教育明确了主题、指明了方向，也决定了上党课所具有的鲜明的政治性特点。因此，作为以授课的方式对党员进行教育的最经常、最基本的一种重要形式的党课，在坚持按时上党课制度的全过程，都要重点教育和引导广大共产党员坚定理想信念，正确把握政治方向，坚定站稳政治立场，坚决维护以习近平同志为核心的党中央权威，不断增强中国特色社会主义道路自信、理论自信、制度自信、文化自信，一句话就是讲党课一定要讲政治。

三、党课教育要讲原则

原则，即言行所依据的准则。党章明确规定：“加强和规范党内政治生活，增强党内政治生活的政治性、时代性、原则性、战斗性，发展积极健康的党内政治文化，营造风清气正的良好政治生态。”党课教育要讲原则，包括两方面的含义，一方面是在坚持按时上好党课制度全过程，进行党课教育的各方面，都要把教育和引导基层党组织、广大党员始终坚持党的政治原则、思想原则、组织原则、工作原则，自觉用《中国共产党章程》《关于党内政治生活的若干准则》《关于新形势下党内政治生活的若干准则》等党内法规、规范性文件规范自己的言行，坚持党性立场、坚持真理、坚持实事求是，坚持从党和人民的根本利益出发想问题、办事情，在原则问题和大是大非面前不含糊、不偏向，做到立场坚定、旗帜鲜明，始终按原则开展党的工作和活动、按原则处理党内各种关系、按原则解决党内矛盾和问题等作为一项重要原则。另一方面是讲党课要遵循的原则。根据党内有关文件说明、专家学者研究成果、编者长期从事党员队伍建设和进行党课教育的一些体会，要讲好党课、提高党课教学效果，上党课应坚持以下方面的原则：一是坚持服务大局、按需施教原则，就是要紧紧围绕党和国家事业发展需要，结合党员岗位职责和健康成长需求，开展党课教育教学活动；二是坚持以德为先、注重能力原则，就是要坚持德才兼备、以德为先，突出党员理想信念教育和党性党规党纪的教育，将能力培养贯穿始终，全面提高党员德才素质和履职尽责能力；三是坚持全员教育、分类指导原则，就是要按照党员隶属关系实施党课教育，把党课教育的普遍性要求与不同类别、不同层次、不同岗位党员的特殊需要结合起来，增强针对性，确保全覆盖。讲党课一般在党支部范围内进行，上级党组织要对党支部坚持按时上好党课制度情况进行指导检查；四是坚持联系实际、学以致用原则，就是要大力弘扬马克思主义学风，紧紧围绕党和国家的中心工作，坚持以需求、问题为导向开展党课教育，引导广大党员在改造主观世界的同时，运用所学理论和知识指导实践、推动工作，提高改造客观世界的能力和效果；五是坚持与时俱进、改革创新原则，就是要适应形势任务发展变化，遵循党员成长规律和党课教育规律，坚持开放教育，完善党课内容，改进党课方式，整合党课资源，优化师资队伍，不断推进党课教育理念创新、实践创新、方法创新。

第二节　党课的目标任务

一、传播知识

中共中央组织部编著的《中国共产党组织工作教程》指出，党课的内容一般包括“党的基本理论、基本政策、基本知识和科学文化知识等”。党章第三十二条明确规定：“组织党员认真学习马克思列宁主义、毛泽东思想、邓小平理论、‘三个代表’重要思想、科学发展观、习近平新时代中国特色社会主义思想，推进‘两学一做’学习教育常态化制度化，学习党的路线、方针、政策和决议，学习党的基本知识，学习科学、文化、法律和业务知识。”中共中央办公厅印发的党内规范性文件提出的要求是：“从不同群体、不同行业入党积极分子的特点出发，开展党的历史和优良传统、党的基本理论和基本知识、党的路线方针政策和形势任务教育以及社会主义核心价值体系教育，使他们懂得党的性质、纲领、宗旨，懂得党的组织原则和纪律，懂得党员的义务和权利，端正入党动机。”从上述有关规定和要求中不难理解，作为党组织定期对党员和入党积极分子进行教育的党课，就是要运用党课这种被实践证明了的行之有效的教育方式，对党员和入党申请人进行系统的马克思列宁主义、毛泽东思想、邓小平理论、“三个代表”重要思想、科学发展观、习近平新时代中国特色社会主义思想教育，党的路线方针政策和决议教育，党的基本知识教育，以及科学、文化、法律和业务知识的教育。

二、释疑解惑

2013 年 11 月，习近平总书记在对学习贯彻党的十八届三中全会精神作出重要批示时指出，宣讲的关键是要联系实际、研机析理、解疑释惑，努力讲全、讲透、讲实，帮助广大党员、干部、群众全面准确领会全会精神，全面准确领会全会提出的新思想、新论断、新举措。在社会发展进程中，人们对一些理论和政策问题可能会有一些不同的甚至是片面的认识。因此，为统一党员和广大申请入党同志的思想认识，通过党课，引导党员和入党申请人学习宣传理论、科学回答有关政策问题、进行解疑释惑就显得格外重要。这就要求党课教育要增强针对性和实效性，因人施教，因材施教，因事施教，做到多层次、广覆盖，把党员和入党申请人的思想和行动统一到党的路线方针政策和决策部署上来。

三、凝心聚力

党课教育的目标、任务、内容、对象，决定了党课教育是党员党性、先进性、纯洁性的教育，具有典型的凝心聚力作用。其主要体现是，基层党组织通过系统的党课教育，让广大党员和入党申请人全面理解党的纲领、明确合格党员标准，教育和引导广大党员不忘初心、牢记使命、不懈奋斗，尊崇党章、遵守党章、维护党章，坚定信心、凝聚共识、形成合力，牢记和践行入党誓词、党的宗旨、党员的义务和权利，坚定理想信念，对党绝对忠诚，强化政治意识，保持政治本色，更加自觉地增强道路自信、理论自信、制度自信、文化自信，坚定共产主义信仰、中国特色社会主义信心，把坚定理想信念宗旨时时处处体现为行动的力量，汇聚起宣传党的主张、贯彻党的决定、领导基层治理、团结动员群众、推动改革发展、为实现中华民族伟大复兴中国梦而奋斗的强大正能量。

四、锤炼党性

党章规定："对党员进行教育、管理、监督和服务，提高党员素质，坚定理想信念，增强党性。"2016 年 10 月 27 日，党的十八届六中全会通过的《关于新形势下党内政治生活的若干准则》规定："三会一课"要突出政治学习和教育，突出党性锻炼。这就要求基层党组织通过坚持按时上好党课制度，加强党员党性锻炼和道德修养，教育和引导党员加强马克思主义理论修养、共产主义道德和无产阶级思想意识修养、组织纪律性修养、科学文化知识和专业知识修养、党的优良传统和作风修养。党的领导干部还要加强领导艺术和管理能力修养，始终忠诚于党、忠诚于共产主义事业，以党和人民利益高于一切的原则处理个人与党组织、个人与社会的关系，真正做到立党为公、执政为民、永远保持工人阶级先进分子的政治本色。

第三节　党课的教学要求

一、对师资的要求

基层党组织坚持按时上好党课制度时，应按照中共中央印发的《干部教育培训工作条例》、中共中央办公厅印发的《关于加强党员经常性教育的意见》《关于推进“两学一做”学习教育常态化制度化的意见》、中共中央组织部组织局编著的《党员管理手册》（党建读物出版社1998年出版，下同——编者注）等有关规定和说明，从以下方面把握对上党课师资即党课授课人的要求：

1. 各级党委（党组）书记每年至少为基层党员讲一次党课。

2. 党员领导干部要坚持每年给党员讲党课、作形势报告。党课内容要贴近党员、贴近实际，不搞照本宣科。

3. 各级组织部门要组织党员领导干部和基层党组织负责同志定期为党员讲党课，围绕党员普遍关注的热点、难点、疑点问题释疑解惑。

4. 党员领导干部要在所在党支部讲党课，到农村、社区、企业、学校等基层单位党支部讲党课。

5. 推广一些地方党委书记利用远程教育等网络平台为基层党员讲党课的做法。

6. 党课授课人可由本单位的党组织负责人承担，也可请上级党组织负责人或有关专家、学者授课。

7. 组织党校教师、讲师团成员、先进模范人物到基层一线党支部讲党课。

8. 党课授课人员要严守讲坛纪律，不得传播违反党的理论和路线方针政策决议、违反中央决定的错误观点。

9. 党课授课人员要严守政治纪律，联系实际教学，善于解答党员思想、生产、工作、学习和生活中遇到的问题，做到有的放矢，力戒空谈。

10. 落实坚持按时上党课对师资方面的其他要求。

二、对党员参加党课教育的规定和要求

基层党组织在坚持按时上好党课制度时，应按照中共中央印发的《干部教育培训工作条例》、党的十八届六中全会通过的《关于新形势下党内政治生活的若干准则》、中共中央办公厅印发的《关于加强党员经常性教育的意见》《关于推进"两学一做"学习教育常态化制度化的意见》、中共中央组织部组织局编著的《党员管理手册》等有关规定和说明，从以下方面把握对党员必须接受党课教育、参加党课教育活动的有关规定和要求：

1. 党员必须参加上党课。党员干部还要按照有关规定和要求积极参加干部教育培训。

2. 每个党员都应当自觉地接受党课教育，不断增强党性修养和党性锻炼。

3. 党员领导干部要认真参加党委（党组）理论学习中心组学习，带头参加所在党支部（党小组）的集体学习，坚持每年给所在党支部党员讲党课、作形势报告。

4. 推广党支部主题党日活动，组织党员在主题党日开展"三会一课"、交纳党费、参加服务群众等活动。

5. 党支部要组织党员按期参加支部党员大会、党小组会和上党课。

6. 党支部要制定包括党课在内的年度"三会一课"计划并报上级党组织备案，如实记录"三会一课"开展情况，对没有正当理由长期不参加"三会一课"的党员，要进行批评教育，促其改正。

7. 严格落实党员参加党课教育的其他规定和要求。

三、对党课教育形式的规定和要求

上党课的形式，直接关系党课的质量和效果。因此，得到了各级党组织和广大党务工作者的普遍重视。在实践中，基层党组织要根据中共中央办公厅印发的《关于加强党员经常性教育的意见》《关于在全体党员中开展“学党章党规、学系列讲话，做合格党员”学习教育方案》、中共中央组织部组织局编著的《党员管理手册》等对上党课形式作出的以下方面的有关规定和说明，按照形式服从内容的原则创新方式讲党课，具体可从以下几点把握上党课形式：

1. 要以学习党章党规、习近平新时代中国特色社会主义思想为主要内容，针对党员思想工作实际，确定“三会一课”的主题和具体方式，做到形式多样、氛围庄重。

2. 讲党课一般在党支部范围内进行。党支部要结合专题学习讨论，对党课内容、时间和方式等作出安排。

3. 党员领导干部要在所在党支部讲党课，到农村、社区、企业、学校等基层单位党支部讲党课。

4. 组织党校教师、讲师团成员、先进模范到基层一线党支部讲党课。

5. 要鼓励和指导基层党组织书记、普通党员联系实际讲党课。

6. 注重运用身边事例、现身说法，注重身边人讲身边事，强化互动交流、答疑释惑，增强党课的吸引力和感染力。

7. 在“七一”“十一”前后，党支部要结合开展纪念建党活动、庆祝国庆等，集中安排上党课。

8. 利用红色教育基地等开展开放式的包括上党课在内的组织生活。

9. 上级党组织要对党支部坚持按时上好党课制度情况进行指导检查，对不经常、不认真、不严肃、不落实的，要批评指正；情况严重的，要采取整顿等措施，进行组织处理。

10. 党课要突出政治学习和教育，突出党性锻炼，坚决防止表面化、形式化、娱乐化、庸俗化。

四、对上党课内容的规定和要求

党课是以上课讲授的形式对党员和入党申请人进行党的基本知识等进行教育，是中国共产党对党员和申请入党的积极分子进行教育的重要方式。在实践中，基层党组织要根据《中国共产党支部工作条例（试行）》、中共中央办公厅印发的《关于加强党员经常性教育的意见》《关于在全体党员中开展“学党章党规、学系列讲话，做合格党员”学习教育方案》、中共中央组织部组织局编著的《党员管理手册》等作出的如下方面的有关规定和说明，以及对党员和入党申请人进行党课教育的需要，确定上党课的主题和具体内容：

1. 马克思列宁主义、毛泽东思想、邓小平理论、“三个代表”重要思想、科学发展观、习近平新时代中国特色社会主义思想教育。

2. 新时代中国共产党的历史使命、决胜全面建成小康社会、开启全面建设社会主义现代化国家新征程教育。

3. 社会主义核心价值观教育，有关的科学、文化、法律和业务知识的学习教育。

4. 党的基本路线、方针政策决议教育，形势任务、国情教育，党的基本知识教育。

5. 构建社会主义和谐社会和社会主义荣辱观等重大战略思想教育。

6. 中国特色社会主义共同理想和共产主义远大理想教育，不忘初心、牢记使命主题教育。

7. 爱国主义、集体主义和社会主义思想教育。

8. 党的优良传统和作风、党的纪律和反腐倡廉教育。

9. 社会主义市场经济知识、法律知识、党员先进性和纯洁性教育。

10. 党课内容在注意系统性的同时，要力求做好党员和入党申请人的思想调查，针对党员和入党申请人一定时期的思想倾向和共性问题确定党课教育内容。党课应针对党员思想和工作实际，回应普遍关心的问题。

11. 党支部可以根据党员教育计划、党员队伍和入党申请人队伍的政治理论素质和有关参考资料，明确具体的授课内容，自行编写准确性、针对性、生动性强的讲课材料，有重点有步骤地搞好党课教育。

12. 党课应当根据不同时期的形势和任务，结合本单位的实际和党员、入党申请人的思想状况有针对性地进行。

13. 各地区各部门各单位党组织要按照上述要求，根据不同时期的形势和任务，结合不同领域、不同行业和不同岗位党员的实际情况，科学安排党课教育内容。

第四节　上好党课的基本经验

一、课前：充分准备

中共中央组织部编写的《中国共产党组织工作教程》和《中国共产党组织工作辞典》强调指出：“搞好党课教育要着重抓好选题、课后学习讨论两个环节。”中共中央组织部组织局编著的《党员管理手册》明确说明：“党组织应在上党课前抓好授课人教材的准备，授课过程中组织好听课和讨论，课后注意收集党员的反映和要求，不断改进和提高党课质量。”实践证明，充分做好上党课前的各项准备工作，对于提高上党课质量和效果至关重要。因此，在坚持按时上好党课制度过程中，基层党组织应按照党内有关规定和要求、工作问答的解释，借鉴基层党组织、长期从事党课教育同志的实践经验，从以下方面做好上党课前的各项准备工作：

1. 加强思想教育，奠定思想基础。就是要加强坚持按时上好党课制度教育，使党员切实懂得坚持按时上好党课制度是党内法规、规范性文件等明确规定和要求，清楚按时上好党课对于加强党员党性修养、教育和引导广大共产党员做合格党员、充分发挥党员先锋模范作用和基层党组织战斗堡垒作用具有十分重要的意义，从而使党员保持和增强参加上党课的自觉性、主动性、积极性。

2. 开展调查研究，选准党课主题。党支部和党课授课人都应该全面掌握上级党组织对加强党员教育管理、上好党课方面作出的新规定、提出的新要求、创新的新方式、总结的新经验，全面了解党员对党的路线方针政策和决策部署的学习理解、思想认识、贯彻落实情况，切实掌握党员队伍的整体素质、思想动态、上党课需求，综合以上情况确定党课主题，以增强党课教育的针对性和时效性。

3. 明确授课人员，提出授课要求。组织上党课的党组织确定了党课主题以后，就要根据上级要求、党课主题、授课目标、党员情况等，迅速确定、联系党课的授课人，对上党课的时间地点、听党课人员、重点内容、授课要求、上级有关规定等有关事项，尽可能提前通知党课授课人，必要时应同党课授课人一起研究确定党课的具体内容、讲课重点、授课形式和党课教育要实现的目标。

4. 进行授课准备，精心准备提纲。党课授课人应根据听课人员的实际情况、确定党课讲授的重点内容、党课的目标要求、上级有关规定和自身情况等，进一步了解听课人员对讲授内容的了解情况、关注程度、所需所求，收集与授课内容相关的理论、政策、规定、数据、图表、案例等翔实的材料，认真准备讲党课提纲，根据需要制作 PPT 等教学材料，并做好前往授课场所、保持身体健康等各项准备工作。

5. 根据实际情况，组织课前预习。组织上党课的党组织要根据党课主题和内容、党员或者入党申请人对党课内容的掌握情况、党课教学需要等实际情况，通过召开党小组会、安排参加上课人员自学相关内容等方式，组织学员学习掌握本次党课的有关文件、政策并进行讨论，提出需要通过党课教育解决的问题，并及时把学习、讨论情况通知党课授课人，以把党课教育的需求导向、问题导向、效果导向落到实处。

6. 合理安排工作，提前发出通知。党课讲课人要做好授课准备。上党课的具体时间地点确定以后，党支部就要根据参加上党课人员、近期工作计划、有关人员在位情况等，合理安排工作，提前把上党课时间、地点、主题、要求等通知各有关人员，让所有人员都充分做好上党课准备，防止因上党课与其他工作冲突无法参加，确保参加上党课人员都能参加、都能接受党课教育。

7. 准备教学器具，布置党课场所。这项课前准备工作不是每个基层党组织、每次上党课都要做的准备工作，是根据上党课的实际需求安排的。在实践中，应根据上党课的实际需要准备好电子设备、参考资料、书写物品等必需的党课教学器具。要根据聆听党课人数多少、规模大小、人员情况等实际情况，确定党课场所并精心布置等，切实增强上党课的仪式感。

二、课中：务求实效

1929 年，毛泽东同志起草的《古田会议决议》对教育的意义作出了如下的重要论述：“红军党内最迫切的问题，要算是教育的问题，为了红军的健全与扩大，为了斗争任务之能够负荷，都要从党内教育做起。不提高党内政治水平，不肃清党内各种偏向，便决然不能健全并扩大红军，更不能负担重大的斗争任务。因此，有计划地进行党内的教育，纠正过去之无计划的听其自然的状态，是党的重要任务之一。”根据专家学者的研究成果、编者组织和从事上党课的切身体会，要讲授好党课，就要根据新时代党课教育特点和规律，按照党内有关规定和要求、工作问答的解释等，着重从以下方面入手，精心讲授好党课：

1. 紧扣主题。《现代汉语词典（第 6 版）》（中国社会科学院语言研究所词典编辑室编，商务印书馆2012年版，下同——编者注）第1701页对“主题”作出了“文学、艺术作品中所表现的中心思想，是作品思想内容的核心”、“泛指谈话、文件、会议等的主要内容”等明确的解释。我们所说的党课主题，可以简单地理解为每次党课所要表现的中心思想，是每次党课的主要内容。讲授党课要紧扣党课的主题，切不可洋洋千言、离题万里。这是讲好党课的一条宝贵经验。从一定程度上说，讲授党课的所有语言（包括肢体语言——编者注）、文字、图像等，都要为了表现党课的主题、说明党课的中心思想，这样才能确保党课教育的效果。比如，党支部书记给党员讲一堂《努力做合格共产党员》的党课，就要在党课讲授中紧扣做合格共产党员这一主题，充分阐述做合格共产党员的意义、做合格共产党员的标准、做合格共产党员的途径等主要内容，这样才能让聆听党课的党员（或入党申请人）明白为什么要做合格共产党员、懂得做什么样的共产党员、知道怎么才能做合格共产党员。

2. 深入浅出。《现代汉语词典（第6版）》第1154页对“深入浅出”的解释是“指文章或言论的内容很深刻，措辞却浅显易懂”。对于讲授党课要深入浅出，我们可以一般地理解为每一次党课的主题、内容力求很深刻，讲授党课的语言（包括肢体语言——编者注）或者各种文字符号要力求做到浅显易懂。一句话，就是要想方设法做到让听党课的党员（或入党申请人）一听就懂、一目了然、一生不忘。毛泽东同志于1944年9月8日在张思德同志追悼会上所作的《为人民服务》的演讲，就是深入浅出的光辉典范。他通过通俗易懂、自然朴实的语言，从树立正确的生死观、正确对待批评、团结互助互爱等方面，深刻阐明了一个人怎样才能完全、彻底为人民服务这一非常深刻的主题，如：他运用“中国古时候有个文学家叫做司马迁的说过：‘人固有一死，或重于泰山，或轻于鸿毛。’为人民利益而死，就比泰山还重；替法西斯卖力，替剥削人民和压迫人民的人去死，就比鸿毛还轻”这样一听就懂的语言，阐明了一个人树立正确生死观的重要意义这一深刻的主题。

3. 真情感人。大家都知道，教育人、引导人、塑造人是上党课的一个永恒主题。要提高讲授党课效果，要拉近党课讲授人和听课人的距离，要让讲授的党课内容往听课的党员（或入党申请人）心里去，就要用真实的感情、实在的内容来打动学员。如，中央电视台于2018年3月9日首播的《信·中国》读信栏目，于2018年4月10日致敬革命伉俪陈觉（1903—1928，原名陈炳祥，湖南醴陵人，1925年加入中国共产党，曾任湖南省委特派员，中共醴陵县委组织部部长等职——编者注）、赵云霄（1906—1929，又名赵凤培，河北阜平人，1925年加入中国共产党——编者注）。陈觉、赵云霄革命烈士作为第一批先进的中国青年，于1925年冬进入莫斯科中山大学学习，在学习期间结为夫妻，1927年一道回国参加革命，1928年由于叛徒告密，分别被敌人逮捕，受尽了敌人的残酷折磨，但都坚贞不屈。1928年10月14日，陈觉烈士在长沙光荣牺牲，他在就义前给赵云霄烈士写了一封诀别信：云霄我的爱妻：这是我给你最后的信了，我即日便要处死了，你已有身孕，不可因我死而过于悲伤……1929年3月24日，赵云霄烈士给自己两个月大的襁褓中的女儿留下了一封痛断肝肠、寄予期望的遗信：……小宝宝！你的母亲不能抚养你了……你不必恨我，而恨当时的环境！3月26日，她给女儿喂了最后一次奶，镇定地走向刑场，在长沙从容赴死，年仅23岁。陈觉、赵云霄革命伉俪这两封催人泪下的书信，现在都陈列在中国人民革命军事博物馆里。可以想象，如果我们在给党员（或入党申请人）上以坚定理想信念为主题的党课，讲述陈觉、赵云霄等革命英烈的事迹，一定会产生非常好的效果。

4. 图文并茂。根据《现代汉语词典（第6版）》第1317页的解释，图文并茂是指图画和文字都很丰富精美，表示书刊中的文字流畅、插图丰富精美。我们讲党课也要根据党课的主题，力求展现给听课的党员（或入党申请人）的党课APP文字流畅、插图丰富精美，以便于聆听党课的同志加深理解、更好掌握。有的基层党组织直接运用主题深刻、图文并茂的录像、微电影等多媒体上党课，就产生了很好的党课教育效果，如杭州某机关党委策划以“加强党性修养 永葆政治本色”为主题的系列党课教育活动，其中就用中央纪委、中央组织部、中央宣传部联合摄制的电视专题片《失德之害——领导干部从政道德警示录》等进行党课教育，通过专题片精选的部分被查处的党员干部现身说法以及纪检监察机关办案人员和领导干部、专家学者等人的剖析点评，从政治品德、职业道德、家庭美德和个人品德等方面，析表解里，讲理陈实，深刻警醒和教育党员干部充分认识修德的重要性和失德的危害性，教育效果比较好。

5. 引人入胜。《现代汉语词典（第6版）》第1555页对“引人入胜”的解释是：“引人进入佳境（指风景或作品等——编者注）。”讲授党课也要追求引人入胜的佳境，就是党课的讲授者要想方设法让听党课的党员（或入党申请人）随着讲授党课内容的深入，逐渐进入感受真理魅力、接受知识熏陶、提高理论水平、明白其中道理的状态，使讲授党课的内容不断地打动听课人、不断进入听课人心灵深处，这样就能让听党课的同志在享受党课的同时接受真理、学到知识、明白道理，上党课效果就会更好。如，毛泽东同志在张思德同志追悼会上所作的《为人民服务》的演讲中说：“今后我们的队伍里，不管死了谁，不管是炊事员，是战士，只要他是做过一些有益的工作的，我们都要给他送葬，开追悼会。这要成为一个制度。这个方法也要介绍到老百姓那里去。村上的人死了，开个追悼会。用这样的方法，寄托我们的哀思，使整个人民团结起来。”这段简短的语言，感动了无数的人。

6. 严格管理。为了规范、优化党课教学秩序，确保党课教学正常进行、富有成效，就要加强党课教学管理工作。党支部要建立党员参加党课教育登记、签到管理制度，严格请假制度，对于无故不参加党课教育的党员要进行批评教育，经常无故不参加党课教育的要对其进行限期改正、按照党章规定作自行脱党处理等组织处理措施。上级党组织要对党支部落实上党课制度、党员参加党课教育及其遵守课堂纪律情况进行指导、督促、检查，及时纠正存在的问题，对于不遵守党课课堂纪律的人和事要进行严肃处理。党委组织部门或者基层党委（党总支部）要建立健全党课跟班管理制度，经常派人参加党支部上党课，一方面接受党课教育，另一方面对党课教学、党课课堂纪律、党课教育效果等进行检查。要建立党课教学质量评估制度，组织听党课的党员、党建专家、党校教师等对党课主题、教学态度、教学内容、教学方法、教学效果等进行现场评估，并将评估结果作为指导基层党组织和党课讲授人改进教学的重要依据。

三、课后：达成共识

从编者组织开展和直接从事党课教育的实践体会看，要提高党课教学效果，达到上党课的目标，除了在党课前做好充分准备、在党课中确保务求实效之外，还应在党课后力求达成共识，这就需要在党课后及时组织听党课的党员（或入党申请人）围绕党课主题进行讨论，使听党课的同志达成思想共识。而要提高课后讨论的质量，应根据党内有关规定和要求、工作问答的解释、基层党组织经验做法，配套采取以下对策措施：

1. 提高认识。认识上不去，行动跟不上。基层党组织上一堂党课，虽然时长从几分钟到几个小时不等，但有一个共同的特点就是主题鲜明、内容深刻，有的信息量还很大，更由于听党课同志的理论素养、文化程度、认识水平、理解能力等都不尽相同，听同样的党课，对党课内容的认识和理解、受党课教育的程度和效果都有可能出现不尽相同的情况，甚至出现认识不一致、有的同志认识出现偏差的情况，这些都很正常，这就决定了在党课后组织听党课同志进行讨论的重要性。因此，《中国共产党组织工作教程》（中共中央组织部编，党建读物出版社 2015 年版，第 162 页——编者注）强调指出：“搞好党课教育要着重抓好选题、课后学习讨论两个环节。”《党员管理手册》（中共中央组织部组织局编著，党建读物出版社 1998 年版，第 46 页——编者注）明确说明：“党组织应在上党课前抓好授课人教材的准备，授课过程中组织好听课和讨论，课后注意收集党员的反映和要求，不断改进和提高党课质量。”

2. 精选问题。确定好党课课后学习讨论问题，对于提高课后学习讨论效果，乃至提高整个党课教学效果都至关重要。在党课课后学习讨论环节，应紧紧围绕党课主题，坚持问题导向、需求导向、效果导向，从有利于加深对党课内容的学习掌握、有利于解疑释惑、有利于提高党课教学效果、有利于形成共识、有利于锤炼党性等角度出发，确定课后学习讨论的具体问题。如：给入党申请人上《以实际行动做一名合格共产党员》的党课，就可以确定“什么是入党动机？正确的入党动机是什么？如何端正入党动机？”作为讨论题，使听党课的入党申请人进一步端正入党动机。

3. 严密组织。组织党课课后学习讨论，一般以党小组为单位，不设党小组的也可以党支部为单位组织党员学习讨论。具体负责组织学习讨论的同志，要认真负起责任，注意引导参加学习讨论的同志，紧紧围绕预先布置的学习讨论的问题，紧密联系个人思想、工作、学习、生活和党性修养等实际情况畅所欲言，谈谈自己对参加党课学习、讨论问题的收获、体会和还没有完全理解、弄懂的方面，坚决防止和杜绝学习讨论表面化、形式化、娱乐化、庸俗化，坚决防止和杜绝在学习讨论中侃大山、乱议论、发牢骚，甚至出现错误言论等。要预先确定能够胜任的同志担任学习讨论情况记录人，同时要求记录人认真负责地记录学习讨论情况，对不同意见更要详细记录清楚，保证记录内容的真实性。对学习讨论记录，要经主持人、记录人双方签名后，及时交预先确定的党组织，并反馈党课讲授人。有关基层党组织要视情组织相互交流，注意收集、汇总学习讨论的情况，了解党课教学的实际效果，全面搜集、及时反馈学习讨论情况和意见，对于还没有完全搞清楚的问题，要针对不同的情况，采取相应的措施进行释疑解惑，并针对收集、反馈的问题和意见，对党课内容、形式、教学等方面进行不断改进，以巩固、提高和深化党课教育的实际效果。条件允许的，还可组织不同党支部的党员（或入党申请人）一起参加听党课、一起进行党课后的专题讨论，以更好地交流思想、相互启发、统一认识、共同提高。

4. 加强考评。基层党组织要根据各自的实际情况，建立和完善党课教育考核、评估、激励等长效机制，把党员和入党申请人接受党课教育的态度和行为情况、在党课教学中的表现情况、对党课内容掌握情况、党性锻炼和作风养成情况、增强分析问题解决问题能力情况、接受党课教育成效情况等，进行有针对性的分析评估，并通过行之有效的方式方法对党课教学内容进行考核。要善于把评估、考核的结果运用到民主评议党员、组织生活会、创先争优和入党积极分子（发展对象）的培养教育考察中，作为对党员考核评价评议的内容，作为衡量入党申请人能否入党的一个要素。基层党组织应联系实际，建立健全和不断完善党员和入党申请人参加党课教育档案，如实记载党员和入党申请人参加党课教育情况和评估考核结果。要建立健全和不断完善党课教育质量评估制度，加强对党课教育计划、内容、课程的综合评估，对党课教育师资队伍、组织管理、学风建设、基础设施、经费管理等进行督促检查，并用好督促检查和综合评估结果，以不断改进党课教学工作、提高党课教学质量，严格按照有关规定和要求开展党课教育活动。

第六章

坚持“三会一课”制度常用文本

党的基层组织在坚持“三会一课”制度中，需要经常使用一些文本。本章根据党章等党内有关规定和要求、中共中央组织部的工作问答和各地各类基层党组织的经验做法，分《选举常用文本样例》《发展党员常用文本样例》《党员教育管理常用文本样例》三节，对基层党组织坚持“三会一课”制度常用的文本要求进行简要说明并提供可以参考使用的文本样例，以供基层党组织坚持“三会一课”制度、对基层党务工作者和党员进行培训时参考。

第一节　选举常用文本样例

一、进行选举常用的请示文本

（一）党支部召开党员大会进行换届选举的请示文本

根据党章、《中国共产党基层组织选举工作条例》（中共中央印发，自2020年7月13日起施行，下同）等有关规定和要求，党支部召开党员大会进行换届选举，按规定程序召开支部委员会，集体研究决定召开党员大会进行选举及有关事项后，要尽快向上级党组织呈报关于召开党员大会进行选举的请示。其文本样例如下：

关于召开党员大会进行换届选举的请示

中共×委员会（指召开党员大会的党支部的上级党组织，下同）：

中共×××支部委员会（指召开党员大会进行换届选举的党支部委员会，不设支部委员会的为党支部，下同）于2021年10月任期届满。按照党章和《中国共产党基层组织选举工作条例》等规定，经中共×××支部委员会全体会议研究决定，拟定于2021年10月下旬在××（指召开党员大会地点）召开党员大会进行换届选举。现将有关事项请示如下：

一、指导思想

这次党员大会的指导思想是：……实事求是地总结党支部上一次换届选举党员大会以来的工作，提出今后党支部建设目标，切实加强党支部建设，进一步动员和凝聚党支部全体党员的智慧和力量，团结带领党员干部职工，服务中心、建设队伍，振奋精神、同心同德，开拓创新、扎实工作，充分发挥党支部的战斗堡垒作用和共产党员先锋模范作用，为努力完成本单位担负的各项任务而努力奋斗。

二、主要议程

1. 听取和审查上一届支部委员会的报告；

2. 选举新一届支部委员会（党支部书记、副书记由党员大会选举产生，此处为选举新一届支部委员会委员、书记、副书记）。

三、党支部委员会组成人员及候选人预备人选名额

新一届支部委员会设委员 5 名，提出委员候选人预备人选 6 名，委员候选人差额比例不少于 20%（或 1 名）；设书记 1 名，确定书记候选人预备人选 1 名；设副书记 1 名，确定副书记候选人预备人选 1 名（党支部副书记根据需要设置，委员会委员少于 5 人或支部工作不需要的，不设副书记）。

四、选举办法

新一届支部委员会由党员大会实行差额选举办法选举产生，党支部书记、副书记由新选举产生的支部委员会（不设支部委员会或者上级党组织规定由党员大会选举产生党支部书记、副书记的，由党员大会）实行等额选举办法选举产生。以上选举均采用无记名投票方式。

当否？请批示。

中共 ××× 支部委员会

2021 年 8 月 20 日

说明：①经上级党组织批准，本请示可以和选举候选人预备人选的请示合并在一起，具体参阅第三个文本样例。②召开党小组会选举党小组长的请示，参照本文本样例，根据党小组实际情况进行修改即可。③本请示一般于党支部委员会或党小组长任期届满前 1—2 个月向具有审批权限的上级党组织呈报。

（二）关于选举候选人预备人选的请示文本

接到上级党组织批准召开党员大会进行换届选举的批复后，党支部要立即按照党章、《中国共产党基层组织选举工作条例》等有关规定和要求，组织酝酿、推荐、确定选举候选人预备人选，并按照上级党组织的规定和要求，向上级党组织呈报关于党支部委员会委员、书记、副书记候选人预备人选的请示。其文本样例如下：

关于中共 ××× 支部委员会
委员、书记、副书记候选人预备人选的请示

中共 × 委员会（指召开党员大会的党支部的上级党组织，下同）：

根据你委（或者中共 × 委员会）2021 年 × 月 × 日批准的中共 ××× 支部委员会（指进行选举的党支部委员会，不设支部委员会的党支部为中共 ××× 支部，下同）新一届支部委员会委员、书记、副书记的名额及选举办法，按照党章、《中国共产党基层组织选举工作条例》等有关规定，我们采取党组织推荐、群团组织推荐、党员推荐、群众推荐、党员自荐等方式，组织所属党小组和党员、群众酝酿、推荐新一届支部委员会委员候选人提名人选，于 2021 年 × 月 × 日召开支部委员会全体会议，按照委员候选人差额不少于应选人数 20% 等规定，根据有关规定和多数党小组、党员、群众的意见提出了新一届支部委员会委员候选人初步人选名单，同时提出新一届支部委员会书记、副书记候选人初步人选名单，然后将所有候选人初步人选名单印发各党小组和党员、群众，广泛征求党小组、党员和群众意见，按有关的规定和要求进行考察，并对拟确定为委员、书记、副书记候选人预备人选进行 × 天公示，进一步征求各方面的意见，接受各方面的监督。在此基础上，于2021年×月×日召开支部委员会全体会议，集体讨论确定×××等×名同志为新一届支部委员会委员候选人预备人选（差额×名，差额比例为××%），×××同志为书记候选人预备人选，×××同志为副书记候选人预备人选。在这×名委员候选人预备人选中，新提名人选×名（占××%）。

当否？请批示。

附件：1. 委员候选人预备人选名册（此处略）

2. 书记、副书记候选人预备人选名册（此处略）

3. 干部任免审批表和考察材料（按要求填报，此处略）

中共×××支部委员会

2021年8月20日

说明：①经上级党组织批准，本请示可以和召开党员大会进行选举的请示合并在一起呈报，具体参阅第3个文本样例。②召开党小组会选举党小组长的请示，参照本文本样例，根据党小组的实际情况进行修改即可。③本请示一般应于选举候选人预备人选推荐产生后，及时向具有审批权限的上级党组织呈报。

（三）党员大会进行选举及选举候选人预备人选的请示文本

根据党章、《中国共产党基层组织选举工作条例》等有关规定和要求，党支部召开党员大会进行换届选举，按规定程序召开支部委员会，集体研究决定召开党员大会进行选举及有关事项后，可由党支部负责人直接向上级党组织报告支部委员会讨论决定的事项，经上级党组织批准，可以把召开党员大会进行换届选举和选举候选人预备人选的请示结合起来，向上级党组织呈报关于召开党员大会进行选举及选举候选人预备人选的请示。其文本样例如下：

关于召开党员大会进行
换届选举及选举候选人预备人选的请示

中共 × 委员会（指召开党员大会的党支部的上级党组织，下同）：

中共 ××× 支部委员会（指召开党员大会的支部委员会，下同）于 2021 年 10 月任期届满。按照党章和《中国共产党基层组织选举工作条例》等规定，经中共 ××× 支部委员会全体会议研究决定，拟定于 2021 年 10 月下旬在 ××（指召开大会的地点）召开党员大会进行换届选举。现将有关事项请示如下：

一、指导思想

这次党员大会的指导思想是：……实事求是地总结党支部上一次换届选举党员大会以来的工作，提出今后党支部建设目标，切实加强党支部建设，进一步动员和凝聚党支部全体党员的智慧和力量，团结带领党员干部职工，服务中心、建设队伍，振奋精神、同心同德，开拓创新、扎实工作，充分发挥党支部的战斗堡垒作用和共产党员先锋模范作用，为努力完成本单位担负的各项任务而努力奋斗。

二、主要议程

1. 听取和审查上一届支部委员会的工作报告；

2. 听取和审查党费收缴使用管理情况的报告；

3. 选举新一届支部委员会委员、书记、副书记（党支部书记、副书记由委员会选举产生的，此处把书记、副书记省去）。

三、支部委员会组成人员名额

新一届支部委员会设委员 5 名，提出委员候选人预备人选 6 名，委员候选人差额比例为 20%（或 1 名）；设书记 1 名，确定书记候选人预备人选 1 名；设副书记 1 名，确定副书记候选人预备人选 1 名（党支部副书记根据需要设置，委员会委员少、党支部工作不需要的，也可以不设党支部副书记。不设副书记的，应把有关副书记的内容删除）。

四、选举候选人预备人选

根据你委（或者中共 × 委员会）的有关规定或你委 2021 年 × 月 × 日批准的中共 ××× 支部委员会（指进行选举的党支部委员会，不设支部委员会的党支部为中共 ××× 支部，下同）新一届支部委员会委员、书记、副书记的名额及选举办法，按照党章、《中国共产党基层组织选举工作条例》等有关规定，我们采取党组织推荐、群团组织推荐、党员推荐、群众推荐、党员自荐等方式，组织所属党小组和党员、群众酝酿、推荐新一届支部委员会委员候选人提名人选，于 2021 年 × 月 × 日召开支部委员会全体会议，按照委员候选人差额不少于应选人数 20% 等规定，根据有关规定和多数党小组、党员、群众的意见提出了新一届支部委员会委员候选人初步人选名单，同时提出新一届支部委员会书记、副书记候选人初步人选名单，然后将所有候选人初步人选名单印发各党小组和党员、群众，广泛征求党小组、党员和群众的意见，按照有关规定和要求进行考察，并对拟确定为委员、书记、副书记候选人预备人选进行 × 天公示，进一步征求各方面的意见，接受各方面的监督。在此基础上，于 2021 年 × 月 × 日，召开支部委员会全体会议，集体讨论确定 ××× 等 × 名同志为新一届支部委员会委员候选人预备人选（差额 × 名，差额比例为 ××%），××× 同志为书记候选人预备人选，××× 同志为副书记候选人预备人选。在这 × 名委员候选人预备人选中，新提名人选 × 名（占 ××%）。

五、选举办法

新一届支部委员会由党员大会实行差额选举办法选举产生，党支部书记、副书记由新选举产生的支部委员会（不设支部委员会或者上级党组织规定由党员大会选举产生党支部书记、副书记的，由党员大会）实行等额选举办法选举产生。以上选举均采用无记名投票方式。

当否？请批示。

附件：1. 委员候选人预备人选名册（此处略）

2. 书记、副书记候选人预备人选名册（此处略）

3. 干部任免审批表和考察材料（按要求填报，此处略）

中共 ××× 支部委员会

2021 年 8 月 20 日

说明：①采取召开党员大会进行选举的请示、选举候选人预备人选的请示合并呈报的办法，要经上级党组织批准。②召开党小组会选举党小组长的请示，参照本文本样例，根据党小组的实际情况进行修改即可。③本请示一般应于选举候选人预备人选产生后，及时向具有审批权限的上级党组织呈报。

（四）关于延期进行换届选举的请示文本

党支部委员会（不设委员会的党支部书记、副书记，下同——编者注）任期届满前，召开支部委员会全体会议（不设委员会的党支部，召开支部党员大会，下同——编者注）分析召开党员大会进行换届选举的条件是否具备，如不具备换届选举条件，要提前（一般提前 1—2 个月，即在任期届满前 1—2 个月——编者注）向具有审批权限的上级党组织呈报关于延期召开党员大会进行换届选举的请示。文本样例如下：

中共 ××× 委员会关于

延期召开党员大会进行换届选举的请示

中共 × 委员会（指请示延期换届的党支部的上级党组织，下同）：

中共 ××× 委员会（指请示延期进行换届选举的党支部，下同）于2018年8月1日由党员大会选举产生，于2021年8月1日任期届满。根据党章、《中国共产党基层组织选举工作条例》等有关规定，应于2021年8月召开党员大会进行换届选举。由于目前我局正在进行管理体制和机构改革，计划到2021年10月底完成，届时将产生较大的人事变动及分工调整。为了维护党员大会选举结果的严肃性，根据目前我局的实际情况和党支部工作的实际需要，中共 ××× 委员会于2021年5月21日召开支部委员会全体会议，讨论决定于2021年12月中旬前召开党员大会，完成支部委员会换届选举工作。

妥否，请批示。

中共 ××× 委员会

2021年5月22日

说明：①根据《中国共产党基层组织选举工作条例》第三条规定，党支部委员会任期届满应按期进行换届选举。如需延期或提前进行换届选举，应报上级党组织批准。延长期限一般不超过一年。同时规定，提前期限一般不超过1年。②延期召开党小组会选举党小组长的请示，参照本文本样例，根据党小组的实际情况进行修改即可。③本请示一般于党支部委员会或党小组长任期届满前1—2个月向上级党组织呈报。

（五）补选党支部委员、书记、副书记的请示文本

党支部委员或者书记或者副书记出现缺额，应及时按照党章、《中国共产党基层组织选举工作条例》等规定和要求进行补选（党支部书记、副书记在任期内出现缺额，也可以由上级党组织直接指派或者调动——编者注），这就需要向具有审批权限的上级党组织呈报《中共 ××× 支部委员会关于召开党员

大会补选 ×× 的请示》（先书面请示补选党支部委员或者书记或者副书记，待上级党组织批准后再按照规定程序和要求酝酿推荐补选委员或者书记或者副书记的选举候选人预备人选，然后再把补选委员或者书记或者副书记候选人预备人选报请上级党组织批准——编者注）或《中共 ××× 支部委员会关于召开党员大会补选 ×× 及补选候选人预备人选的请示》（补选党支部委员或者书记或者副书记的党支部，先把补选委员或者书记或者副书记的计划报告上级党组织，上级党组织原则同意后，立即酝酿推荐提出补选委员或者书记或者副书记候选人预备人选，再一次性向上级党组织提出请示，实践中采用这种方式比较常见，建议采取这种方式——编者注）。文本样例如下：

中共 ××× 支部委员会
关于召开党员大会补选委员的请示

中共 × 委员会（指补选委员的党支部的上级党组织，下同）：

本届中共 ××× 支部委员会（指补选委员的党支部，下同）由 5 名委员组成，于 2020 年 7 月 1 日由党员大会选举产生，应于 2023 年 7 月 1 日任期届满。

我委组织委员 ××× 同志于 2021 年 5 月 15 日调离我局并转走了党的正式组织关系，现出缺 1 名委员。

根据党章、《中国共产党基层组织选举工作条例》等有关规定和党支部工作需要，拟于 2021 年 6 月中旬召开党员大会，采用差额选举办法（差额 1 名）、无记名投票方式补选 1 名委员。

妥否，请批示。

中共 ××× 委员会

2021 年 5 月 25 日

中共 ××× 支部委员会关于召开党员大会补选委员及选举候选人预备人选的请示

中共 × 委员会（指补选委员的党支部的上级党组织，下同）：

本届中共 ××× 支部委员会（指补选委员的党支部，下同）由5名委员组成，由党员大会于2020年7月1日选举产生，应于2023年7月1日任期届满。

我委组织委员 ××× 同志于2021年5月15日调离我局并转走了党的正式组织关系，现出缺1名委员。

根据党章、《中国共产党基层组织选举工作条例》等有关规定和党支部工作需要，报经中共 × 委员会原则同意，拟于2021年6月中旬召开党员大会，采用差额选举办法、无记名投票方式补选1名委员。

按照党章等党内法规、规范性文件规定的程序和要求，组织所属党小组和党员酝酿、推荐，确定 ×××、××× 等2名同志为补选委员候选人预备人选，并广泛征求了党员和群众的意见。

妥否，请批示。

附件：补选委员候选人预备人选基本情况（略）

中共 ××× 委员会

2021年5月25日

说明：①根据《中国共产党基层组织选举工作条例》第十八条规定，支部委员会委员在任期内出缺，应召开党员大会补选。②根据党章、《中国共产党支部工作条例（试行）》等的规定，党支部书记、副书记在任期内出现缺额，可以由上级党组织调动或者指派，也可以召开支部委员会（党员大会）补选。③召开补选党支部书记或者副书记以及召开党小组会补选党小组长的请示，参照本文本样例，根据党支部或者党小组的实际情况进行修改即可。

（六）指派党支部书记、副书记的请示文本

根据党章等规定和解答精神，党支部书记、副书记在任期内出现缺额，可以根据党章、《中国共产党基层组织选举工作条例》等有关规定和要求，召开支部委员会全体会议（党员大会）进行补选（向上级党组织呈报的请示请参阅前一个问题的文本样例——编者注），也可请示上级党组织指派。报请上级党组织指派党支部书记、副书记的文本样例如下：

中共 ××× 支部委员会

关于 ××× 等同志职务任免的请示

中共 × 委员会（指呈请指派书记、副书记的党支部上级党组织，下同）：

本届中共 ××× 支部委员会（指呈请指派党支部书记、副书记的党支部委员会，不设委员会的党支部为“中共 ××× 支部”，下同）于 2020 年 7 月 1 日由党员大会选举产生，于 2023 年 7 月 1 日任期届满。中共 ××× 支部委员会书记翁爱国同志于 2021 年 4 月 15 日调离我局并转走了党的正式组织关系。根据党章、《中国共产党基层组织选举工作条例》等有关规定和党支部工作的需要，拟由于忠诚同志任中共 ××× 支部委员会委员（于忠诚同志不是支部委员会委员的，或是不设支部委员会的党支部除外）、书记。

拟免去翁爱国同志的中共 ××× 支部委员会书记、委员职务。

于忠诚同志的基本情况是：

（现任党内外职务、性别、出生年月、文化程度、入党时间等）

妥否，请批示。

中共 ××× 委员会

2021 年 4 月 20 日

说明：呈请党支部指派党小组长的请示，参照本文本样例，根据党小组的实际情况进行修改即可。

（七）选举结果的报告（请示）文本

党支部（党小组）召开党员大会（党小组会）进行选举（包括换届选举、补选党支部班子成员，推荐、选举出席上级党组织召开的党代表大会或者党代表会议代表，以及党小组召开党小组会选举党小组长，下同——编者注），选举结果产生后，要及时按照规定和要求向上级党组织呈报选举结果的报告（请示）（当选人均为上级党组织审查批准的选举候选人预备人选的，呈报选举结果的报告；如当选人中有非上级党组织审查批准的选举候选人预备人选的，应呈报选举结果的请示，下同——编者注）。其文本样例如下：

中共 ××× 委员会关于换届选举结果的报告（请示）

中共 × 委员会（指进行选举的党支部的上级党组织，下同）：

按照党章、《中国共产党基层组织选举工作条例》等有关规定，根据中共 × 委员会《关于同意中共 ××× 委员会（指进行选举的党支部委员会，下同）换届选举及选举候选人预备人选的批复》（× 批〔2021〕10 号），我委于 2021 年 7 月 1 日召开党员大会和新一届支部委员会第一次全体会议，完成了换届选举工作。现将选举情况与结果报告（请示）如下：

一、党员大会到会人数情况

我委有选举权的党员共 40 人、应到会 32 人，选举时有选举权的党员实到会 32 人，有选举权的党员实到会人数不少于应到会人数的五分之四。本次党员大会选举表决通过的《选举办法》规定：“有选举权的党员实到会人数不少于应到会人数的五分之四，选举有效。”

二、支部委员会委员选举结果

本次选举采取无记名投票方式进行，支部委员会委员实行差额选举，应选支部委员5名，支部委员候选人6名，委员候选人差额数为应选委员的20%。各位候选人得赞成票情况是：于忠31票，云忠32票，方忠16票，甘忠17票，龙忠18票，陈忠19票。根据得票情况和本次《选举办法》规定，于忠、云忠、甘忠、龙忠、陈忠等5位同志当选为新一届支部委员会委员。

三、支部委员会书记、副书记选举结果

新一届支部委员会选举产生后，召开了支部委员会第一次全体会议，应到委员5名，实到委员5名。经等额选举、无记名投票，陈忠同志得赞成票5票，当选支部委员会书记；龙忠同志得赞成票5票，当选支部委员会副书记。

特此报告（妥否？请批示）。

中共×××委员会

2021年7月3日

说明：本文本样例是党支部换届选举的报告（请示），向上级党组织呈报召开党员大会补选党支部班子成员、推荐（选举）出席上级党组织召开的党代表大会或者党代表会议代表的报告（请示），以及党小组向党支部呈报召开党小组会选举党小组长的报告（请示），参照本文本样例，根据党支部、党小组的实际情况进行修改即可。

二、进行选举常用的批复文本

（一）关于同意召开党员大会进行选举的批复文本

上级党组织收到党支部（党小组）关于召开党员大会（党小组会）进行选举（包括选举党支部委员会委员、书记、副书记和党小组长、推选上级党组织选举候选人，下同）的请示后，应对党支部（党小组）的请示进行审查批复，经委员会集体讨论同意后，向呈报请示的党支部（党小组）发出批复文件。文本样例如下：

关于同意召开党员大会进行换届选举的批复

中共 ××× 委员会（指召开党员大会的党支部委员会，下同）：

你们 × 年 × 月 × 日《关于召开 ××× 会进行选举的请示》收悉。经研究：

一、同意你们 2018 年 7 月召开党员大会进行换届选举和大会议程。

二、同意你们提出的新一届支部委员会委员、书记、副书记名额和候选人名额，以及党支部委员、书记、副书记的差额比例（报请上级党组织批准，党支部书记、副书记可以等额选举）。

三、原则同意你们提出的选举办法。

中共 × 委员会（指党支部的上级党组织，下同）

2018 年 6 月 3 日

关于中共 ××× 委员会选举候选人预备人选的批复

中共 ××× 委员会：

你委2018年5月20日呈报的《关于中共 ××× 委员会选举候选人预备人选的请示》收悉。经研究决定：

一、原则同意你委提出的新一届中共 ××× 委员会委员和书记、副书记候选人预备人选名单：×××、×××、×××、×××、×××、××× 等 × 名同志为委员候选人预备人选；××× 名同志为书记候选人预备人选，××× 同志为副书记候选人预备人选。

二、同意中共 ××× 委员会委员实行差额选举及差额比例，书记、副书记实行等额选举。

三、请按党章和有关规定进行选举。选出的委员报我委备案。选出的书记、副书记报我委审批。

中共 × 委员会

2××× 年 ×× 月 ×× 日

关于同意召开党员大会进行换届选举及选举候选人预备人选的批复

中共 ××× 委员会：

你们 × 月 × 日《关于召开党员大会进行换届选举及选举候选人预备人选的请示》收悉。经研究：

一、同意你们2018年7月召开党员大会进行换届选举和大会议程。

二、同意你们提出的新一届支部委员会由5名同志组成，×××、

×××、×××、×××、×××、××× 等6名同志为委员候选人预备人选。

三、同意你们提出的 ××× 同志为党支部书记候选人预备人选，××× 同志为党支部副书记候选人预备人选。

四、原则同意你们提出的选举办法。

五、选出的委员报我委备案，选出的书记、副书记报我委批准。

中共 × 委员会

2018年5月30日

说明：对召开党小组会选举党小组长的批复，参照本文本样例，根据党小组的实际情况进行修改即可。

（二）关于同意召开党员大会补选班子成员的批复文本

上级党组织收到党支部（党小组）关于召开党员大会（党小组会）补选班子成员（党小组长）的请示后，应对党支部（党小组）的请示进行审查批复，经委员会集体讨论同意后，向呈报请示的党支部（党小组）发出批复文件。文本样例如下：

关于同意召开党员大会补选委员的批复

中共 ××× 委员会（指召开党员大会的党支部委员会，下同）：

你们 × 月 × 日《关于召开党员大会补选 ×× 委员的请示》收悉。经研究：

一、同意你们2018年7月召开党员大会补选委员和大会议程。

二、同意你们提出的补选委员及其候选人名额、补选委员差额人数。

三、原则同意你们提出的选举办法。

中共 × 委员会（党支部的上级党组织）

2018 年 6 月 3 日

关于同意召开党员大会
补选副书记及副书记候选人预备人选的批复

中共 ××× 支部委员会（指补选副书记的党支部委员会，下同）：

你们 × 月 × 日《关于召开党员大会补选副书记及副书记候选人预备人选的请示》收悉。经研究：

一、同意你们 2018 年 7 月召开党员大会补选副书记和大会议程。

二、同意你们提出的 ××× 同志为补选副书记候选人预备人选。

三、原则同意你们提出的选举办法。

中共 × 委员会

2018 年 5 月 30 日

说明：对党支部补选其他班子成员、党小组会补选党小组长的批复，参照本文本样例，根据实际情况进行修改即可。

（三）关于对延期进行换届选举请示进行批复的文本

上级党组织收到下级党支部（党小组）呈报的关于延期召开党员大会（党小组会）进行换届选举的请示后，要及时召开委员会全体会议，集体讨论党支部（党小组）提出的延期换届选举的请示。如果不具备延期换届选举的条件，要作出按期换届选举的批复；如具备延期换届选举条件，即作出批准延期换届选举的批复。无论是同意还是不同意党支部（党小组）延期进行换届选举，都要及时向党支部（党小组）发出批复。文本样例如下：

关于不同意中共 ××× 支部委员会延期召开党员大会进行换届选举的批复

中共 ××× 委员会（指延期进行换届选举的党支部，下同）：

你们 2018 年 5 月 15 日呈报的《中共 ××× 委员会关于延期召开党员大会进行换届选举的请示》收悉。经研究：

一、不同意你们于 2018 年 11 月中旬召开党员大会进行换届选举。

二、请你们于 2018 年 7 月上旬召开党员大会进行换届选举。

三、请你们于 2018 年 6 月 20 日前，向我委呈报《中共 ××× 委员会关于召开党员大会进行换届选举及换届候选人预备人选的请示》。

中共 × 委员会（指党支部的上级党组织，下同）

2018 年 5 月 20 日

关于同意中共 ××× 支部委员会延期召开党员大会进行换届选举的批复

中共 ××× 委员会：

你们 2018 年 5 月 15 日呈报的《中共 ××× 委员会关于延期召开党员大会进行换届选举的请示》收悉。经研究：

一、原则同意你们于 2018 年 11 月中旬召开党员大会进行换届选举。

二、请你们充分做好召开党员大会进行换届选举的各项筹备工作，确保换届选举顺利完成，选好新一届党支部领导班子。

三、请你们于2018年10月20日前，向我委呈报《中共×××委员会关于召开党员大会进行换届选举及换届候选人预备人选的请示》。

中共×委员会

2018年5月20日

说明： 提前进行换届选举、提前及延期召开党小组会选举党小组长的批复，参照本文本样例，根据党小组的实际情况进行修改即可。

（四）调动或指派党支部书记、副书记的批复文本

根据党内有关规定，党支部书记、副书记在任期内出现缺额，可以根据党章、《中国共产党基层组织选举工作条例》和《中国共产党支部工作条例（试行）》的规定，由上级党组织调动或指派。调动或指派党支部书记、副书记的文本样例如下：

关于×××等同志职务任免的批复

中共×××委员会（指被调动或指派书记、副书记的党支部，下同）：

你们2017年4月20日呈报的《中共×××委员会关于×××等同志职务任免的请示》收悉。经研究决定：

于忠诚同志任中共×××支部委员会委员、书记。

免去翁爱国同志的中共×××支部委员会书记、委员职务。

中共×委员会（指党支部的上级党组织，下同）

2017年5月1日

关于 ××× 等同志职务任免的通知

中共 ××× 委员会（指被调动或指派书记、副书记的党支部，下同）：

根据党章等规定和加强我局党支部建设的需要，中共 × 委员会（指被指派书记、副书记的党支部的上级党组织，下同）决定：

于忠诚同志任中共 ××× 支部委员会委员、书记。

免去翁爱国同志的中共 ××× 支部委员会书记、委员职务。

中共 × 委员会

2017 年 5 月 1 日

说明：调动或指派党小组长的批复、通知，参照本文本样例，根据党小组的实际情况进行修改即可。

（五）选举结果的批复文本

上级党组织收到党支部（党小组）召开党员大会（党小组会）进行选举（包括换届选举、补选党支部班子成员，推荐、选举出席上级党组织召开的党代表大会或者党代表会议代表，以及党小组召开党小组会选举党小组长，下同——编者注）的选举结果请示（当选人均为上级党组织审查批准的选举候选人预备人选的，进行选举的党支部或者党小组呈报选举结果的报告，上级党组织一般向呈报选举结果报告的党支部或者党小组发出任职的通知，具体见进行选举常用的通知类文本的相关内容；如当选人中有非上级党组织审查批准的选举候选人预备人选的，上级党组织收到党支部或者党小组呈报选举结果的请示后，应集体研究并向呈报请示的党支部或者党小组发出批复，本处文本样例即是——编者注）后，要及时按照规定和要求召开委员会全体会议，集体研究决定并向呈报选举结果请示的党支部（党小组）作出批复。其文本样例如下：

中共 × 委员会关于党员大会换届选举结果的批复

中共 ××× 委员会（指进行选举的党支部委员会，下同）：

你委 2021 年 7 月 1 日呈报的《中共 ××× 委员会关于党员大会换届选举结果的请示》悉。

根据党章、《中国共产党基层组织选举工作条例》等有关规定和你委召开的党员大会选举结果，经中共 × 委员会（指进行选举的党支部委员会的上级党组织，本文本样例同）研究决定，批准你委召开的党员大会换届选举结果。

×××、×××、×××、×××、××× 等 5 位同志任中共 ××× 委员会委员。

××× 同志任中共 ××× 委员会书记。

××× 同志任中共 ××× 委员会副书记。

中共 × 委员会

2021 年 7 月 3 日

说明：本文本样例是上级党组织收到党支部呈报的换届选举的请示后，集体研究决定并向呈报请示的党支部作出的批复。呈报召开党员大会补选党支部班子成员、推荐（选举）出席上级党组织召开的党代表大会或者党代表会议代表的选举结果的请示，以及党小组向党支部呈报召开党小组会选举党小组长选举结果的请示后，上级党组织应参照本文本样例，根据党支部、党小组的实际情况进行修改，向呈报请示的党支部或者党小组作出批复即可。

三、进行选举常用的通知文本

（一）关于酝酿推荐选举候选人预备人选的通知文本

党支部班子成员选举（包括换届选举、补选党支部班子成员，以及推荐或选举上级党组织召开的党代表大会或者党代表会议的代表，下同——编者注）名额、候选人预备人选名额及差额比例、选举办法等经上级党组织批准后，即可组织所属党小组和党员、群众酝酿、推荐，提出选举候选人预备人选，并及时向所属党小组和党员发出酝酿推荐选举候选人预备人选的通知。文本样例如下：

中共 ××× 委员会关于酝酿推荐
选举候选人预备人选的通知

各党小组（指党支部所属党小组，未划分党小组的为党员，下同）：

根据党章、《中国共产党基层组织选举工作条例》等有关规定，现将酝酿推荐新一届中共 ××× 支部委员会（指进行选举的党支部委员会，下同）委员候选人预备人选的有关事项通知如下：

一、新一届支部委员会组成人员候选人推荐名额

根据中共 × 委员会（指进行选举的党支部委员会的上级党组织，下同）批准，下一届支部委员会由 5 人组成（其中，书记 1 人，副书记 1 人）。酝酿推荐下一届支部委员会委员候选人预备人选 6 人。酝酿推荐下一届支部委员会书记、副书记候选人预备人选各 1 人（根据《中国共产党基层组织选举工作条例》第十六条规定，党支部委员会的书记、副书记的产生，由上届支部委员会提出候选人，报上级党组织审查同意后，在委员会全体会议上进行选举。不设委员会的党支部书记、副书记的产生，由全体党员充分酝酿，提出候选人，报上级党组织审查同意后，在党员大会上进行选举）。

二、酝酿推荐选举候选人预备人选应坚持的原则

酝酿推荐新一届中共 ××× 支部委员会委员、书记、副书记候选人预备人选，应坚持德才兼备、以德为先原则，班子结构合理原则，民主集中制原则，群众公认原则。

三、选举候选人预备人选应具备的基本条件

新一届中共 ××× 支部委员会委员、书记、副书记候选人预备人选应具备的条件是：党性强，有较高的政治理论水平和政策水平；有强烈的事业心和政治责任感；身体健康；公道正派，清正廉洁，得到群众拥护；具有 1 年以上的党龄；符合党内有关法规文件的有关规定和要求。

四、选举候选人预备人选的产生办法

1. 采取党组织推荐、群团组织推荐、党员推荐、群众推荐和党员自荐相结合的方法，在中共 ××× 支部委员会范围内酝酿推荐新一届支部委员会委员候选人提名人选 6 名（每个党小组或者每个党员推荐 5 名），于 2020 年 11 月 11 日前将提名人选名单报支部委员会组织委员 ××× 同志。

2. 支部委员会汇总提名人选名单，根据多数党小组和党员意见，按委员候选人差额数不少于应选人数 20% 等规定和上级党组织的批准，于 2020 年 11 月 25 日前确定新一届支部委员会委员候选人初步人选名单，在此基础上提出新一届支部委员会书记、副书记候选人初步人选名单，并按规定对新一届支部委员会委员、书记、副书记初步人选进行组织考察后，再返回各党小组广泛征求党员和群众意见。

3. 各党小组广泛征求党员和群众对新一届支部委员会委员、书记、副书记候选人初步人选的意见后，于 2020 年 11 月 28 日前，把征求意见情况

报支部委员会组织委员 ××× 同志。

4. 支部委员会根据征求党员和群众意见情况，集体讨论确定新一届支部委员会委员、书记、副书记候选人预备人选名单，在本党支部内进行7天公示、报中共 × 委员会审批后，提交党员大会充分酝酿讨论，确定为新一届支部委员会委员、书记、副书记正式候选人（党支部书记、副书记由支部委员会选举产生的，则提交支部委员会充分酝酿，确定为书记、副书记的正式候选人）。

五、酝酿推荐候选人预备人选有关要求

1. 做好新一届支部委员会委员、书记、副书记候选人预备人选的酝酿推荐工作，是保证进行选举的党员大会各项任务圆满顺利完成的一项重要的基础工作。各党小组要高度重视，按规定程序和要求，精心组织，把握条件，按时完成候选人预备人选酝酿推荐任务。

2. 各党小组在酝酿推荐新一届支部委员会委员、书记、副书记候选人预备人选中，如遇特殊情况和难以把握的问题，应及时报支部委员会处理解决。

3. 加强党的民主集中制、选举知识教育，对违反选举纪律的要依纪依法处理。

附件：1. 选举候选人自荐表（略）

2. 选举候选人提名人选汇总表（略）

中共 ××× 支部委员会

2020 年 10 月 28 日

说明：酝酿推荐党小组长候选人预备人选的通知，参照本文本样例，根据党小组的实际情况进行修改即可。

（二）征求选举候选人初步人选意见的通知文本

进行选举（包括换届选举、补选党支部班子成员，以及推荐、选举出席上级党代表大会或者党代表会议代表，下同——编者注）的党支部汇总各直属党小组或党员酝酿推荐的选举候选人提名人选名单后，及时召开支部委员会全体会议（不设支部委员会的党支部应召开党员大会，下同——编者注）根据多数党小组和党员、群众的意见，按委员候选人差额不少于应选人数的20%等有关规定，确定选举候选人初步人选名单，然后向所属党小组（没有划分党小组的，则要直接向党员，下同——编者注）发出征求选举候选人初步人选意见的通知。文本样例如下：

中共 ××× 支部委员会
关于征求选举候选人初步人选意见的通知

各党小组：

根据党章、《中国共产党基层组织选举工作条例》等有关规定、上级党组织的批复、《中共 ××× 支部委员会（指进行选举的党支部，下同）关于酝酿推荐选举候选人预备人选的通知》（×〔2021〕19号）要求，中共 ××× 支部委员会汇总各党小组（没有党小组的为全体党员）提出的新一届支部委员会委员候选人提名人选名单，根据多数党小组和党员、群众的意见，按照委员候选人的差额不少于应选人数的20%等规定，确定新一届支部委员会委员候选人初步人选名单，同时提出新一届支部委员会书记、副书记候选人初步人选名单，并按规定对所有候选人初步人选进行了组织考察。

现将新一届支部委员会委员、书记、副书记候选人初步人选名单印发你们，请广泛征求党员、群众对候选人初步人选的意见，于2××× 年

××月××日前，把征求意见情况报中共×××支部委员会组织委员×××同志。

联系人：×××；联系电话：××××××；传真电话：××××××。

附件：选举候选人初步人选名单

中共×××支部委员会

2021年7月1日

附件

选举候选人初步人选名单

序号	姓名	所在单位及职务职称	出生年月	性别	民族	学　历	入党时间	参加工作时间	是何候选人初步人选	征求意见结果
1	×	××	××	×	×	××	××	××	委　员	
2	×	××	××	×	×	××	××	××	委员、书记	
3	×	××	××	×	×	××	××	××	委　员	
4	×	××	××	×	×	××	××	××	委员、副书记	
5	×	××	××	×	×	××	××	××	委　员	
6	×	××	××	×	×	××	××	××	委　员	

说明：征求对党小组长候选人初步人选意见的通知，参照本文本样例，根据党小组的实际情况进行修改即可。

（三）对选举候选人预备人选基本情况的公示文本

目前，有的党支部为了更好地落实党章第三十条“提出委员候选人要广泛征求党员和群众的意见”等规定，推进基层党务公开，不断扩大党内基层民主，在最后确定选举（包括换届选举、补选班子成员，以及推荐、选举出席上级党组织召开的党代表大会或者党代表会议的代表，下同——编者注）候选人预备人选前，一般都在本党支部范围内进行公示。文本样例如下：

关于拟确定 ××× 等
同志为换届选举候选人预备人选的公示

根据党章、《中国共产党基层组织选举工作条例》等有关规定和要求，经民主推荐、广泛征求所属党小组及党员和群众意见、中共 ××× 支部委员会集体研究，拟确定 ××× 等 × 名同志为新一届支部委员会委员候选人预备人选，拟确定 ××× 同志为书记候选人预备人选、××× 同志为副书记候选人预备人选，现予以公示，广泛征求各方面意见，接受各方面监督。换届选举候选人预备人选名单如下（按姓氏笔画为序排列）：

姓　名	现任职务及职称	出生年月	性别	民族	学　历	入党时间	参加工作时间	是何候选人预备人选
×××	××	××	×	×	××	××	××	支部委员
×××	××	××	×	×	××	××	××	支部委员、书记
×　×	××	××	×	×	××	××	××	支部委员
×　×	××	××	×	×	××	××	××	支部委员
×　×	××	××	×	×	××	××	××	支部委员
×××	××	××	×	×	××	××	××	支部委员、副书记

一、公示时间：2020 年 7 月 21—27 日共 7 天。

二、公示期间，任何单位和个人均可通过来人、来电、来信等方式向中共 ××× 支部委员会反映情况。以单位名义反映情况的应加盖公章。以个人名义反映情况的，请署真实姓名。

三、反映情况要实事求是、客观公正，反对借机诽谤诬陷。

四、电话：××××××；传真：××××××；电子邮箱：××××××；通讯地址：××××××××××××××××××；邮政编码：310021。

中共 ××× 支部委员会

2020 年 7 月 20 日

说明： 补选党支部班子成员候选人预备人选，推荐、选举出席上级党组织召开的党代表大会或者党代表会议的代表候选人预备人选，党小组长候选人预备人选，是否进行公示、如何进行公示，都要严格按照有关规定和要求进行，进行公示的，参照本文本样例，根据各自的实际情况进行修改即可。

（四）召开党员大会进行选举的通知文本

进行选举（包括换届选举、补选班子成员，以及推荐、选举出席上级党组织召开的党代表大会或者党代表会议的代表，下同——编者注）的党支部接到上级党组织关于选举候选人预备人选的批复后、党员大会正式召开之前，要提前向所属各党小组（没有划分党小组的，直接向党支部的全体党员——编者注）和其他与会人员发出召开党员大会进行选举的通知。文本样例如下：

中共 ××× 支部委员会
关于召开党员大会进行选举的通知

各党小组（指进行选举的党支部所属的党小组，下同）：

经中共 × 委员会（指召开党员大会进行选举的党支部的上级党组织）批准、中共 ××× 委员会（指进行选举的党支部，下同）全体会议研究决定，××× 党员大会定于 2018 年 7 月 1 日在 ×××（指会议地点）召开。现将有关事项通知如下：

一、报到时间地点

请各位党员、列席人员于 2018 年 7 月 1 日上午 ×× 时前到 ×××（指报到地点，下同）报到。

二、统筹安排工作

为了保证党员大会的顺利召开，请各党小组和与会人员合理安排工作，不要在会议期间安排党员外出或参加其他可能影响出席党员大会的活动。确有特殊情况不能出席党员大会的，需报中共 ××× 委员会审批。

三、坚持勤俭节约

为了发扬党的艰苦奋斗、勤俭节约的作风，根据党内有关会议工作规定，凡参加会议的党员、列席人员和工作人员都要严格执行有关规定和要求。会议期间，各位党员、列席人员和工作人员参加大会的各项活动，统一由大会负责安排。

四、加强联系沟通

请各党小组迅速把本通知的精神传达到所有参加党员大会的党员、列席人员和工作人员，于2××× 年 ×× 月 ×× 日前将本党小组参加大会的所有人员的往返时间、交通计划等，报党员大会会务组。

未尽事宜，请与中共 ××× 委员会组织委员 ××× 同志联系。

联系人：×××、×××；电话：(××××) ××××。

传真：×××；邮箱：×××。

中共 ××× 委员会

××× 年 × 月 × 日

说明：①本文本样例是从党支部召开党员大会进行选举最为复杂的情况考虑的，由于不同的党支部，情况是有所不同的，因此，在实践中，需要结合党支部的实际情况，对本文本样例进行修改。②补选党支部班子成员、推荐（选举）出席上级党组织召开的党代表大会或者党代表会议的代表的党员大会的通知，以及召开党小组会选举党小组长的通知，参照本文本样例，根据各自的实际情况进行修改即可。

（五）对选举结果报告的通知文本

上级党组织收到党支部（党小组）召开党员大会（党小组会）进行选举（包括换届选举、补选党支部班子成员，推荐、选举出席上级党组织召开的党代表大会或者党代表会议代表，以及党小组召开党小组会选举党小组长，下同——编者注）的选举结果的报告（当选人均为上级党组织审查批准的选举候选人预备人选的，进行选举的党支部或者党小组呈报选举结果的报告，上级党组织一般向呈报选举结果报告的党支部或者党小组发出任职的通知，本文本样例即是；如当选人中有非上级党组织审查批准的选举候选人预备人选的，上级党组织收到党支部或者党小组呈报选举结果的请示后，应集体研究并向呈报请示的党支部或者党小组发出批复，具体见前述进行选举常用的请示类文本的相关内容——编者注）后，要及时按规定和要求向呈报选举结果报告的党支部（党小组）发出通知。其文本样例如下：

中共 ××× 委员会
关于 ××× 等同志任职的通知

中共 ××× 委员会（指进行选举的党支部委员会，下同）：

你委2009年7月1日呈报的《中共 ××× 委员会关于党员大会换届选举结果的报告》悉。

根据党章、《中国共产党基层组织选举工作暂行条例》等有关规定和你委召开的党员大会选举结果，经中共 × 委员会（指进行选举的党支部委员会的上级党组织，本文本样例同）研究决定：

××× 同志任中共 ××× 委员会委员、书记。

××× 同志任中共 ××× 委员会委员、副书记。

×××、×××、××× 同志任中共 ××× 委员会委员。

中共 ××× 委员会

2009 年 7 月 3 日

说明：本文本样例是上级党组织收到所属党支部呈报的换届选举的报告后，向所属党支部发出的任职通知。上级党组织收到党支部（党小组）呈报的召开党员大会补选党支部班子成员、推荐（选举）出席上级党组织召开的党代表大会或者党代表会议代表的选举结果的报告，以及党小组向党支部呈报召开党小组会选举党小组长选举结果的报告，上级党组织应参照本文本样例，根据党支部、党小组的实际情况进行修改、发出通知即可。

四、进行选举常用的提交会议表决的文本

（一）党支部委员会工作报告文本

党支部召开党员大会进行换届选举，有一个规定的议程就是听取和审查党支部委员会集体讨论通过的上一届中共 ××× 委员会（指进行换届选举的党支部委员会，下同——编者注）的工作报告。其文本样例如下（仅供参考）：

注重落实　强化服务　努力发挥党支部的职能作用

——中共 ××× 支部委员会工作报告

（2017 年 12 月 5 日）

×××

各位党员：

我受中共 ××× 委员会委托，向党员大会作中共 ××× 委员会工作

报告，请予审议。

一、过去三年的工作回顾和总结

过去三年，中共 ××× 委员会在 × 委的正确领导下，坚持服务中心、建设队伍，坚持以人为本、继承创新，坚持求真务实、务求实效，努力推进党支部党的政治建设、思想建设、组织建设、作风建设、纪律建设，把制度建设贯穿其中，深入推进反腐败斗争，主要做了以下五个方面的工作：

1. 强理论武装，努力建设学习型党支部。一是突出政治建设……二是丰富学习内容……三是用好教学平台……四是开展交流活动……

2. 重组织建设，努力建设效能型党支部。一是加强两支队伍建设……二是尊重党员主体地位……三是坚持民主集中制……

3. 促作风转变，努力建设服务型党支部。一是落实互助政策……二是开展公益活动……三是推行服务清单……

4. 育廉政文化，努力建设廉洁型党支部。一是着力形成反腐倡廉教育自觉……二是着力形成廉政风险防范自觉……三是着力形成落实廉政责任自觉……

5. 建长效机制，努力建设创新型党支部。一是创建“制度＋职责”机关党建工作机制……二是创建“四书＋五报”党风廉政建设工作机制……三是创建“继承＋创新”党支部标准化、规范化建设两轮驱动机制……

过去三年，中共 ××× 委员会取得了一些成绩，但这些都是 × 委正确领导、所有党员共同努力的结果，在此，请允许我代表上一届支部委员会，向支持党支部工作的各位领导、所有党员表示最崇高的敬意和衷心的感谢！同时，我们也清醒地认识到，我们的工作离上级党组织的要求和期望还有一定差距，主要表现在：一是党支部工作的针对性、实效性还有一定差距，在如何把握“务虚”和“务实”的最佳结合上还有待进一步深化；二是浓厚党支部工作氛围、增强党支部活动吸引力还有一定差距，如何在严格落实中央八项规定精神、省市区有关规定的同时，更多地组织开展党员喜闻乐见的党支部活动还有待进一步探索；三是围绕中心开展党建工作、研究党支部工作新方法还有一定差距，党支部推动发展、服务群众、凝聚人心、促进和谐的作用还有待进一步发挥。这些都有待于在今后的党支部工作中加以克服。

二、加强党支部建设的几点建议

…………

1. 继续推进学习型党支部建设……

2. 继续推进效能型党支部建设……

3. 继续推进服务型党支部建设……

4. 继续推进廉洁型党支部建设……

5. 继续推进创新型党支部建设……

各位党员，新时代对党支部建设提出了新要求。新一届支部委员会肩负着光荣而又艰巨的使命。让我们在 × 委的直接领导下，更加紧密地团结起来，认清形势，明确责任，解放思想，继承创新，为不断提高党支部建设质量作出新贡献！

谢谢大家！

说明：党小组长换届选举时，党小组长要不要向党小组会作党小组工作报告，由党支部或者党小组按照上级党组织的有关规定和要求确定。党小组长向党小组会作党小组工作报告的，本文本样例可供参照。

（二）党费收缴、使用和管理情况的报告文本

根据党内有关规定和要求，党支部召开党员大会进行换届选举时，党员大会要听取和审查党费收缴、使用和管理情况的报告（也可以向党员大会提供书面报告，具体应根据上级党组织的规定和要求确定——编者注）。党费收缴、使用和管理情况的报告一般由支部委员会组织委员（不设支部委员会的党支部，由支部书记或者由支部书记指定专人——编者注）负责起草。文本样例如下（供参考）：

中共 ××× 委员会
关于党费收缴、使用和管理情况的报告

我受上一届支部委员会的委托，现将2006年7月本届委员会选举产生以来的党费收缴、使用和管理情况报告如下：

2006年6月底，上一届支部委员会管理的党费账面结存 ×× 元。

2006年7月至2009年6月，党支部党员交纳的党费 ×××× 元。中共 × 委员会（指换届选举的党支部的上级党组织，本文本样例同）下拨党费 ×× 元。党费利息 ×× 元。其他收入共 ×× 元。上一届支部委员会管理的党费总收入 ×××× 元。

三年来，上一届支部委员会管理的党费共支出 ×××× 元。其中，党员教育培训费 ×× 元，慰问补助住院治疗、生活困难党员费 ×× 元，选购党员学习资料费 ×× 元，党员电化教育费 ×× 元，其他开支 ×× 元，上缴中共 × 委员会党费 ×× 元。

截至2009年6月底，上一届支部委员会管理党费收支相抵后，共结存 ×××× 元。三年来，党费收缴、使用和管理符合中共中央组织部的有关规定，党费收支经与银行核对，票据相符，账款相等。

所属各党小组对党费收缴工作比较重视，坚持对党员进行自觉、主动、足额交纳党费的教育，采取定期核定、定期收缴、定人管理、定期检查等措施，增强了党员自觉交纳党费的意识；党费收缴、管理和使用坚持严格按

制度办事。同时，普遍做到了把党费收缴工作同严格党的组织生活结合起来，同党员教育结合起来，同民主评议党员结合起来，较好地发挥了党费在党支部建设中的积极作用。

总的来看，党支部和大多数党小组、党员都能够认真执行中共中央组织部和上级党组织对党费管理工作的要求，健全了制度，强化了党费管理工作的监督和管理。

当前，在党费管理工作中存在的问题主要是：个别党小组对党费管理工作认识不高、重视不够，没有当成一项重要工作来抓，个别党员交纳党费还存在不够积极主动的现象。

建议新一届支部委员会要教育引导所属各党小组进一步提高对党费收缴、使用和管理工作的认识，严肃认真地贯彻执行中央组织部和省、市委组织部有关党费管理的规定，健全党费管理制度，加强检查指导，及时总结经验，努力解决存在问题，同时根据出现的新情况及时研究制定行之有效的措施，切实搞好党费的收缴、使用和管理工作。

中共 ××× 委员会

2009 年 7 月 12 日

说明：党小组长换届选举时，党小组长要不要向党小组会作党费收缴使用管理情况的报告，由党支部或者党小组按照上级党组织的有关规定和要求确定。党小组长向党小组会作党费收缴使用管理情况报告的，本文本样例可供参照。

（三）选举办法（草案）的文本

党支部（党小组）进行选举（包括换届选举、补选党支部班子成员，选举出席上级党组织召开的党代表大会或者党代表会议的代表，以及党小组召开党小组会选举党小组长，下同——编者注），一般都要在选举前制定提供党员大会（党小组会）表决通过的《选举办法（草案）》（一般由党支部组织委员起草，不设支部委员会的党支部，可由党支部书记或者由党支部书记指定专人负责起草——编者注）。党支部（党小组）在召开党员大会（党小组会）和支部委员会第一次全体会议进行选举前都要按照党章等规定制定《选举办法（草案）》，经会议举手表决通过后，将“草案”二字划去。文本样例如下：

党员大会选举办法

（草　案）

（书记、副书记由新选举产生的支部委员会第一次全体会议选举产生）

一、根据党章、《中国共产党基层组织选举工作条例》等党内有关规定，制定本选举办法。

二、经中共 × 委员会（指具有审批权限的进行选举的党支部的上级党组织，下同）批准，本次党员大会选举产生新一届中共 ××× 委员会（指进行选举的党支部委员会，下同）委员 × 名。选举采取一次选举、一次投票的办法进行。选举的组织工作由中共 ××× 委员会负责。

三、经中共 × 委员会批准，新一届中共 ××× 委员会委员候选人 × 名，委员候选人按照差额数不少于应选人数的 20% 提出。候选人名单通过自下而上、上下结合、反复酝酿的方法提出，并广泛征求党员和群众的意见，由中共 ××× 委员会提出、报经中共 × 委员会审查同意后，按照规定程序和要求确定，提交本次党员大会进行选举。

四、本次选举采用无记名投票方式，候选人按姓氏笔画为序排列。有选举权的到会党员人数不少于应到会党员人数的五分之四，方可进行选举。表决必须有半数以上有表决权的党员到会方可进行，赞成人数超过应到会有表决权的党员的半数为通过。被选举人获得赞成票超过应到会有选举权党员人数的半数，始得当选。获得赞成票超过半数的被选举人数多于应选名额时，以得票多少为序，至取足应选名额为止；如遇票数相等不能确定谁当选时，应就票数相等的被选举人重新投票，得赞成票多的当选。获得赞成票超过半数的被选举人数少于应选名额时，不足名额从未当选的被选举人中，根据得票多少，按不少于20%的差额数确定候选人，再次进行选举；如果接近应选名额，不再进行选举。

五、会场设票箱1只。投票顺序：首先是监票人、计票人投票，接着是主席台上的党员投票，然后是其他党员依次投票。

六、选举设监票人×人。监票人在中共×××委员会领导下，对选举全过程进行监督。监票人由中共×××委员会从参加会议的党员中推荐，由大会举手表决通过。提名为候选人的，不得担任监票人。

选举设计票人×人，计票人由会议主持人从不是候选人的党员中指定，在监票人的监督下进行工作。

七、选票须用钢笔或圆珠笔或签字笔画写，符号要正确，笔迹要清楚。对选票上的候选人如赞成，就在该候选人姓名上面的空格内画“○”；如不赞成，就画“×”；不画符号或者画其他符号的均视为弃权。如另选他人，要在选票候选人姓名栏预留的空格内写上自己要选人的姓名，并在其姓名上面的空格内画“○”，不画“○”的无效。每张选票所选人数等于或少于应选名额的为有效票，多于规定应选名额的全票作废。

八、选举投票前，先由监票人清点人数并由主持人宣布出席会议的有选举权的人数，再由监票人、计票人将选票发给到会有选举权的党员，并当众查封票箱。投票完毕，由监票人启封票箱，清点选票。收回的选票数等于或少于投票人数的，选举有效；多于投票人数的，选举无效，应重新选举。计票完毕，由监票人向会议报告计票结果，由会议主持人宣布选举结果。

九、选举过程中，如遇本办法以外的特殊情况，由中共×××委员会研究处理。

十、本选举办法，经党员大会举手表决通过后生效。

党员大会选举办法

（草 案）

（书记、副书记由党员大会选举产生）

一、根据党章、《中国共产党基层组织选举工作条例》等党内有关规定，制定本选举办法。

二、经中共 × 委员会（指具有审批权限的进行选举的党支部的上级党组织，下同）批准，本次党员大会选举产生新一届中共 ××× 委员会（指进行选举的党支部委员会，下同）委员 × 名，直接选举支部书记 1 名、副书记 1 名。选举采取两次选举、两次投票的办法进行。第一次采取差额选举办法选举产生新一届支部委员会委员 × 名，第二次采取等额选举办法选举产生支部书记1名、副书记1名。选举的组织工作由中共 ××× 委员会负责。

三、新一届支部委员会委员候选人 × 名，支部书记候选人 1 名、副书记候选人 1 名。支部委员会委员候选人按照差额数不少于应选人数的 20% 提出。候选人名单通过自下而上、上下结合、反复酝酿的方法提出，并广泛征求党员和群众的意见，由中共 ××× 委员会提出、报经中共 × 委员会审查同意后，按照规定程序和要求确定，提交党员大会进行选举。

四、本次选举采用无记名投票方式，委员候选人按姓氏笔画为序排列。有选举权的到会党员人数不少于应到会党员人数的五分之四，方可进行选举。表决必须有半数以上有表决权的党员到会方可进行，赞成人数超过应到会有表决权的党员半数为通过。被选举人获得赞成票超过实到会有选举权党员人数的半数，始得当选；获得赞成票超过半数的被选举人数多于应选名额时，以得票多少为序，至取足应选名额为止；如遇票数相等不能确定谁当选时，应就票数相等的被选举人重新投票，得赞成票多的当选。获得赞成票超过半数的被选举人数少于应选名额时，不足名额从未当选的被选举人中，根据得票多少，按20%的差额数确定候选人，再次进行选举；如果接近应选名额，不再进行选举。

五、会场设票箱1只。设监票人×人。监票人由支部委员会从参加会议的正式党员中推荐，由党员大会举手表决通过。监票人在支部委员会领导下，对选举全过程进行监督。选举设计票人×人，由会议主持人从不是候选人的党员中指定，在监票人监督下进行工作。提名为候选人的，不得担任监票人、计票人。

六、选票须用钢笔或圆珠笔或签字笔画写，符号要正确，笔迹要清楚。对选票上的候选人如赞成，在该候选人姓名上面的空格内画“○”；如不赞成，就画“×”；不画符号或者画其他符号的均视为弃权。如另选他人，在选票候选人姓名栏预留的空格内写上自己要选人的姓名，并在姓名上面的空格内画“○”，不画“○”的无效。每张选票所选人数等于或少于应选名额的为有效票，多于规定应选名额的全票作废。

七、选举投票前，先由监票人清点人数并由主持人宣布出席会议的有选举权的人数，再由监票人、计票人将选票发给到会有选举权的党员，并当众查封票箱。投票时，先由监票人、计票人投票，再由主席台上党员投票，然后由其他党员按次序投票。投票完毕，由监票人启封票箱，清点选票。收回的选票数等于或少于投票人数的，选举有效；多于投票人数的，选举无效，应重新选举。计票完毕，由监票人向会议报告计票结果，由会议主持人宣布选举结果。

八、选举过程中，如遇本办法以外的特殊情况，由中共×××委员会研究处理。

九、本选举办法，经党员大会举手表决通过后生效。

说明：召开支部委员会全体会议选举党支部书记、副书记的，或者党小组召开党小组会选举党小组长的，都要制定《选举办法（草案）》，实践中，可以参照本文本样例，并根据各自的实际情况，制定《选举办法（草案）》。

五、进行选举常用的主持词类文本

（一）选举候选人预备人选与选举人见面会主持词文本

为使党员对新一届委员会组成人员候选人预备人选有更多更直接的了解，除向党员印发选举候选人预备人选名单及情况介绍外，有的还在党员大会分组讨论上届委员会工作报告过程中、召开党员大会选举前，组织新一届委员会组成人员候选人预备人选与党员见面（党员人数多且来自不同单位的候选人预备人选或建议人选就有召开这个会议的必要，但对于党支部而言，党员之间一般是相互比较了解的，不需要召开选举候选人预备人选与选举人见面会。对于党支部成立不久、党员来自不同单位、相互之间不够了解，有必要或者上级党组织要求召开选举候选人预备人选与选举人见面会的，党支部应认真组织召开这个会议——编者注）。见面会议主持词文本样例如下：

中共 ××× 支部委员会党员大会

新一届选举候选人预备人选与选举人见面会主持词

（供会议主持人参考）

同志们：

现在召开新一届支部委员会选举候选人预备人选与党员见面会。

根据上级党组织的有关规定和要求，为进一步改革和完善选举候选人介绍方式，使党员对候选人预备人选有更多、更直接的了解，大会研究决定，安排新一届委员会选举候选人预备人选与党员直接见面，并安排委员候选人预备人选向党员做简要讲话，每人不超过5分钟，请各位候选人预备人选注意掌握好时间。

▲ 下面，按姓氏笔画为序，请新一届支部委员会委员候选人预备人选与党员见面并发言，顺序是：乙方、于方、云方、方方、甘方、龙方。请各位候选人预备人选做好准备，自动到发言席发言。现在开始。

…………

▲（逐个见面发言结束后）各位党员，对新一届支部委员会委员候选人预备人选有什么不清楚的问题，可以向党员大会反映。

▲ 见面会就到这里。

▲ 散会（或下面继续进行讨论）。

（二）党员大会主持词文本

根据党章等有关规定和说明，党支部进行换届选举或补选班子成员或选举（推荐）出席上级党组织召开的党代表大会（党代表会议——编者注）代表，可以先进行差额预选，确定正式候选人后，再进行差额或等额（一般是等额——编者注）选举产生班子成员或代表（对于党支部而言，一般是不需要进行预选的——编者注）。以下主持词是党员大会进行正式选举的主持词文本样例（需要进行预选或上级党组织要求进行预选的，参照此党员大会正式选举主持词，结合党支部实际修改为预选主持词即可——编者注）：

中共 ××× 委员会党员大会选举主持词

（供党员大会主持人参考）

（括号中“请发表”、“有 × 人，请放下”、“通过”等字句，只有在有

意见、不同意、弃权等情况下才使用)

各位党员:

请坐好，××× 党员大会现在开始。

本支部有表决权的党员共 42 名。今天的党员大会，有表决权、选举权的党员应到会 40 名、实到会 32 名，因事、因病请假的 8 名，有选举权的党员实到会人数不少于应到会人数的五分之四，可以开会。

▲ 请全体起立，奏、唱《国歌》。

◇（歌毕）请坐下。

▲ 中共 ××× 委员会（指召开党员大会的支部委员会，下同）任期已满，根据党章、《中国共产党基层组织选举工作条例》等规定，经中共 × 委员会（指具有审批权限的召开党员大会党支部的上级党组织，下同）批准，今天召开党员大会，进行换届选举。本次党员大会共有四项议程:

1. 听取和审查中共 ××× 委员会的报告;

2. 听取和审查中共 ××× 委员会党费收缴、使用和管理情况的报告（可以向党员大会提交书面报告，具体应根据上级党组织的规定和要求确定）;

3. 选举产生中共 ××× 委员会（不设支部委员会的党支部当然无此项议程）;

4. 选举产生中共 ××× 委员会书记、副书记（不是由党员大会选举党支部书记、副书记的无此项议程）。

▲ 现在进行第一项: 听取和审查中共 ××× 委员会报告。

◇ 请诚实同志代表中共 ××× 委员会作报告。大家欢迎!

◇（报告结束后）请各位党员考虑一下，（稍等后）对报告有什么意见请发表。

◇（左右观察、稍等后）没有（或请发表）。现在进行表决:

◇ 同意的，请举手。（稍等后）请放下。

◇ 不同意的，请举手，没有（有 × 人，请放下）。

◇ 弃权的，请举手，没有（有 × 人，请放下）。

◇ 一致通过（带头鼓掌，有不同意、弃权的，主持人则说“通过”）。

▲ 现在进行第二项：听取和审查支部委员会党费收缴、使用和管理情况的报告。

◇ 请组织委员作党费收缴、使用和管理情况的报告。大家欢迎！

◇ （报告结束后）请各位党员考虑一下，（稍等后）对这个报告有意见的请发表。

◇ （左右观察、稍等后）没有（或请发表）。现在进行表决：

◇ 同意的，请举手。（稍等后）请放下。

◇ 不同意的，请举手，没有（有 × 人，请放下）。

◇ 弃权的，请举手，没有（有 × 人，请放下）。

◇ 一致通过（带头鼓掌，有不同意、弃权的，主持人则说“通过”）。

▲ 现在进行第三项：选举中共 ××× 委员会。

◇ 本次党员大会有选举权的党员实到会 32 名，不少于有选举权的党员应到会人数的五分之四，可以进行选举。

▲ 现在通过《选举办法（草案）》。

◇ 请坚强同志宣读《选举办法（草案）》。

◇ （宣读完毕后）请各位党员考虑一下，（稍等后）有什么意见，请发表。

◇ （左右观察、稍等后）没有（请发表）。现在进行表决：

◇ 同意的，请举手。（稍等后）请放下。

◇ 不同意的，请举手，没有（有 × 人，请放下）。

◇ 弃权的，请举手，没有（有 × 人，请放下）。

◇ 一致通过（带头鼓掌，有不同意、弃权的，主持人则说“通过”）。

◇ 请把《选举办法（草案）》中的“草案”二字划去。

▲ 通过监票人，指定计票人。

◇ 根据《选举办法》和上一届中共 ××× 委员会建议，提名原则、认真同志为本次党员大会选举的监票人，现在提请大会表决通过。

◇ 请各位党员考虑一下，（稍等后）有什么意见，请发表。

◇（左右观察、稍等后）没有（请发表）。现在进行表决：

◇ 同意的，请举手。（稍等后）请放下。

◇ 不同意的，请举手，没有（有 × 人，请放下）。

◇ 弃权的，请举手，没有（有 × 人，请放下）。

◇ 一致通过（带头鼓掌，有不同意、弃权的，主持人则说“通过”）。

◇ 请求真、成效、计算、准确同志担任选举计票人。

▲ 根据党内选举的有关规定和要求，通过自下而上、上下结合、反复酝酿的方法，广泛征求党员和群众意见，中共 ××× 支部委员会根据多数党小组和党员意见、广泛征求党员和群众的意见，提出于忠、云忠、方忠、甘忠、龙忠、薛忠等 6 名同志为新一届支部委员会委员候选人预备人选，并按规定进行组织考察、报请中共 × 委员会审查同意。

◇ 下面请贡献同志宣读《中共 ××× 委员会关于同意中共 ××× 委员会召开党员大会进行换届选举及选举候选人预备人选的批复》。

◇ 请 ×× 同志介绍支部委员会委员候选人预备人选的基本情况。

◇（介绍完毕后）请党员考虑一下，对委员候选人预备人选有意见的请发表。

◇（左右观察、稍等后）没有（请发表）。现在进行表决：

◇ 同意委员候选人预备人选作为正式候选人的，请举手，（稍等后）请放下。

◇ 不同意的，请举手，没有（有 × 人，请放下）。

◇ 弃权的，请举手，没有（有 × 人，请放下）。

◇ 一致通过（带头鼓掌，有不同意、弃权的，主持人则说“通过”）。

▲ 下面正式进行选举。

◇ 本次选举产生新一届中共 ××× 委员会委员 × 名。选举采用 1 种选票、1 次发票、1 次投票的办法进行。

◇ 现在请监票人、计票人执行任务，开始工作，清点到会党员人数。请各位党员不要走动。

◇（监票人向大会主持人报告到会党员人数后）出席今天党员大会的有选举权的党员 32 人，不少于应到会党员人数的五分之四，根据本次党员大会《选举办法》规定，可以进行选举。

◇ 现在请监票人查封票箱。

◇ 请监票人领取选票。

◇ 请监票人、计票人分发选票。

◇ 请各位党员领到选票后，不要马上填写！

◇（选票发完后）请各位党员检查一下，有没有没拿到选票的？有没有多拿选票的？如果有多拿、没拿选票的，请举手。

◇（左右观察、稍等后）没有（如有的，则提醒监票人抓紧处理）。

◇ 现在请监票人宣布选票分发情况。

（监票人向主持人或大会宣布：本次大会领到委员选票 38 张，发出 32 张，多余 6 张。发出的选票与今天到会的有选举权党员人数相符。）

◇ 多余选票请监票人当场剪角作废。

◇ 请各位党员画写选票时注意以下几点：

①有选举权的党员对选票上所列的候选人，可以投赞成票，可以投不赞成票，也可以另选他人。如赞成，就在其姓名上方的空格内画“○”；如不赞成，就画“×”；不画任何符号或者画其他符号的均视为弃权。

②如要另选他人，在选票候选人姓名栏预留的空格内写上自己要选人的姓名，并在其姓名上方的空格内画“○”，不画“○”或画其他符号的无效。

③选票须用钢笔或圆珠笔或签字笔画写，符号要正确，笔迹要清楚。

④各位党员画写好选票后，要仔细核对选票上所选人数，不得超过规定的应选名额 × 名，等于或少于应选名额的为有效票，超过应选名额的全票作废。

◇ 现在开始画写选票……

▲（待选票填写完毕后）现在开始投票。会议设 1 只票箱，先请监票人、计票人投票，再请在主席台上就座的党员投票，然后请其他党员按次序投票。请各位党员投票后，回到自己的座位上，原地休息，因为计票时间不长，请各位党员不要离开。

◇ 现在开始投票（开始投票至投票结束，有条件的应放音乐）。

◇（投票后）各位党员是否都已投票了？还没有投票的，请举手。

◇（注意观察后）没有（如有的，则提醒“抓紧投票”）。

◇（全部投票后）现在请监票人启封票箱，清点票箱内的选票张数。

◇（监票人向主持人或大会报告收回的选票数后）根据监票人报告，本次选举收回选票 32 张，与投票人数相符，本次选举有效（监票人清点、确认收回的选票数符合规定的，收回选票情况也可以在报告被选举人获得的赞成票数时一并报告，如此则直接进入下一步）。

◇ 请监票人、计票人开始计票。请各位党员就地休息（党员人数多、计票时间长的，组织观看电影或开展党员教育活动）。

◇（计票结束后）请各位党员抓紧回到自己的座位上，现在继续开会，请监票人报告计票结果。

◇（监票人报告完毕后）根据监票人报告的计票结果，按照本次党员大会《选举办法》的规定，于忠、方忠、甘忠、龙忠、薛忠等5位同志当选为中共×××委员会委员，让我们以热烈的掌声，对他们表示热烈祝贺。

▲〔由支部委员会选举党支部书记、副书记的，则将以下选举书记、副书记的内容删除，直接进入“代表新当选委员讲话”、党员大会闭会程序〕各位党员，为了全面贯彻落实上级党组织的有关规定，推进党内基层民主，切实维护党员选举权，经中共×委员会的批准，本次党员大会采取等额选举的办法，由党员大会直接选举党支部书记、副书记。

◇ 上一届中共×××委员会根据党内法规的有关规定和要求，在组织党员充分酝酿推荐支部委员会委员候选人的基础上，集体研究确定龙忠同志为党支部书记候选人预备人选，于忠同志为党支部副书记候选人预备人选，并已报请中共×委员会审查同意，现在提请本次党员大会充分酝酿、表决和选举。

◇ 请各位党员考虑一下，（稍等后）对新一届支部委员会书记、副书记候选人预备人选有什么意见，请发表。

◇（左右观察、稍等后）没有（请发表）。现在进行表决：

◇ 同意新一届党支部书记、副书记候选人预备人选作为正式候选人的，请举手，（稍等后）请放下。

◇ 不同意的，请举手，没有（有×人，请放下）。

◇ 弃权的，请举手，没有（有×人，请放下）。

◇ 一致通过（带头鼓掌，有不同意、弃权的，主持人则说“通过”）。

▲ 请监票人、计票人清点有选举权的党员实到会人数，请各位党员不要走动。

◇（监票人向主持人报告到会党员后）有选举权的党员实到会32人，不少于应到会党员的五分之四，根据本次党员大会《选举办法》的规定，可以进行选举。

▲ 请监票人当众查封票箱。

▲（监票人查封票箱后）请监票人领取选票。

◇（监票人领取选票后）请监票人、计票人分发选票。

◇ 各位党员领到选票后，请不要马上填写，本次选举采取2种选票（印制在同一张纸上）、1次发票、1次投票的办法进行。

◇（选票发完后）请各位党员检查一下，有没有没拿到选票的？有没有多拿、少拿选票的？如果有，请举手。

◇（稍等）没有（有 × 人，请监票人抓紧处理）。

◇ 现在请监票人宣布选票分发情况。

（监票人宣布：本次会议领到2种选票各38张，发出2种选票各32张，多余各6张。发出的选票与今天到会的有选举权的党员人数相符。）

◇ 多余的选票请监票人当场剪角作废。

▲ 填写选票的注意事项同“选举委员”，这里就不重复了。

▲ 现在开始填写选票。

▲（观察判断党员全部填写完毕选票后）会场设1只票箱，投票顺序同“选举支部委员会委员”。现在开始投票。

◇ 请党员投票后尽快回到自己的座位上就座。请工作人员引导党员按指定的路线进行投票。

（投票开始—投票完毕，有条件的会场放音乐）

◇（投票完毕后）各位党员是否都投票了？没有投票的，请举手。

◇（稍等后）没有（如有的，则提醒“请抓紧投票”）。

▲ 现在请监票人、计票人启封票箱，清点选票。请各位党员在自己的座位上就座，不要走动。

◇（监票人向主持人或大会报告收回的选票数后）根据监票人报告，本次选举收回2种选票各32张，与发出选票相符，根据大会选举办法规定，本次选举有效（监票人、计票人清点收回的选票数，如等于或少于发出的选票数，收回选票情况也可以与计票结果一并报告）。

▲ 现在请监票人、计票人开始计票。请各位党员就地休息，不要离开会场，计票时间不长。

▲（计票完成后）各位党员，现在继续开会，请监票人向大会报告计票结果。

◇（监票人报告完后）根据刚才监票人报告的计票结果，按照选举办法的规定，龙忠同志当选为党支部书记，于忠同志当选为党支部副书记。让我们以热烈的掌声，向他们表示祝贺！

▲ 现在请龙忠同志代表新当选委员讲话（不是必需的议程，可不进行），大家欢迎。

▲（讲话完毕、各项议程完成后）各位党员，经过同志们的共同努力，本次党员大会的各项议程已圆满完成。

▲ 请全体起立，奏、唱《国际歌》。

▲（歌毕）请坐下。散会。

说明：党小组召开党小组会选举党小组长的主持词，可根据党小组的实际情况及选举任务，参照本文本样例，进行适当修改即可。

（三）党支部委员会第一次全体会议选举主持词

目前，党支部书记、副书记有的是由支部委员会选举产生的，有的是由党员大会直接选举产生的（不设支部委员会的党支部书记、副书记，或者支部委员会的上级党组织决定由党员大会直接选举产生党支部委员会书记、副书记的，下同——编者注）。如果上级党组织决定由支部委员会选举产生党支部书记、副书记的，其支部委员会选举书记、副书记的主持词文本样例如下：

中共 ××× 委员会（指选举书记、副书记的支部委员会，下同）全体会议选举书记、副书记主持词

（供主持人参考）

各位委员：

我受中共 ××× 委员会（换届选举的指上一届支部委员会，补选党支部书记、副书记的为本届支部委员会，下同）委托，主持中共 ××× 委员会（换届选举的可加第一次）全体会议。

今天有选举权的委员应到会 5 名、实到会 5 名，到会委员人数符合规定，可以进行选举。

▲ 本次委员会全体会议的议程主要有三项：

1. 选举中共 ××× 委员会书记、副书记；

2. 新当选的党支部书记讲话（根据需要确定，不是必需的议程）；

3. 讨论决定 ×××（根据需要确定，不是必需的议程）。

▲（稍等后）下面进行第一项议程：选举中共 ××× 委员会书记、副书记。

▲ 首先通过《中共 ××× 委员会选举办法》。

◇ 请坚强同志宣读《选举办法（草案）》。

◇（宣读完毕后）大家对《选举办法（草案）》有什么意见，请发表。

◇（左右观察、稍等后）没有（请发表）。现在进行表决：

◇ 同意的，请举手。（稍等后）请放下。

◇ 不同意的，请举手。（稍等后）没有（有 × 人，请放下）。

◇ 弃权的，请举手。（稍等后）没有（有 × 人，请放下）。

◇ 全体通过（全体通过的，主持人宣布“全体通过”并带头鼓掌；如果有不同意或者弃权的，则主持人宣布“通过”、不鼓掌）。

◇ 现在把《选举办法（草案）》中的“草案”二字划去。

▲ 现在通过监票人，指定计票人。

◇ 根据支部委员会（党员）推荐，卫原则同志为监票人，大家有什么意见，请发表。

◇（左右观察、稍等后）没有（请发表）。现在进行举手表决：

◇ 同意的，请举手。（稍等后）请放下。

◇ 不同意的，请举手。（稍等后）没有（有 × 人，请放下）。

◇ 弃权的，请举手。（稍等后）没有（有 × 人，请放下）。

◇ 全体通过（全体通过的，主持人宣布“全体通过”并带头鼓掌；如果有不同意或者弃权的，则主持人宣布“通过”、不鼓掌）。

◇ 请楼负责同志担任选举计票人。

▲ 下面选举中共 ××× 委员会书记、副书记。

◇ 上一届支部委员会（补选党支部书记或者副书记的把“上一届”删除）根据党内有关规定和要求，确定穆于忠同志为书记候选人预备人选、穆方忠同志为副书记候选人预备人选，并已报请中共 × 委员会（指召开委员会选举党支部书记、副书记的党支部的上一级党组织）审查同意。

◇ 对书记、副书记候选人预备人选有什么意见，请发表。

◇（左右观察、稍等后）没有（请发表）。现在进行表决：

◇ 同意书记、副书记候选人预备人选作为书记、副书记候选人的，请举手，（稍等后）请放下。

◇ 不同意的，请举手。（稍等后）没有（有 × 人，请放下）。

◇ 弃权的，请举手。（稍等后）没有（有 × 人，请放下）。

◇ 全体通过（全体通过的，主持人宣布“全体通过”并带头鼓掌；如果有不同意或者弃权的，则主持人宣布“通过”、不鼓掌）。

▲ 现在请监票人、计票人清点到会委员人数（根据支部委员会委员人

数一般只有几名同志，实践中不需要专门安排监票人、计票人清点到会委员人数，也可由主持人自己清点）。

◇（监票人向主持人报告到会委员人数后，或者主持人清点到会委员人数后）今天有选举权的委员应到会5人、实到会5人，有选举权的到会委员不少于应到会委员的五分之四，可以进行选举。

▲ 请监票人查封票箱。

▲（票箱查封后）请监票人、计票人领取、分发选票。

◇（选票发完后）各位委员有没有没领到选票的？

◇（左右观察、稍等后）没有（如有的，则提醒监票人或计票人抓紧发选票）。

◇ 有没有多领或少领选票的？

◇（左右观察、稍等后）没有（如有的，则提醒监票人或计票人抓紧处理）。

◇ 现在请监票人宣布选票分发情况。

（监票人宣布：本次选举领到、发出书记、副书记选票各5张，发出的选票与有选举权的到会委员人数相符，可以进行选举。）

◇ 多余选票请监票人当场剪角作废。

▲ 请各位委员画写选票时注意以下几点：

①对选票上所列的候选人，可以投赞成票，可以投不赞成票，也可以另选他人。如赞成，就在其姓名上方的空格内画“○”；如不赞成，就画“×”；不画任何符号或者画其他符号的均视为弃权。

②如要另选他人，在选票候选人姓名栏预留的空格内写上自己要选人的姓名，并在其姓名上方的空格内画“○”，不画“○”的无效。

③选票须用钢笔或圆珠笔或签字笔画写，符号要正确，笔迹要清楚。

④各位委员要仔细核对选票上所选书记和副书记人数，所选书记或者副书记多于1名的全票作废。

▲ 现在开始画写选票。

◇（选票全部填写好以后）现在开始投票。先请监票人、计票人投票，然后请其他委员投票。

◇（全部投票后）现在请监票人、计票人启封票箱、清点选票。

◇（监票人向主持人报告收回的选票数后）根据监票人报告，本次选举发出、收回党支部书记、副书记选票各5张，与投票委员人数相符，符合选举办法的规定，本次选举有效（也可与计票结果一并报告委员会全体会议，如此，则此处不说明收回选票情况）。

◇ 请监票人、计票人开始计票。请各位委员就地休息。

◇（计票完毕后）现在继续开会，请监票人报告计票结果。

◇（监票人报告完后）根据监票人报告的计票结果，按照选举办法的规定，穆于忠同志当选党支部书记，穆方忠同志当选党支部副书记。

▲ 现在进行第二项议程：请新当选党支部书记穆于忠同志讲话（不是必需的议程，可不进行），大家欢迎。

▲（讲话完毕后）现在进行第三项议程：×××（根据需要确定，不是必需的议程）。

▲（各项议程完成后）同志们，经过同志们的共同努力，本次委员会全体会议的各项议程已全部完成。

▲ 散会。

六、进行选举常用票单、表态讲话类文本

（一）党支部选举选票文本

党支部进行选举（包括换届选举、补选党支部班子成员，推荐或者选举出席上级党组织召开的党代表大会或者党代表会议的代表，以及党小组召开党小

组会选举党小组长，下同——编者注）时，必须严格按照规定和要求、精心设计所需的选票。党支部选举的选票一般有《中共 ××× 委员会委员选票》《中共 ××× 委员会书记选票》《中共 ××× 委员会副书记选票》《出席中国共产党 ××× 第 × 次代表大会代表选票》《出席中国共产党 ××× 代表会议代表选票》《中共 ××× 委员会 × 党小组长选票》等几种。其文本样例如下：

中共 ××× 委员会委员选票

（候选人 6 人，差额 1 人，应选人数 5 人）

（按姓氏笔画为序）

符号							符号					
候选人姓名	于忠	云忠	方忠	甘忠	龙忠	陈忠	另选人姓名					

说明：①赞成的，在候选人姓名上方的空格内画“○”；②不赞成的，在候选人姓名上方的空格内画“×”；③不画符号或者画其他符号的，均为弃权；④另选他人的，在另选人姓名栏写上另选人的姓名，并在其姓名上方的空格内画“○”，不画“○”或画其他符号的无效；⑤赞成的和另选他人的总额不能超过应选人数 5 人，否则为废票。

中共 ××× 委员会书记选票

（候选人 1 人，应选人数 1 人）

符号		符号	
候选人姓名	于忠	另选人姓名	

中共 ××× 委员会副书记选票

（候选人 1 人，应选人数 1 人）

符号		符号	
候选人姓名	方忠	另选人姓名	

说明：①赞成的，在候选人姓名上方的空格内画“○”；②不赞成的，在候选人姓名上方的空格内画“×”；③不画符号或者画其他符号的，均为弃权；④另选他人的，在另选人姓名栏写上另选人的姓名，并在其姓名上方的空格内画“○”，不画“○”或画其他符号的无效；⑤所选人数等于或者少于应选人数的选票为有效票，否则为废票。

中共 ××× 代表选票

（候选人 6 人，应选人数 4 人）

符号							符号				
候选人姓名	××	××	××	××	××	××	另选人姓名				

中共 ××× 党小组长选票

（候选人 2 人，应选人数 1 人）

符号			符号	
候选人姓名	云忠	李忠	另选人姓名	

说明：①赞成的，在候选人姓名上方的空格内画“○”；②不赞成的，在候选人姓名上方的空格内画“×”；③不画符号或者画其他符号的，均为弃权；④另选他人的，在另选人姓名栏写上另选人的姓名，并在其姓名上方的空格内画“○”，不画“○”或画其他符号的无效；⑤所选人数等于或者少于应选人数的选票为有效票，否则为废票。

（二）党支部选举清点选举人到会人数报告单文本

党支部（党小组）进行选举（包括换届选举、补选党支部班子成员，推荐或者选举出席上级党组织召开的党代表大会或者党代表会议的代表，以及党小组召开党小组会选举党小组长，下同——编者注）时，为快速、准确、规范地清点和报告到会人数，一般都根据党支部实际情况、选举工作需要等，在选举前制作清点人数报告单。目前，清点选举人到会人数报告单没有统一的格式，各地各级党的基层组织做法也不尽相同。清点选举人到会人数报告单的文本样例一般如下：

中共 ××× 委员会党员大会清点到会人数报告单

本次党员大会有表决权党员共 ×× 名，有选举权的党员应到会 ×× 名、实到会 ×× 名，因病、因事请假 × 名（为应到会人数减去实到会人数），有选举权的党员实到会人数不少于应到会党员人数的五分之四，可以进行选举。

监票人：×××　　计票人：×××　×××

2××× 年 × 月 × 日

说明：党支部委员会、党小组会选举清点到会人数报告单，可以根据支部委员会、党小组会的实际情况，对本文本样例做适当修改即可。

（三）党支部选举分发、收回选票报告单文本

党支部进行选举（包括换届选举、补选党支部班子成员，推荐或者选举出席上级党组织召开的党代表大会或者党代表会议的代表，以及党小组召开党小组会选举党小组长，下同——编者注）时，为了快速、准确、规范地清点和报告分发、收回选票情况，一般都根据选举工作需要，在选举前制作分发、收回选票报告单。目前，分发、收回选票情况报告单没有统一的格式，各地各级党的基层组织做法也不尽相同，其文本样例一般如下：

中共 ××× 委员会党员大会分发委员选票情况报告单

本次选举实到会有选举权的党员 ×× 名，发出委员选票 ×× 张，发出的选票数与实到会有选举权的党员人数相符，经核对无误，可以进行投票选举。

监票人：×××　　计票人：×××　×××

2××× 年 × 月 × 日

党员大会收回委员选票情况报告单

本次选举实到会有选举权的党员 ×× 名，发出委员选票 ×× 张，收回委员选票 ×× 张，收回的委员选票数等于发出的委员选票数（或者收回委员选票数等于投票人数），本次选举有效。

监票人：××× 计票人：××× ×××

2××× 年 × 月 × 日

说明：支部党员大会选举代表、党支部委员会选举书记（副书记）、党小组会选举党小组长发出、收回选票情况报告单，可以根据党支部、党小组的实际情况，对本文本样例做适当修改即可。

链接 LINK

&监督执纪第一种形态成为常态

党的十九大党章修正案在第四十条中，增写了“运用监督执纪‘四种形态’，让‘红红脸、出出汗’成为常态，党纪处分、组织调整成为管党治党的重要手段，严重违纪、严重触犯刑律的党员必须开除党籍”。

（四）党支部选举计票单、报告单文本

党支部进行选举（包括换届选举、补选党支部班子成员，推荐或者选举出席上级党组织召开的党代表大会或者党代表会议的代表，以及党小组召开党小组会选举党小组长，下同——编者注）时，为了快速、准确地阅读选票、监票和计票，一般都根据选举工作需要，在选举前制作计票单、计票结果报告单。目前，党支部选举一般都要用到选举委员、书记、副书记、代表计票单和计票结果报告单，其文本样例如下：

党员大会选举委员计票单

候选人姓名	赞成票（画“正”字）	不赞成票（画“正”字）	弃权票（画“正”字）
×××			
×××			
×××			
×××			
×××			
×××			
另选人姓名	赞成票（画“正”字）	另选人姓名	赞成票（画“正”字）

监票人：×××　　　计票人：×××　×××

2018 年 7 月 1 日

党员大会选举委员计票结果报告单

本次选举有选举权的党员实到会 ×× 名，发出委员选票 ×× 张，收回委员选票 ×× 张（其中，有效票 ×× 张，无效票 ×× 张）。被选举人得票情况如下：

姓名	赞成票数	不赞成票数	弃权票数
×××	×× 票	× 票	× 票
×××	×× 票	× 票	× 票
×××	×× 票	× 票	× 票
×××	×× 票	× 票	× 票

另选人得赞成票数如下：

另选人姓名	得赞成票数	另选人姓名	得赞成票数
×××	× 票	×××	× 票

监票人：×××　　　计票人：×××　×××

2018 年 7 月 1 日

说明：支部党员大会选举代表、支部委员会选举书记（副书记）、党小组会选举党小组长等计票单、计票结果报告单，可以根据党支部、党小组会的实际情况，对本文本样例做适当修改即可。

（五）党支部换届选举当选委员表态发言文本

党支部进行选举（包括换届选举、补选党支部班子成员，以及党小组召开党小组会选举党小组长，下同——编者注）时，可以根据党支部（党小组）工作需要，安排新当选的人员（一般是新当选的书记、党小组长）在党员大会（党小组会）上作表态发言，其文本样例如下（供参考）：

在换届选举党员大会上表态发言提纲

（2016年12月5日）

×××

各位党员：

首先，我谨代表当选为新一届支部委员会委员的各位同志，衷心感谢同志们对我们的信任，我们决心在上级党组织的正确领导和同志们的积极支持下，牢记使命、恪尽职守，以人为本、服务至上，以身作则、继承创新，不断提高党支部建设质量，决不辜负同志们对我们的期望。我们决心做到以下三点：

一、坚持以科学理论指导党支部工作

坚持以党的政治建设为统领，切实推进理论武装工作，做到党的理论创新每推进一步，党支部的理论武装工作就跟进一步。紧紧围绕党的基本路线、工作大局来谋划党支部工作，以更加奋发有为的精神状态来推进党支部工作，从保持党员队伍先进性纯洁性的高度来加强党支部工作……

二、坚持以科学方法促进党支部工作

优化整合党支部工作资源，着力形成配套管用的党支部建设长效机制，为党支部和党员更好地服务改革、服务发展、服务民生、服务群众搭建平台。加强党支部班子自身建设，全面推进党支部政治建设、思想建设、组织建设、作风建设、纪律建设，坚持把制度建设贯穿其中，深入推进反腐败工作。积极开展领导班子好、党员队伍好、工作机制好、工作业绩好、群众反映好的先进基层党组织争创活动，不断夯实党支部工作基础……

三、坚持以科学制度保障党支部工作

牢牢把握党支部建设特点和规律，善于借鉴党支部工作新鲜经验，认真落实党支部工作各项制度。建立健全党支部建设责任制，明晰党支部工作责任主体，明确党支部委员会班子成员职责。积极引进激励关怀帮扶机制，按照上级要求推荐优秀共产党员，大力宣传好做法好经验好典型，努力调动各方面的积极性创造性，充分发挥党支部推动发展、服务群众、凝聚人心、促进和谐的作用，切实担负好直接教育党员、管理党员、监督党员和组织群众、宣传群众、凝聚群众、服务群众的职责，充分发挥党支部的战斗堡垒作用和共产党员的先锋模范作用……

我的表态发言就讲这些，请同志们监督落实。

谢谢大家！

第二节　发展党员常用文本样例

一、党支部发展党员常用的推荐类文本

(一)党小组推荐入党积极分子、发展对象文本

《中国共产党发展党员工作细则》(中共中央办公厅于2014年5月28日印发，下同——编者注)第八条规定:“在入党申请人中确定入党积极分子，应当采取党员推荐、群团组织推优等方式产生人选，由支部委员会(不设支部委员会的由支部大会，下同——编者注)研究决定，并报上级党委备案。”第十三条规定:“对经过一年以上培养教育和考察、基本具备党员条件的入党积极分子，在听取党小组、培养联系人、党员和群众意见的基础上，支部委员会讨论同意并报上级党委备案后，可列为发展对象。”因此，党支部在发展党员工作中，经常要组织党小组、党员、群团组织、群众在入党申请人中推荐推优产生入党积极分子人选、在经过一年以上培养教育和考察且基本具备党员条件的入党积极分子中推荐推优产生发展对象人选，然后由支部委员会(不设支部委员会的由支部大会，下同——编者注)集体研究决定入党积极分子、发展对象人选。其常用的文本样例如下:

推荐入党积极分子意见

××党支部:

我党小组××同志，男，199×年×月×日出生，2×××年×月××日参加工作，硕士研究生，现任××××。

该同志于2××× 年 × 月 ×× 日向党支部提出入党申请。党支部组织委员 ××× 同志于2××× 年 × 月 ×× 日同该同志谈话，进一步了解其基本情况。

该同志政治思想基础好，有大局意识……学习认真，各方面表现一直比较好，是单位的业务骨干，有群众基础，也有较强的纪律观念，能够自觉遵守单位规章制度……主要缺点：比较缺乏党的基本理论、基本知识，开展批评不够经常。

根据发展党员工作有关规定和党支部的要求，本党小组于2××× 年 × 月 ×× 日召开党小组会，本小组共有党员 × 名（其中，正式党员 × 名，预备党员 × 名），应到党员 × 名（其中，正式党员 × 名，预备党员 × 名），实到党员 × 名（其中，正式党员 × 名，预备党员 × 名），经过与会党员的充分讨论，经举手（或者无记名投票）表决（具体的表决方式应根据上级党组织的有关规定确定——编者注），参加党小组会的党员一致推荐该同志为入党积极分子。

×× 党小组长（签名或盖章）：×××

2××× 年 ×× 月 ×× 日

推荐发展对象意见

×× 党支部：

我党小组 ×× 同志，男，199× 年 × 月 × 日出生，2××× 年 × 月 ×× 日参加工作，硕士研究生，现任 ××××。

该同志于2××× 年 × 月 ×× 日向党支部提出入党申请，于2××× 年 × 月 ×× 日被确定为入党积极分子。

经过党组织 × 年（必须超过一年——编者注）的培养教育和考察，该同志政治学习比较认真，思想进步也比较明显，对党的基本知识有一定的掌握，政治意识、大局意识、核心意识、看齐意识强，入党动机端正……纪律观念强，对自己要求比较严格，带头遵守各项规定和规章制度……基本具备了党员条件。主要不足：对党的基本理论知识掌握尚不全面，开展批评还不够大胆。

根据发展党员工作的有关规定和党支部的要求，本党小组于 2× × × 年 × 月 × × 日召开党小组会，党小组共有党员 × 名（其中，正式党员 × 名，预备党员 × 名），应到党员 × 名（其中，正式党员 × 名，预备党员 × 名），实到党员 × 名（其中，正式党员 × 名，预备党员 × 名），经过与会党员的充分讨论，经举手（或者无记名投票）表决（具体的表决方式应根据上级党组织的有关规定确定），与会党员一致推荐该同志为发展对象。

× × 党小组长（签名或盖章）：× × ×

2× × × 年 × × 月 × × 日

说明：实践中，是否要由党小组推荐入党积极分子，应根据上级党组织有关规定和要求执行。党支部没有划分党小组或者上级党组织没有要求党小组推荐入党积极分子的（如党支部直接组织党员、采取可行方式推荐入党积极分子——编者注），就不存在提交本文本样例的问题。实践中，如果要求党小组推荐入党积极分子（建议党小组推荐），党小组应根据党小组实际推荐情况、入党申请人的具体情况，对本文本样例进行必要的适当的修改。

（二）群团组织推荐入党积极分子、发展对象文本

根据《中国共产党发展党员工作细则》第八条规定，在入党申请人中确定入党积极分子，应经群团组织推优等方式产生人选。因此，党支部在发展党

员工作中，经常要组织群团组织按照规定的程序，在党支部提出的具备推荐资格条件的入党申请人中，推优产生入党积极分子或发展对象人选，提出推荐意见，交由支部委员会（不设支部委员会的交由支部大会，下同——编者注）集体研究决定入党积极分子或发展对象人选。其常用的文本样例如下：

推荐入党积极分子意见

×× 党支部：

×× 同志是我工会（工会小组）优秀会员（工人），男，199× 年 × 月 × 日出生，2××× 年 × 月 ×× 日参加工作，硕士研究生，现任 ××××。

该同志学习认真，思想基础好，有大局意识，乐于助人……是单位的业务骨干，有较强的纪律观念，能够自觉遵守单位的规章制度……主要缺点：……

根据发展党员工作的有关规定和党支部的要求，本工会（工会小组）于 2××× 年 × 月 ×× 日召开委员会全体会议（职工会议，会员大会，工会小组会议，或采取的其他方式，具体应根据有关规定和要求、工会的实际情况确定推优的方式），应到委员（职工，会员）× 名，实到委员（职工，会员）× 名，经过与会委员（职工，会员）的充分讨论，经举手（或者无记名投票）表决（具体的表决方式应根据上级党组织的有关规定确定），与会人员一致推荐该同志为入党积极分子。

× 工会委员会（盖章）：××

2××× 年 ×× 月 ×× 日

说明：群团组织具体采取何种方式从入党申请人中推荐优秀分子作入党积极分子，要根据上级党组织（群团组织）的规定和要求执行。共青团、妇女组织推荐入党积极分子意见，可以参照本文本样例并作适当修改即可。

推荐发展对象意见

××党支部：

××同志是我工会优秀会员（工人），男，199×年×月×日出生，2×××年×月××日参加工作，硕士研究生，现任××××。

该同志自提出入党申请以后，经过党组织的培养教育，各方面进步明显，政治表现好，思想进步快，纪律观念强，对自己要求更加严格，业务能力进一步提高，在遵守各项规定和规章制度方面起到了带头作用……主要不足：……

根据发展党员工作的有关规定和党组织的要求，本工会（工会小组）于2×××年×月××日召开委员会全体会议（职工会议，会员大会，工会小组会议，或采取的其他方式，具体应根据有关规定和要求、工会的实际情况确定推优的方式），应到委员（职工，会员）×名，实到委员（职工，会员）×名，经过与会委员（职工，会员）的充分讨论，经举手（或者无记名投票）表决（具体的表决方式应根据上级党组织的有关规定确定——编者注），与会人员一致推荐该同志为发展对象。

×工会委员会（盖章）：××

2×××年××月××日

说明：实践中，群团组织是召开会议还是采取其他方式进行入党积极分子或者发展对象的推优，应根据上级党组织有关规定和要求、本群团组织的实际情况确定，对于不同地方、不同的群团组织，其推优方式是有所不同的。本文本样例是工会组织推优意见的文本，在具体实际工作中，共青团、妇女组织，包括工会组织，都应根据实际推荐情况、本群团组织的具体情况，对本文本样例进行必要的适当的修改。

（三）入党积极分子无记名推荐票文本

根据《中国共产党发展党员工作细则》第八条规定，在入党申请人中确定入党积极分子，应当采取党员推荐等方式产生人选，再由支部委员会或者不设支部委员会的支部党员大会研究决定，然后报上级党委备案。实践中，具体采取何种方式方法组织党员推荐入党积极分子，各地各类基层党组织的做法是不尽相同的，具体应根据党支部、党员、入党申请人的实际情况，本着简便易行的精神，组织党员推荐入党积极分子。如果组织党员或者群众推荐入党积极分子并采用投票推荐的，可使用如下的入党积极分子推荐票（此推荐票既可提供党员推荐入党积极分子使用，也可提供群众推荐入党积极分子使用——编者注）：

入党积极分子无记名推荐票

（按姓氏笔画为序）

符　号					
入党申请人	×××	×××	×××	×××	×××

说明：①赞成入党申请人为入党积极分子的，在其姓名上方的空格内画“○”；②不赞成入党申请人为入党积极分子的，在其姓名上方的空格内画“×”；③不画任何符号或画其他符号的为弃权；④推荐人数等于或少于应推荐人数 × 名的，推荐有效，否则全票作废（如果不是采取差额推荐、而是可以把所有入党申请人都推荐为入党积极分子的，也就没有这一项的说明——编者注）。

（四）发展对象无记名推荐票文本

根据《中国共产党发展党员工作细则》第十三条规定，对经过一年以上培养教育和考察、基本具备党员条件的入党积极分子，在听取有关的党小组、培养联系人、党员和群众意见的基础上，支部委员会或不设支部委员会的支部党员大会集体讨论同意并报上级党委备案后，可列为发展对象。在发展党员工作中，基层党组织为确定好发展对象、确保发展党员质量，按照党内法规的规定和要求，结合党支部和党员、群众、入党积极分子的实际情况，采取各种行之有效的方式，从经过一年以上培养教育和考察、基本具备党员条件的入党积极分子中推荐发展对象（具体采取何种方式方法推荐，各地各类基层党组织的做法是不尽相同的，具体应根据具体情况、本着简便易行的精神，组织党员和群众推荐——编者注）。如果采用投票推荐的，可使用如下的确定发展对象推荐票（此推荐票既可提供党员推荐发展对象使用，也可提供群众推荐发展对象使用——编者注）：

发展对象无记名推荐票

（按姓氏笔画为序）

符　号					
入党积极分子	×××	×××	×××	×××	×××

说明：①赞成入党积极分子为发展对象的，在其姓名上方的空格内画“○”；②不赞成入党积极分子为发展对象的，在其姓名上方的空格内画“×”；③不画任何符号或画其他符号的为弃权；④推荐人数等于或少于应推荐人数 × 名的，推荐有效，否则全票作废（推荐符合条件的入党积极分子为发展对象人选的，如果条件允许，应实行差额推荐——编者注）。

（五）入党积极分子推荐表文本

对于推荐入党积极分子是否必须填报推荐表及推荐表的格式样例等，党内法规均没有作统一规定，各地各类基层党组织的做法也不尽相同。如果党小组推荐、群团组织推优产生的入党积极分子人选，上级党组织规定和要求填报入党积极分子推荐表的，以下推荐表可供参考借鉴（此推荐表既可提供党小组推荐入党积极分子使用，也可提供群团组织推荐入党积极分子使用——编者注）。

入党积极分子推荐表

姓名		出生年月		性别		民族	
籍贯		文化程度		政治面貌		特长	
参加工作时间	年 月 日			申请入党时间	年 月 日		
推荐理由	×××（盖章或签名）： 年 月 日						
审核意见	×××（盖章或签名）： 年 月 日						
支部审批意见	×××（盖章或签名）： 年 月 日						

（六）发展对象推荐表文本

与推荐入党积极分子一样，推荐发展对象是否必须填报推荐表及推荐表的格式样例等，党内法规没有作统一规定，各地各类基层党组织的做法也不尽相同。如果党小组推荐、群团组织推优产生的发展对象人选，上级党组织规定和要求填报发展对象推荐表的，以下推荐表可供参考借鉴（此推荐表既可提供党小组推荐发展对象使用，也可提供群团组织推荐发展对象使用——编者注）。

发展对象推荐表

姓名		出生年月		性别		民族	
籍贯		文化程度		政治面貌		特长	
申请入党时间	年 月 日			确定入党积极分子时间	年 月 日		
推荐理由	×××（盖章或签名）： 年 月 日						
审核意见	×××（盖章或签名）： 年 月 日						
支部审批意见	×××（盖章或签名）： 年 月 日						

二、党支部发展党员常用的政审类文本

（一）函调证明材料信、函调提纲、函调回信文本

根据《中国共产党发展党员工作细则》第十六条作出的明确规定，党组织必须对发展对象进行政治审查。政治审查的基本方法是：同本人谈话、查阅有关档案材料、找有关单位和人员了解情况以及必要的函调或外调。对流动人员中的发展对象进行政治审查时，还应当征求其户籍所在地和居住地基层党组织的意见。因此，在发展党员工作中，经常根据发展对象的实际情况和党内的有关规定、工作问答等，对发展对象本人的有关情况、发展对象直系亲属的政治情况、与发展对象关系密切的主要社会关系的政治情况进行函调。党内规定的、基层党组织经常使用的函调证明信、函调提纲、函调回信文本格式如下：

函调证明材料信

〔2×××〕函字第×号

中共×委员会（指函调对象所在单位党委，下同）：

你单位×××同志系我单位×××同志的配偶，请转你处组织部门为其写一份证明材料（详见函调提纲）。写好后请盖章，连同原件一并转回。

附件：函调提纲

中共×××委员会（盖章）（指发展对象所在单位党组织，下同）

2×××年×月×日

通信地址：×××

邮政编码：××××××

附件

函调提纲

1. 本人基本情况（包括姓名、性别、年龄、政治面貌、文化程度、现任职务等）；

2. 有无重大政治历史问题，结论如何；

3. 在“文化大革命”期间、1989 年政治风波期间、与“法轮功”斗争中有无问题，表现如何；

4. 对党的路线、方针、政策的态度及表现如何；

5. 现实表现如何。

函调回信

〔2006〕函字第 2 号

中共 ××× 委员会：

你委所要之证明材料已写好，共 × 页，现连同贵单位的函调提纲转去，请查收。

附件：关于 ××× 同志的证明材料

中共 × 委员会（盖章）

2××× 年 × 月 × 日

（二）对发展对象进行政审的结论性政治审查报告文本

根据《中国共产党发展党员工作细则》第十六条规定，党组织对发展对象进行政治审查必须严肃认真、实事求是，注重本人的一贯表现，审查情况应当形成结论性材料。凡是未经政治审查或政治审查不合格的，不能发展入党。在发展党员的具体工作中，党组织形成的结论性政治审查报告文本样例如下（供参考，需根据发展对象实际情况进行修改——编者注）：

关于 ××× 同志的政审报告

×××，男，汉族，19×× 年 7 月 11 日出生于浙江 ××，19×× 年 9 月参加工作，19×× 年 5 月加入中国共产主义青年团，在职研究生毕业，现任 ×××。

一、××× 同志简历

2000 年 9 月至 2006 年 9 月，在浙江 ×× 小学读书

2006 年 9 月至 2009 年 9 月，在浙江 ×× 中学读书

…………

二、××× 同志家庭主要成员基本情况

父亲：××，56 岁，中共党员，现任 ××

母亲：××，52 岁，群众，现任 × 县 × 厂职工，政历清楚

…………

三、××× 同志主要社会关系基本情况

祖父：×××，×××× 年 ×× 月病故，政历清楚

…………

四、××× 同志政治历史情况

经按照规定和要求对 ××× 同志进行政治审查，××× 同志无政治历史问题，“文化大革命”、1989 年政治风波时尚未出生，在与“法轮功”邪教组织斗争等大是大非问题上，表现是好的，在政治上、思想上、言行上能够同党中央保持一致。

经与该同志谈话了解和函调掌握的情况，××× 同志本人及其直系亲

属、主要社会关系，都能拥护党的领导，政历清白，没有发现影响其加入中国共产党的问题。

五、××× 同志现实表现情况

该同志在担任 × 局 × 处科员期间，积极工作，团结同志，无不良行为和反映。担任 × 处副主任科员期间，积极要求进步，于 ×××× 年 × 月向党组织递交了入党申请书。经党组织 × 年的培养、教育和考察，该同志能以党员标准要求自己，在工作中服从分配，钻研业务，遵章守纪，不怕苦和累，进步较快；能拥护党的路线方针政策，坚持四项基本原则，入党动机端正，有为实现共产主义奋斗终身、更好为人民服务的理想和信念……

该同志存在的主要不足和问题：对党的基本知识学习掌握不全面；工作中存急躁情绪，有时考虑问题不够周全……都需要该同志抓紧改正。

中共 ××× 支部委员会（盖章）

2××× 年 × 月 × 日

（三）征求党员、群众对入党申请人意见座谈会记录文本

根据《中国共产党发展党员工作细则》第十三条规定，对经过一年以上培养教育和考察、基本具备党员条件的入党积极分子，在听取党小组、培养联系人、党员和群众意见的基础上，支部委员会讨论同意并报上级党委（具有审批预备党员权限——编者注）备案同意后，可列为发展对象。实践中，有的基层党组织在确定入党积极分子、发展对象时，一般都要征求入党申请人所在单位党员、群众对拟确定为入党积极分子、发展对象同志的意见，征求意见的方式也是多种多样的，有的就采取召开座谈会的形式征求党员、群众对入党申请人的意见。召开征求意见座谈会的，其征求意见座谈会的记录文本样例如下（供参考，党的基层党组织在实践中，应根据有关规定、联系实际进行必要修改确定——编者注）：

征求党员（群众）对确定 ××× 同志为入党积极分子（发展对象）意见座谈会记录

时　　间：××××年××月××日

地　　点：市政府大楼17楼1717会议室

参加人员：名单如下：

×××、×××、……（可由其本人在签到纸上签字）

主 持 人：×××

记 录 人：×××

内容记录：

×××（指发言人姓名，下同）：……

×××：……

……

（以下内容为主持人归纳座谈会意见）同志们，刚才大家都发了言、表了态。多数同志（或一致）认为×××同志政历清楚，表现也好，基本符合党员条件，可以确定其为入党积极分子（接收其为中共预备党员）。

主持人：×××（由本人签字）　记录人：×××（本人签字）

中共×××委员会（盖章）

2×××年×月×日

（四）对发展对象进行公示的有关文本

根据党内规范性文件规定、基层党组织经验做法，在确定发展对象后、报请具有审批权限的上级党委（党组，党的机关工作委员会）预审前，应在发展对象所在单位进行一定时间（具体的公示范围、公示天数，应执行上级党组织的规定和要求——编者注）的公示。对发展对象进行公示的文本样例如下（供参考，需根据有关规定和要求、发展对象的实际情况进行修改——编者注）：

拟接收为预备党员的 ××× 同志基本情况公示呈报表

<table>
<tr><td>姓名</td><td></td><td>性别</td><td></td><td>出生年月</td><td></td><td>文化程度</td><td></td><td>拟发展时间</td><td></td></tr>
<tr><td colspan="2">现工作单位</td><td colspan="8"></td></tr>
<tr><td>个人基本情况</td><td colspan="9">1. 简历
2. 近两年的考核、评比、表彰情况</td></tr>
</table>

关于拟接收为中共预备党员的 ××× 同志基本情况的公示

根据 ××× 同志申请、组织培养教育和考察，经支部委员会集体研究决定、报经中共 × 委员会（指具有审批预备党员权限的上级党组织）备案同意，确定 ××× 同志为发展对象，拟接收 ××× 同志为中共预备党员。

现将该同志有关情况予以公示。在公示期内，欢迎党员和群众通过信函、电话或者直接向党组织反映情况。提倡署真实姓名。公示时间为2××× 年 × 月 × 日至 × 月 × 日共 × 天。

<table>
<tr><td>姓　名</td><td></td><td>性　别</td><td></td><td>民　族</td><td></td></tr>
<tr><td>出生年月</td><td></td><td>文化程度</td><td></td><td>政治面貌</td><td></td></tr>
<tr><td>职务职称</td><td></td><td>工作单位</td><td colspan="3"></td></tr>
<tr><td colspan="2">列为入党积极分子时间</td><td colspan="4">2××× 年 ×× 月 ×× 日</td></tr>
<tr><td colspan="2">列为发展对象时间</td><td colspan="4">2××× 年 ×× 月 ×× 日</td></tr>
</table>

联 系 人：×××　　　　联系电话：×××××××

通信地址：×××　　　　邮政编码：××××××

中共×××支部委员会

20××年××月××日

发展对象公示情况登记表

姓　名		性　别		民　族	
出生年月		文化程度		政治面貌	
职务职称		工作单位		申请入党时间	
列为入党积极分子时间		列为发展对象时间		政审情况	
培训情况		公示反映的主要问题			
公示结论	党支部名称（盖章） ××××年××月××日				

（五）对预备党员转正进行公示的有关文本

根据党内规范性文件规定、基层党组织经验做法，预备党员预备期满、提交支部党员大会讨论其转正前，应在预备党员所在单位进行一定时间（具体的公示范围、公示天数，应执行上级党组织的规定和要求——编者注）的公示。

对发展对象进行公示的文本样例如下（供参考，需根据有关规定和要求、预备党员的实际情况进行修改——编者注）：

拟转为中共正式党员 的 ××× 同志基本情况公示呈报表

姓　名		性别		出生年月		文化程度		预备期满时间	
现工作单位									
个人基本情况	1. 接收为预备党员时间、入党介绍人 2. 一年来的考核、评比、表彰情况								

关于拟转为中共正式党员的 ××× 同志基本情况的公示

经党支部一年预备期的教育和考察，认为 ××× 同志能按党员标准严格要求自己，自觉接受党组织教育管理，入党动机端正，认真履行党员义务，基本符合转正条件。

现将 ××× 同志基本情况予以公示，欢迎广大党员和群众通过信函、电话或直接向党组织反映情况。提倡署真实姓名。

公示时间为 20×× 年 × 月 × 日至 × 月 × 日共 × 天。

姓　名		性　别		民　族	
出生年月		文化程度		政治面貌	
职务职称		工作单位			
预备期时间	20×× 年 × 月 × 日至 20×× 年 × 月 × 日				
拟转正时间	20×× 年 × 月 × 日				

联 系 人：××× 联系电话：×××××××

通信地址：××× 邮政编码：××××××

党组织名称（盖章）

20×× 年 × 月 × 日

预备党员转正公示情况登记表

姓 名		性 别		民 族	
出生年月		文化程度		政治面貌	
职务职称		工作单位			
转正时间					
公示反映的主要问题					
公示结论	党组织名称（盖章） 200× 年 × 月 × 日				

（六）关于对发展对象进行预审的报告文本

根据《中国共产党发展党员工作细则》第十九条规定，支部委员会应当对发展对象进行严格审查，经集体讨论认为合格后，报具有审批权限的基层党委预审。根据党内规范性文件规定、基层党组织经验做法，支部委员会对发展对象进行严格审查、经集体讨论认为合格后，要及时向上级党组织呈报关于对发展对象 ××× 同志进行预审的报告，其文本样例如下（供参考，需根据有关规定和要求、发展对象的实际情况进行修改——编者注）：

关于对 ××× 同志进行预审的报告

中共 × 委员会（指具有审批预备党员权限的上级党委，下同）：

×××，男，×××× 年 ×× 月出生，×××× 年 × 月入团，×××× 年 × 月参加工作，大学专科文化，现任 ×××。

该同志于 ×××× 年 ×× 月向党支部提出入党申请。根据其现实表现情况，经过党员推荐、群团组织推优等，支部委员会于 ×××× 年 ×× 月 ×× 日召开委员会全体会议，集体讨论确定其为入党积极分子，并报经中共 × 委员会备案批准。

党支部及时指定 ×××、××× 两位正式党员作 ××× 同志的培养联系人。经过党支部 × 年零 × 个月培养、教育和考察，党支部在听取党小组、培养联系人、党员和群众意见基础上，经过党员推荐、群团组织推荐等，支部委员会讨论决定并报中共 × 委员会备案批准后，确定其为发展对象，确定两名正式党员 ×××、××× 作其入党介绍人。

目前，党组织已经严格按照党内有关规定和要求，对 ××× 同志进行了政治审查且政治审查合格、在本单位范围内进行了 × 天公示且无不良反映、进行了 3 天短期集中培训且考核合格等，支部委员会对发展对象进行严格审查，集体讨论认为该同志基本具备党员条件，拟接收其为中共预备党员，现报请党委对该同志进行预审。

中共 ××× 支部委员会（盖章）

2 ××× 年 × 月 × 日

三、党支部发展党员常用的表决类文本

（一）入党介绍人意见

根据《中国共产党发展党员工作细则》第十四条、第十五条、第二十一条的规定，发展对象应当有两名正式党员作入党介绍人，入党介绍人要向支部大会负责地介绍发展对象的有关情况，并对其能否入党表明意见。因此，在接收预备党员的支部党员大会上，发展对象的两名入党介绍人都要负责地向支部党员大会介绍发展对象的有关情况，并提出自己对发展对象能否入党的意见。根据中共中央组织部工作问答等，两名入党介绍人意见文本样例如下（供参考，需根据发展对象实际情况进行修改——编者注）：

（第一介绍人意见）×××同志政治立场坚定，积极主动接受党组织的教育、培养和考察，入党动机端正，在政治上、思想上、言行上同党中央保持一致。平时学习认真，工作勤恳，尊重领导，团结同志，为人正派，自觉遵守纪律和规章制度……主要不足：对党的基本理论、基本知识的学习掌握有差距……根据该同志的现实表现，我愿做×××同志的入党介绍人，同意该同志加入党组织，并向党组织和其本人负责。希望×××同志入党后，要更加严格要求自己，努力做一名合格的共产党员。

（第二介绍人意见）同意第一介绍人的意见。我认为×××同志平时对自己要求严格，原则性强，积极支持领导的工作，积极完成担负的任务，群众基础好，带头遵守纪律和规章制度，较好地发挥了骨干作用。根据其现实表现及本人申请，我愿做×××同志的入党介绍人，同意该同志加入党组织，并向党组织和其本人负责。希望×××同志入党后，发扬成绩，克服不足，以实际行动做合格的共产党员。

（二）支部委员会向支部大会提出对发展对象的意见文本

根据《中国共产党发展党员工作细则》第二十一条作出的支部大会讨论接收预备党员的程序规定，支部委员会要向支部党员大会报告对发展对象的审查情况。在发展党员的具体工作中，支部委员会一般要集体研究提出对发展对象进行严格审查的意见，以供支部党员大会讨论、表决使用，其文本样例如下（供参考，需根据有关规定和要求、发展对象的实际情况进行修改——编者注）：

对 ××× 同志填写的《入党志愿书》及有关情况进行审查的意见

×××，男，×××× 年 ×× 月出生，×××× 年 ×× 月入团，×××× 年 ×× 月参加工作。现任 ×××。

支委会于 ×××× 年 ×× 月 ×× 日召开全体会议，对该同志填写的《入党志愿书》和有关情况进行了审查，提出意见如下：

一、思想表现情况

该同志能认真学习党章和党的基本理论、基本路线、基本方略……对党有一定认识，入党动机端正，能够认真贯彻执行党的路线方针政策，在政治上与党中央保持一致……该同志能经常向党组织汇报思想、工作和学习情况，对党忠诚老实，乐于助人，遵纪守法，发挥了带头作用……

二、工作表现情况

该同志能以党员标准规范自己的行为，工作勤恳，表现突出……

三、培养、教育和考察情况

该同志于 ×××× 年 ×× 月向党支部提出入党申请后，党支部及时派组织委员 ×× 同志同该同志进行谈话，了解其有关情况。根据其现实表现情况，经过党员推荐、群团组织推优等方式，支部委员会于 ×××× 年 ×× 月 ×× 日召开全体委员会议，集体讨论确定其为入党积极分子人选，

报请中共 × 委员会（指具有审批预备党员权限的上级党组织，下同——编者注）于 ×××× 年 ×× 月 ×× 日备案批准，并指定 ×××、××× 等 2 位正式党员作其培养联系人。

经过党组织 × 年零 × 个月培养、教育和考察，党支部在听取党小组、培养联系人、党员和群众意见的基础上，经过党员推荐、群团组织推荐等方式，支部委员会集体讨论同意并报 ×× 党委备案后，确定其为发展对象，确定 ×××、××× 两位正式党员作其入党介绍人。

根据党内有关规定和要求，党组织已经对其进行了 3 天短期集中培训且考核合格。

四、政治审查情况

党组织严格按照有关规定和要求，对 ××× 同志进行了政治审查，其本人及其直系亲属、主要社会关系政历清白，无重大政治、历史问题，没有发现影响其加入党组织的问题……

五、征求意见情况

听取了 ×× 名党员、×× 名群众意见，均赞成 ××× 同志入党；按照规定和要求，在本单位范围内进行了 × 天公示，无不良反应；于 ×××× 年 × 月 × 日通过中共 × 委员会预审且预审合格……

该同志的主要不足：……

鉴于以上情况，支部委员会认为 ××× 同志已基本具备党员条件，可以接收其为中共预备党员。

中共 ××× 支部委员会（盖章）

2 ××× 年 × 月 × 日

（三）接收预备党员无记名表决票、统计表文本

《中国共产党发展党员工作细则》第二十一条规定：与会党员对发展对象

能否入党进行充分讨论，并采取无记名投票方式进行表决。赞成人数超过应到会有表决权的正式党员的半数，才能通过接收预备党员的决议。因故不能到会的有表决权的正式党员，在支部大会召开前正式向党支部提出书面意见（包括书面的赞成意见、反对意见，一般不需要提出书面的弃权意见——编者注）的，应统计在票数内。接收预备党员无记名表决票、统计表文本样例如下：

接收预备党员无记名表决票

符　号	
发展对象姓名	×××

说明：赞成发展对象入党的，在其姓名上方的空格内画“○”；不赞成发展对象入党的，在其姓名上方的空格内画“×”；不画任何符号或画其他符号的为弃权。

接收预备党员无记名投票表决结果统计表

预备党员姓名		×××			
召开支部大会日期		2×××年××月××日			
党支部党员总人数		××人		预备党员人数	×人
				有表决权党员人数	×人
应到会有表决权的党员人数		××人		实到会有表决权的党员人数	××人
赞成票数	××票	反对票数	××票	弃权票数	××票

唱票人：×××　计票人：×××　监票人：×××

×××年××月××日

（四）通过接收预备党员的决议文本

《中国共产党发展党员工作细则》第二十一条规定：赞成人数超过应到会有表决权的正式党员的半数，才能通过接收预备党员的决议。因故不能到会的有表决权的正式党员，在支部大会召开前正式向党支部提出书面意见（包括书面的赞成意见、反对意见，一般不需要提出书面的弃权意见——编者注）的，应统计在票数内。通过接收预备党员的决议（要及时填入发展对象《入党志愿书》相关栏目——编者注）文本样例如下（应根据实际情况修改——编者注）：

××× 同志积极主动接受党组织的培养、教育和考察，能认真学习党的路线方针政策和决议，政治立场坚定，政治意识、大局意识、核心意识、看齐意识比较强，树立了全心全意为人民服务思想，具有坚定的共产主义信念。工作积极肯干，认真负责，任劳任怨，圆满完成了各项任务，得到领导和同志们的好评。平时能尊重领导，团结同志，为人比较诚恳，在群众中的威信高，已基本具备了党员条件。不足之处是……

党支部于2××× 年 ×× 月 ×× 日召开支部大会，有表决权的党员 ×× 名，应到党员 ×× 名（有表决权的党员 ×× 名，预备党员 × 名），实到党员 ×× 名（有表决权的党员 × 名，预备党员 × 名），经无记名投票表决，到会的 × 名有表决权的党员同意接收 ××× 同志为中共预备党员。

（五）预备党员转正无记名表决票、统计表文本

根据《中国共产党发展党员工作细则》第三十三条明确规定，预备党员转正的手续中有支部大会讨论、表决通过，讨论预备党员转正的支部大会，对到会人数、赞成人数等要求与讨论接收预备党员的支部大会相同。预备党员按期转正（延长预备期、取消预备党员资格的需作适当修改——编者注）无记名表决票、统计表文本样例如下（应根据实际情况修改——编者注）：

预备党员按期转正无记名表决票

符　号	
预备党员姓名	×××

说明：赞成预备党员按期转正的，在其姓名上方的空格内画“○”；不赞成预备党员按期转正的，在其姓名上方的空格内画“×”；不画任何符号或画其他符号的为弃权。

预备党员按期转正无记名投票表决结果统计表

<table>
<tr><td colspan="2">预备党员姓名</td><td colspan="4">×××</td></tr>
<tr><td colspan="2">召开支部大会日期</td><td colspan="4">2××× 年 ×× 月 ×× 日</td></tr>
<tr><td colspan="2" rowspan="2">党支部党员总人数</td><td rowspan="2">×× 人</td><td colspan="2">预备党员人数</td><td>×× 人</td></tr>
<tr><td colspan="2">有表决权党员人数</td><td>×× 人</td></tr>
<tr><td colspan="2">应到会有表决权的党员人数</td><td>×× 人</td><td colspan="2">实到会有表决权的党员人数</td><td>×× 人</td></tr>
<tr><td>赞成票数</td><td>×× 票</td><td>反对票数</td><td>×× 票</td><td>弃权票数</td><td>×× 票</td></tr>
</table>

唱票人：×××　计票人：×××　监票人：×××

××× 年 ×× 月 ×× 日

（六）通过预备党员转为正式党员的决议文本

根据《中国共产党发展党员工作细则》规定，赞成人数超过应到会有表决权的正式党员的半数，则通过预备党员转为中共正式党员的决议。因故不能到会的有表决权的正式党员，在支部大会召开前正式向党支部提出书面意见（包括书面的赞成意见、反对意见，一般不需要提出书面的弃权意见——编者注）的，应统计在票数内。通过预备党员转为中共正式党员的决议（要及时填入预备党员《入党志愿书》相关栏目——编者注）文本样例如下（包括按期转正、延长预备期，实际工作中应根据实际情况进行修改——编者注）：

（预备党员按期转为中共正式党员的决议文本样例）×××同志在预备党员期间，自觉接受党组织的培养教育，努力克服自己存在的不足，学习更加刻苦认真，工作积极主动，完成任务出色，发挥了党员的先锋模范作用。党支部于2×××年×月×日召开支部大会，有表决权党员××名，应到党员××名（有表决权的党员×名，预备党员×名），实到党员×名（有表决权的党员×名，预备党员×名），经无记名投票表决，到会的×名有表决权的党员同意×××同志按期转为中共正式党员。

（延长预备党员预备期的决议文本样例）×××同志在预备党员期间，对自己的要求有所放松，对自身存在的缺点改正不够彻底，还不完全具备党员条件，需要继续进行考察和教育。经党支部批评教育，该同志决心改正自己的缺点错误，争取以实际行动做一名合格的共产党员。党支部于2×××年×月×日召开支部大会，有表决权党员××名，应到党员××名（有表决权的党员×名，预备党员×名），实到党员×名（有表决权的党员×名，预备党员×名），经无记名投票表决，到会的×名有表决权的党员一致同意延长×××同志预备党员预备期半年。

第三节 党员教育管理常用文本样例

一、党员教育管理常用的表册文本

（一）民主评议党员民主测评表

1988 年 12 月 15 日，中共中央批转的《中央组织部关于建立民主评议党员制度的意见》规定，民主评议党员工作，要在党委的领导下，以支部为单位有步骤地进行，一般应召开党小组会或支部党员大会进行民主评议。2017 年 12 月 21 日，中共中央组织部印发的《关于召开 2017 年度基层党组织组织生活会和开展民主评议党员几个问题的通知》指出：“开展民主评议党员要简便易行，不能搞复杂的表格、台账和材料。”根据中共中央组织部的通知精神，结合基层党组织的实际情况，在实践中，是否使用民主评议党员民主测评表及其民主测评表的格式，没有统一规定和要求，各地做法也有所不同，其可供参考的文本样例如下（这里提供以下 2 种可供党支部、党小组参考使用的民主评议党员测评表文本样例，上级党组织有其他规定的，要从其规定——编者注）：

民主评议党员民主测评表

党支部：×××　　　　日期：××××年×月×日

姓名	测评等级			
	优秀	合格	基本合格	不合格
×××				

续表

姓名	测评等级			
	优秀	合格	基本合格	不合格
×××				
×××				
对本党支部党员的具体意见和希望：				

说明：请在每位党员对应的测评等级栏中，在您认为最合适的等级栏的空格内画“○”，不画“○”或不画符号或画其他符号的为弃权，对本党支部党员有具体意见和希望的也请填写。

民主评议党员等级评定无记名表决表

党支部：×××　　　　　　　　日期：××××年×月×日

姓名	党支部建议等级	是否同意支部意见	测评等级			
			优秀	合格	基本合格	不合格
×××	合格					
×××	优秀					
×××	合格					

说明：同意党支部提出的建议等级的，在“是否同意支部意见”栏画“○”；不同意党支部提出的建议等级的，在“是否同意支部意见”栏画“×”，并在您选择的对应该同志的“测评等级”的空格内画“○”（不画“○”或画其他符号或不画任何符号的，均视为同意党支部提出的建议等级——编者注）。

注意：应根据实际情况对提供文本进行修改。

（二）民主评议党员评议结果汇总表

民主评议党员工作结束后，党支部或党小组一般要及时把民主评议的评议结果报告上级党组织。实践中，对于是否使用民主评议党员评议结果汇总表及其文本格式，目前没有统一的规定和要求，各地的做法也不尽相同，可以参考如下文本样例（上级党组织有具体规定的，要从其规定——编者注）：

民主评议党员评议结果汇总表

党支部（党小组）名称：　　　　填报日期：　　年　月　日

序号	姓名	性别	现任职务	出生年月	入党时间	文化程度	确定等级
1	×××	男	××××××	××	××	××	合格
2	×××	男	××××××	××	××	××	合格
3	×××	女	××××××	××	××	××	优秀
…	……	男	……	……	……	……	……

（三）处置不合格党员登记表

2014 年 8 月 28 日，中共中央组织部、中央党的群众路线教育实践活动领导小组印发的《关于做好处置不合格党员工作的通知》对处置不合格党员应当执行的程序的规定是：（1）党支部在民主评议党员工作中，根据个人自评、党员互评、民主测评结果，由支委会对有不合格表现的党员作出初步认定。（2）党支部对党员不合格表现进行调查，形成调查核实材料，支委会提出初步处置意见。基层党委（具有审批预备党员权限的党组织，下同——编者注）可派人参加。（3）党支部将初步处置意见、调查核实材料报基层党委预审。对拟作出劝退、除名处置的，由基层党委报上一级党委组织部门预审。（4）经预审同意后，党支部召开支部大会，通报对拟处置党员调查核实和预审情况，讨论处置意见并进行表决。（5）对作出限期改正处置的，由基层党委集体研究审批；对作出劝退、除名处置的，由基层党委集体研究提出审批意见，报上一级党委组织部门审查批准。党支部接到审批意见后，及时通知被处置党员，并以适当方式宣布。实践中，对于是否使用处置不合格党员审批表及其文本格式，党内法规没有作统一规定和要求，各地的做法也不完全相同，根据处置不合格党员必须执行的程序、基层党组织的实际情况等，可供参考的文本样例如下（要根据上级党组织有关规定和要求、结合实际进行修改——编者注）：

不合格党员处置登记表

<table>
<tr><td>姓名</td><td>×××</td><td>性别</td><td>×</td><td>民族</td><td>×族</td><td>年龄</td><td>×岁</td><td>入党时间</td><td>××</td></tr>
<tr><td colspan="2">工作单位</td><td colspan="3">××××</td><td colspan="2">党内外职务</td><td colspan="3">×××××</td></tr>
<tr><td colspan="2">评议情况及不合格情形</td><td colspan="8">该同志近一年多时间以来，工作消极懈怠，不思进取、不负责任、不敢担当，在生产、工作、学习和社会生活中没有起到先锋模范作用，落后于普通群众……按照有关规定和要求，确定其为不合格党员。</td></tr>
<tr><td colspan="2">党支部初步处置意见</td><td colspan="8">给予限期改正 1 年（劝退，除名）处置。
党支部书记签名：×××　××××年×月×日</td></tr>
<tr><td colspan="2">基层党委预审意见</td><td colspan="8">同意党支部的初步处置意见。
基层党委盖章　××××年×月×日</td></tr>
<tr><td colspan="2">上级党委组织部门预审意见</td><td colspan="8">（拟劝退、除名的，要上级党委组织部门预审）同意党支部的初步处置意见。
上级党委组织部门盖章　××××年×月×日</td></tr>
<tr><td colspan="2">支部大会讨论处置意见及表决情况</td><td colspan="8">支部大会于××××年×月×日召开，有表决权的党员共××人、应到会××人、实到会××人，经无记名投票（举手）表决，到会的有表决权的党员一致同意给予×××同志限期改正 1 年（劝退，除名）处置。
党支部书记签名：×××　××××年×月×日</td></tr>
<tr><td colspan="2">党总支部审核意见</td><td colspan="8">同意给予限期改正 1 年（劝退，除名）处置。
党总支部盖章　××××年×月×日</td></tr>
<tr><td colspan="2">基层党委审批意见</td><td colspan="8">同意给予限期改正 1 年（劝退，除名）处置。
基层党委盖章　××××年×月×日</td></tr>
<tr><td colspan="2">上级党委组织部门审核意见</td><td colspan="8">（劝退、除名的，要上级党委组织部门审批）同意劝退（除名）处置。
上级党委组织部门盖章　××××年×月×日</td></tr>
</table>

（四）党员“先锋指数”评价结果汇总表

目前，有的地方基层党组织开展党员“先锋指数”评价活动，需要填报如下文本样例的党员“先锋指数”评价结果汇总表（实践中，要根据上级党组织有关规定和要求、结合实际进行修改——编者注）：

党员“先锋指数”评价结果汇总表

填报单位：　　　　　　　　　　填报时间：

填　表　人：　　　　　　　　　　联系电话：

领域行业	基层党员数	评价结果								先锋党员推荐人选名单
		先锋党员		合格党员		警示党员		不合格党员		
		数量	比例	数量	比例	数量	比例	数量	比例	
机关事业单位										
国有企业										
非公企业										
社会组织										
合计										
备注	基层党员数要与上年党内统计年报数据相对应，数据有出入的，请具体核实并说明。如社会组织是与机关党组织联建的，“社会组织”栏的评价结果不用体现数字。									

（五）优秀共产党员登记表

根据中共中央1988年12月15日批转的《中央组织部关于建立民主评议党员制度的意见》规定，对民主评议的好党员，由党组织通过口头或书面形式进行表扬。对模范作用突出的党员，可经过支部大会讨论通过，报上级党委批准，授予优秀共产党员的称号。报请上级党组织授予优秀共产党员称号的，通常要填报如下文本样例的优秀共产党员登记表（实际工作中，要根据上级党组织有关规定和要求、结合实际进行修改——编者注）：

优秀共产党员登记表

填报单位：

姓名		性 别		出生年月		民族	
入党时间		参加工作时间		文化程度		现任职务	
工作单位							
主要事迹	（1000字以内，可另附材料）						
	曾受过何种奖励和荣誉称号						
呈报单位党组织意见	（盖章） 年　月　日						
审批单位党组织意见	（盖章） 年　月　日						
备注							

中共 ××× 委员会制

(六)处置不合格党员无记名表决票文本

有的基层党组织在召开的处置不合格党员的支部党员大会中，采取无记名投票方式，对支部委员会等提出的组织处置初步意见进行表决，其可以参考的无记名投票文本样例（实践中，应根据上级党组织的具体规定、组织处置的种类，结合实际情况对如下文本样例进行适当的修改，一般情况下使用后3种表决票——编者注）如下：

组织处置不合格党员无记名表决票

姓　名	符　号			
×××	处置方式	限期改正 1 年	劝退	除名

说明：请在您选择的处置方式的上方空格内画“○”，不画任何符号或画其他符号的为弃权。

组织处置不合格党员无记名表决票

姓　名	符　号	
×××	处置方式	限期改正 1 年

说明：赞成的，在“限期改正 1 年”上方的空格内画“○”，不赞成的画“×”，不画任何符号或画其他符号的为弃权。

组织处置不合格党员无记名表决票

姓 名	符 号	
×××	处置方式	劝退

说明：赞成的，在“劝退”上方的空格内画“○”，不赞成的画“×”，不画任何符号或画其他符号的为弃权。

组织处置不合格党员无记名表决票

姓 名	符 号	
×××	处置方式	除名

说明：赞成的，在“除名”上方的空格内画“○”，不赞成的画“×”，不画任何符号或画其他符号的为弃权。

（七）处分违纪党员无记名表决票文本

有的基层党组织在召开的讨论给予违纪党员以纪律处分的支部党员大会中，采取无记名投票方式，对支部委员会等提出的纪律处分初步意见进行表决，其可以参考的无记名投票文本样例（实践中，应根据上级党组织的具体规定、纪律处分的种类，结合实际情况对如下文本样例进行适当的修改，一般情况下使用后5种表决票——编者注）如下：

处分违纪党员无记名表决票

姓 名	符 号					
×××	处分种类	警告	严重警告	撤销党内职务	留党察看	开除党籍

说明：请在您选择的处分种类的上方空格内画“○”，不画任何符号或画其他符号的为弃权。

处分违纪党员无记名表决票

姓 名	符 号	
×××	处分种类	警告

说明：赞成的，在“警告”上方的空格内画“○”，不赞成的画“×”，不画任何符号或画其他符号的为弃权。

处分违纪党员无记名表决票

姓 名	符 号	
×××	处分种类	严重警告

说明：赞成的，在“严重警告”上方的空格内画“○”，不赞成的画“×”，不画任何符号或画其他符号的为弃权。

处分违纪党员无记名表决票

姓　名	符　号	
×××	处分种类	撤销党内职务

说明：赞成的，在“撤销党内职务”上方的空格内画“○”，不赞成的画“×”，不画任何符号或画其他符号的为弃权。

处分违纪党员无记名表决票

姓　名	符　号	
×××	处分种类	留党察看

说明：赞成的，在“留党察看”上方的空格内画“○”，不赞成的画“×”，不画任何符号或画其他符号的为弃权。

处分违纪党员无记名表决票

姓　名	符　号	
×××	处分种类	开除党籍

说明：赞成的，在“开除党籍”上方的空格内画“○”，不赞成的画“×”，不画任何符号或画其他符号的为弃权。

二、党员教育管理常用的鉴定、决议文本

（一）党支部组织鉴定文本

党章第四条规定：“在党组织讨论决定对党员的党纪处分或作出鉴定时，本人有权参加和进行申辩，其他党员可以为他作证和辩护。”根据党内有关规定和工作问答、基层党组织的实践做法，党员鉴定一般根据上级党委统一部署或在党员调动工作、离职脱产学习结业返回单位时进行，党员鉴定由支部讨论通过签署，党员鉴定内容主要包括：被鉴定人的思想、工作、学习和作风等方面的实际表现，肯定其优点和成绩，同时要指出其存在的缺点和不足。党员鉴定书是党组织对一个党员在一段时间内进行的全面的评定，应当客观、实事求是，其文本样例如下（在实际工作中，要根据上级党组织有关规定和要求、党员实际情况进行修改——编者注）：

关于 ××× 同志的鉴定

××× 同志，男，×××× 年 ×× 月出生，×××× 年 ×× 月入党，×××× 年 × 月参加工作，大学文化，现任 ×××。

该同志政治意识、大局意识、核心意识、看齐意识强，坚定道路自信、理论自信、制度自信、文化自信，能做到“两个维护”，拥护党的路线方针政策，能自觉和党中央保持一致。

该同志在平时工作中，干一行、爱一行、钻一行、精一行，能努力完成组织和上级交给的各项任务。该同志平时注意发挥共产党员的先锋模范作用，能够做到吃苦在前、享受在后，把方便让给他人。

该同志在与群众交往中，能够积极向群众宣传讲解党的政策和主张，

努力使党的各项路线方针政策变为广大群众自觉行动。平常同志们有什么问题，也都愿意找该同志进行交流。

该同志具有继承创新、开拓进取精神，对于工作中产生的疑难问题、新情况，他都积极主动地深入研究，并在实践过程中进行探索，取得了明显的成绩。近两年，为了适应本单位各项事业不断发展的现实需要，他按照领导要求，制定和健全了规章制度，使过去存在的混乱现象得以解决，把工作向科学化制度化规范化标准化推进了一步。在这些方面，他作出的成绩和发挥的作用是得到领导和同志们肯定的。

他坚持学习马克思列宁主义、毛泽东思想、邓小平理论、“三个代表”重要思想、科学发展观、习近平新时代中国特色社会主义思想，能够做到理论联系实际，善于用学到的立场观点方法去观察问题解决问题。

该同志的主要缺点和不足是：有时不注意听取他人的意见，一旦认定某事，不容易被他人说服；在有的场合、有的时候还存在不够谦虚谨慎的问题。

希望该同志在新的单位、新的工作岗位上，发扬自己的优点，正确对待取得的成绩，尽快克服自身存在的一些缺点与不足，努力为党的工作做出更大的贡献。

中共 ××× 支部委员会（盖章）

2××× 年 × 月 × 日

（二）党支部通过的纪律处分决定文本

党章第四十二条规定：“对党员的纪律处分，必须经过支部大会讨论决定，报党的基层委员会批准；如果涉及的问题比较重要或复杂，或给党员以开除党籍的处分，应分别不同情况，报县级或县级以上党的纪律检查委员会审查批准。在特殊情况下，县级和县级以上各级党的委员会和纪律检查委员会有权直接决定给党员以纪律处分”。党章第四十三条规定：“党组织对党员作出处分决定，应当实事求是地查清事实。处分决定所依据的事实材料和处分决定必须同本人见面，听取本人说明情况和申辩。如果本人对处分决定不服，可以提出申诉，有关党组织必须负责处理或者迅速转递，不得扣压。对于确属坚持错误意见和无理要求的人，要给予批评教育。”根据党章等有关规定和要求、基层党组织的经验做法，党支部研究讨论作出处分决定，要经被处分党员签字。党支部对党员的处分决定文本样例如下（在实际工作中，要根据上级党组织规定和要求、被处分党员实际情况进行修改，给予警告、严重警告、撤销党内职务、留党察看处分决定文本同此——编者注）：

关于给予 ××× 开除党籍处分的决定

×××，男，汉族，××岁，××文化程度，××××年×月参加工作，××××年×月入党，现任×××。

×××于20××年×月至20××年×月任××期间，利用职务之便，以重复报销、开假票据报销等为手段，贪污公款×××××元。此后，他在任××期间，从2×××年×月至2×××年×月，先后贪污公款××××××元……

××党支部于20××年××月××日召开支部大会，有表决权的党员共××人，应到会党员××人（其中，有表决权的党员××人，预备党员×人），实到会党员××人（其中，有表决权的党员××人，预备党员×人），与会党员对×××的问题进行了充分讨论，到会的全体党员一致认为，×××不仅已经丧失了共产党员的条件，而且构成了犯罪，被×××法院依法判处有期徒刑×年，为了严肃党的纪律，依据《中国共产党纪律处分条例》第×××条、第×××条的规定，到会的全体党员一致赞成开除×××党籍。

中共 ××× 支部委员会（盖章）

×××× 年 × 月 × 日

支部大会我参加了，同意组织上给予我的开除党籍处分决定。

×××（盖章或按指印） ×××× 年 × 月 × 日

（三）中止党员表决权、选举权和被选举权的决定文本

2018 年 10 月 1 日施行的《中国共产党纪律处分条例》第三十条规定：“党员被依法留置、逮捕的，党组织应当按照管理权限中止其表决权、选举权和被选举权等党员权利。根据监察机关、司法机关处理结果，可以恢复其党员权利的，应当及时予以恢复。”实践中，按照管理权限中止被依法留置、逮捕的党员的表决权、选举权和被选举权，一般应当经过所在支部大会讨论决定，由所在党支部作出中止其表决权、选举权和被选举权的决定，然后按照管理权限报请上级党委审查批准。支部大会作出的中止党员的表决权、选举权和被选举权的决定文本样例如下（在实际工作中，要根据上级党组织有关规定和要求、被中止权利的党员的实际情况进行修改——编者注）：

关于中止 ××× 同志
表决权、选举权、被选举权等党员权利的决定

×××，男，汉族，×× 岁，×× 文化程度，×××× 年 × 月参加工作，×××× 年 × 月入党，现任 ×××。

××× 同志因……于 20×× 年 × 月 × 日被依法留置。

党支部于 20×× 年 × 月 × 日召开支部大会，有表决权党员 × 名，

应到会党员 ×× 人（其中，有表决权的党员 ×× 人，预备党员 × 人），实到会党员 ×× 人（其中，有表决权的党员 ×× 人，预备党员 × 人），到会的全体党员一致同意依据《中国共产党纪律处分条例》第三十条的规定，从 ××× 年 ×× 月 ×× 日起，中止 ××× 同志表决权、选举权和被选举权等党员权利，根据有关机关处理结果，可以恢复其党员权利的，及时予以恢复。

中共 ××× 支部委员会（盖章）

×××× 年 × 月 × 日

（四）关于处置不合格党员的决定文本

党的十九大报告要求：“稳妥有序开展不合格党员组织处置工作。”根据中共中央组织部、中央党的群众路线教育实践活动领导小组于 2014 年 8 月 28 日印发的《关于做好处置不合格党员工作的通知》的明确规定，对于经民主评议被初步认定为不合格的党员，再报经基层党委（指具有审批预备党员权限的上级党组织，对拟作出劝退、除名处置的，还要由基层党委报再上一级党委组织部门审查批准，下同——编者注）预审同意后，党支部召开支部大会，通报对拟处置党员调查核实和预审情况，讨论处置意见并进行表决。实践中，应根据上级党组织的有关规定、不合格党员的实际情况等，召开支部大会作出限期改正 1 年或劝退或除名的组织处置决定，不合格党员的处置决定的文本样例如下（此处提供的是可供参考的对不合格党员予以除名的决定文本样例，在实际工作中，要根据上级党组织的规定和要求、不合格党员的实际情况进行修改，劝退、限期改正 1 年的组织处置决定文本同此——编者注）：

关于对 ××× 同志予以除名处置的决定

×××，男，汉族，×× 岁，×× 文化程度，×××× 年 × 月参加工作，×××× 年 × 月入党，现任 ×××。

近一年多时间以来，××× 同志对自己要求不严，工作消极懈怠，不思进取、不负责任、不敢担当，在生产、工作、学习和社会生活中不起先锋模范作用，甚至落后于普通群众。同时，该同志组织纪律也比较散漫，经常不按规定参加党的组织生活，不能按照规定和要求按时交纳党费，不能完成党组织分配的任务，不按党的组织原则办事。党支部在民主评议党员工作中，根据 ××× 同志个人自评、党员互评、民主测评结果及其该同志的一贯表现情况，支部委员会于 20×× 年 × 月 × 日集体研究，初步认定 ××× 同志为不合格党员。之后，党支部按照党内有关规定和要求，对 ××× 同志不合格表现进行了认真的深入的调查，形成了调查核实材料。

支部委员会于 20×× 年 × 月 × 日集体研究，按照党内的有关规定、民主评议党员结果、××× 同志的表现情况，作出了对 ××× 同志予以除名的初步处置意见。中共 × 委员会（指具有审批预备党员权限的上级党组织，下同）于 20×× 年 × 月 × 日预审同意对 ××× 同志予以除名。中共 ×× 委员会组织部（指具有审批预备党员权限的上级党组织的上一级党委组织部门，下同）预审同意对 ××× 同志予以除名。

党支部于 20×× 年 × 月 × 日召开支部大会，有表决权的党员共 ×× 人，应到会党员 ×× 人（其中，有表决权的党员 ×× 人，预备党员 × 人），实到会党员 ×× 人（其中，有表决权的党员 ×× 人，预备党员 × 人）。在支部大会上，通报了对 ××× 同志的调查核实和预审情况，与会党员充分讨论了对 ××× 同志予以除名的处置意见，在此基础上，采取举手（无记名投票）表决方式进行表决，到会的有表决权的党员一致同意对

×××同志予以除名，并要求尽快按照规定和要求报请上级党委审批。

中共×××支部委员会（盖章）

××××年×月×日

支部大会我参加了，同意党组织给予我的除名的决定。

×××（盖章或按指印）　　××××年×月×日

三、党员教育管理常用的请示报告文本

（一）党支部呈报给予党员纪律处分的请示文本

党章第四十二条规定：“对党员的纪律处分，必须经过支部大会讨论决定，报党的基层委员会批准。”党章第四十三条规定：“处分决定所依据的事实材料和处分决定必须同本人见面（按照规定和要求不应同本人见面的控告、检举、揭发材料等，要按照有关规定和要求执行，下同——编者注），听取本人说明情况和申辩。如果本人对处分决定不服，可以提出申诉，有关党组织必须负责处理或者迅速转递，不得扣压。”根据党章等有关规定和要求、基层党组织的基本经验，支部大会讨论通过对违纪党员的纪律处分决定后，要及时按照管理权限、有关规定，向上级党组织呈报给予党员处分的请示，其文本样例如下（在实际工作中，要根据上级党组织规定和要求、被处分党员实际情况进行修改，给予严重警告、撤销党内职务、留党察看、开除党籍处分的请示文本样例同此——编者注）：

关于给予 ××× 同志警告处分的请示

中共 × 委员会（指具有审批权限的上级党组织，下同）：

×××，男，汉族，×× 岁，×× 文化程度，×××× 年 × 月参加工作，×××× 年 × 月入党，现任 ×××。

20×× 年 × 月 × 日，××× 同志在其所在单位组织的对公务员进行年度考核的民主测评中，违反组织纪律，搞非组织活动，私自组织与自己关系密切的多名人员，采取给自己关系密切人员打好评、对其他人员打差评甚至恶意打差评等手段，使民主测评结果严重失实，直接影响了公务员考核结果，造成了很坏的影响，对同志间的信任和团结产生较大负面影响。

经党组织的批评教育和启发，××× 同志主动交代了本人的问题，也认识到了自己违反组织纪律的性质，并决心改正自己的错误。

党支部于 20×× 年 ×× 月 ×× 日召开支部大会，有表决权的党员共 ×× 人，应到会党员 ×× 人（其中，有表决权的党员 ×× 人，预备党员 × 人），实到会党员 ×× 人（其中，有表决权的党员 ×× 人，预备党员 × 人），与会党员对 ××× 同志违反组织纪律的问题进行了充分讨论，到会的全体党员一致认为，××× 同志违反了组织纪律，但考虑其认识问题的态度好，且决心改正自己的问题，依据《中国共产党纪律处分条例》第 ×× 条、第 ××× 条的规定，到会的所有党员一致赞成给予 ××× 同志党内警告处分。现报请审查批准。

附件：所依据的事实材料和处分规定（略）

中共 ××× 支部委员会（盖章）

×××× 年 × 月 × 日

（二）中止党员表决权、选举权和被选举权的请示文本

《中国共产党纪律处分条例》第三十条规定：“党员被依法留置、逮捕的，党组织应当按照管理权限中止其表决权、选举权和被选举权等党员权利。根据监察机关、司法机关处理结果，可以恢复其党员权利的，应当及时予以恢复。”实践中，按照管理权限中止被依法留置、逮捕的党员的表决权、选举权和被选举权，一般应当经过所在支部大会讨论决定，由所在党支部作出中止其表决权、选举权和被选举权的决定，然后按照管理权限报请上级党组织审查批准。党支部报请上级党组织中止被依法逮捕的党员的表决权、选举权和被选举权的请示文本样例如下（在实际工作中，要根据上级党组织有关规定和要求、被中止权利党员的实际情况进行修改——编者注）：

关于中止×××同志
表决权、选举权、被选举权等党员权利的请示

中共×委员会（指具有审批权限的上级党组织，下同）：

×××，男，汉族，××岁，××文化程度，××××年×月参加工作，××××年×月入党，现任×××。

×××同志因……于20××年×月×日被依法逮捕。

党支部于20××年×月×日召开支部大会，有表决权党员共××人，应到会党员××人（其中，有表决权的党员××人，预备党员×人），实到会党员××人（其中，有表决权的党员××人，预备党员×人），到会的全体党员一致同意依据《中国共产党纪律处分条例》第三十条的规定，自××××年××月×日起，中止×××同志表决权、选举权和被选举权等党员权利，根据司法机关处理结果，可以恢复其党员权利

的，及时予以恢复。现报请审查批准。

附件：所依据的事实材料（略）

中共 ××× 支部委员会（盖章）

×××× 年 × 月 × 日

（三）关于处置不合格党员的请示文本

根据中共中央组织部、中央党的群众路线教育实践活动领导小组于 2014 年 8 月 28 日印发的《关于做好处置不合格党员工作的通知》等明确规定，对不合格党员作出限期改正 1 年处置的，由基层党委（指具有审批预备党员权限的上级党组织，下同——编者注）集体研究审批；对作出劝退、除名处置的，由基层党委集体研究提出审批意见，报上一级党委组织部门（指具有审批预备党员权限的基层党委的上一级党委组织部门，下同——编者注）审查批准。实践中，应根据上级党组织的有关规定、不合格党员的实际情况等，向基层党委呈报给予不合格党员组织处置的请示，其文本样例如下（此处提供的是可供参考的对不合格党员限期改正 1 年处置的请示文本样例，在实际工作中，要根据上级党组织的规定和要求、不合格党员的实际情况进行修改，劝退、除名的组织处置请示文本同此——编者注）：

关于对 ××× 同志予以限期改正 1 年处置的请示

中共 × 委员会（指具有审批权限的上级党委，下同）：

×××，男，汉族，×× 岁，×× 文化程度，×××× 年 × 月参加工作，×××× 年 × 月入党，现任 ×××。

近一年多时间以来，××× 同志对自己要求不严，工作消极懈怠，不思进取、不负责任、不敢担当，在生产、工作、学习和社会生活中不起先锋模范作用，有时甚至落后于普通群众。

在民主评议党员工作中，根据 ××× 同志个人自评、党员互评、民主测评结果及其该同志的一贯表现情况，支部委员会于20×× 年 × 月 × 日集体研究，初步认定 ××× 同志为不合格党员。之后，党支部按照党内有关规定和要求，对 ××× 同志不合格表现进行了认真的深入的调查，形成了调查核实材料。

支部委员会于20×× 年 × 月 × 日集体研究，按照党内的有关规定、民主评议党员结果、××× 同志的现实表现情况，作出了对 ××× 同志予以限期改正 1 年处置的初步处置意见。

中共 × 委员会（指具有审批预备党员权限的上级党组织，下同）于20×× 年 × 月 × 日预审同意对 ××× 同志予以限期改正 1 年的处置。中共 ×× 委员会组织部（指具有审批预备党员权限的上级党组织的上一级党委组织部门，下同）预审同意对 ××× 同志予以限期改正 1 年的处置。

党支部于20×× 年 × 月 × 日召开支部大会，有表决权的党员 ×× 人，应到会党员 ×× 人（其中，有表决权的党员 ×× 人，预备党员 × 人），实到会党员 ×× 人（其中，有表决权的党员 ×× 人，预备党员 × 人）。在支部大会上，通报了对 ××× 同志的调查核实和预审情况，与会党员充分讨论了对 ××× 同志予以限期改正 1 年的处置意见，在此基础上，采取举手（无记名投票）表决方式进行表决，到会的有表决权的党员一致同意对 ××× 同志予以限期改正 1 年处置。现报请审查批准。

附件：所依据的事实材料（略）

中共 ××× 支部委员会（盖章）

×××× 年 × 月 × 日

四、党员管理会议主持词、票决办法、党课提纲文本

（一）召开有关党员教育管理会议的主持词文本

根据党章等党内有关规定、工作问答等说明，党支部召开给予违纪党员的纪律处分、对不合格党员进行组织处置等事项的支部党员大会，都需要在支部党员大会召开前，根据讨论事项等实际情况，起草支部党员大会主持词，可供参考的关于党员教育管理的支部党员大会主持词文本样例如下（本书提供的是讨论对不合格党员作限期改正1年组织处置的支部党员大会的主持词，实践中，需要根据会议讨论决定事项、给予的纪律处分或者组织处置的种类进行适当的修改——编者注）：

中共 ××× 委员会党员大会主持词

（供党员大会主持人参考）

（括号中“请发表”、“有 × 人，请放下”、“通过”等字句，只有在有意见或不同意或弃权等情况下才使用）

各位党员：

本次党员大会，有表决权的党员共34名，应到会党员32名（其中，有表决权的党员29名，预备党员3名），实到会党员29名（其中，有表决权的党员27名，预备党员2名），因事、因病请假的有表决权的党员2名、预备党员1名，有表决权的党员实到会人数符合规定。

◆ 现在开会。本次党员大会只有一项议程，即：讨论决定对 ××× 同志作限期改正1年的组织处置。

◆ 在民主评议党员工作中，根据 ××× 同志个人自评、党员互评、民主测评结果及其该同志的一贯表现情况，支部委员会于 20×× 年 × 月 × 日集体研究，初步认定 ××× 同志为不合格党员。之后，党支部按照党内有关规定和要求，对 ××× 同志不合格表现进行了认真的全面的调查，形成了调查核实材料。

◆ 现在请支部委员会纪律检查委员纪委同志通报对 ××× 同志有关问题的调查核实情况。

◆（纪委同志通报情况完毕后）现在请支部委员会组织委员组织同志通报上级党委对 ××× 同志进行预审的情况。

◆（组织同志通报情况完毕后）请各位党员考虑一下，对经预审同意的对 ××× 同志作限期改正 1 年的组织处置意见有什么意见的，请发表。

◇（左右观察、稍等后）没有（或请发表）。

●（如有党员发表意见的，待发表意见的党员全部发表意见后）现在进行举手表决（采取举手表决方式进行表决时，采取无记名投票方式进行表决的，没有此程序，进入下一步的“现在进入无记名投票表决程序”，具体表决方式要执行上级党组织的规定），请有表决权的正式党员参加表决，预备党员（没有预备党员的除外，下同）和在留党察看处分期间的党员（没有在留党察看处分期间的党员除外，下同）不要参与表决：

◇ 同意的，请举手。（稍等后）请放下。

◇ 不同意的，请举手，没有（有 × 人，请放下）。

◇ 弃权的，请举手，没有（有 × 人，请放下）。

◇ 根据举手表决结果，有表决权的 ×× 名党员，同意对 ××× 同志予以限期改正 1 年的组织处置，支部大会通过对 ××× 同志予以限期改正 1 年的决议。

●（如有党员发表意见的，待发表意见的党员全部发表意见后）现在进入无记名投票表决程序（采取举手表决方式的，没有此步骤至“根据监票人报告的计票结果”这些步骤，直接进入“现在请 ××× 同志作表态发言”）。

▲ 现在通过《票决办法（草案）》。

◇ 请组织同志宣读《票决办法（草案）》。

◇（宣读完毕后）请各位党员考虑一下，（稍等后）对《票决办法（草案）》有什么意见，请发表。

◇（左右观察、稍等后）没有（请发表）。现在采取举手表决方式进行表决，请有表决权的正式党员参加表决，请预备党员和在留党察看处分期间的党员不要参与表决：

◇ 同意的，请举手。（稍等后）请放下。

◇ 不同意的，请举手，没有（有 × 人，请放下）。

◇ 弃权的，请举手，没有（有 × 人，请放下）。

◇ 一致通过（如有不同意、弃权的，主持人则说“通过”）。

◇ 请把《票决办法（草案）》中的“草案”二字划去。

▲ 现在通过监票人，指定计票人。

◇ 根据《票决办法》的规定和支部委员会的建议，提名原则同志为本次党员大会无记名投票表决的监票人。

◇ 请各位党员考虑一下，（稍等后）有什么意见，请发表。

◇（左右观察、稍等后）没有（请发表）。现在提请大会表决通过，请有表决权的正式党员参加表决，请预备党员和在留党察看处分期间的党员不要参与表决。

◇ 同意的，请举手。（稍等后）请放下。

◇ 不同意的，请举手，没有（有 × 人，请放下）。

◇ 弃权的，请举手，没有（有 × 人，请放下）。

◇ 一致通过（如有不同意、弃权的，主持人则说“通过”）。

◇ 请计算、准确同志担任票决计票人。

▲ 现在请监票人、计票人执行任务，开始工作，清点到会的有表决权的正式党员人数。请各位党员不要走动。

◇（监票人向大会主持人报告到会党员情况后）有表决权的正式党员34名、应到会29名、实到会27名，根据本次党员大会《票决办法》规定，可以进行表决。

▲ 现在请监票人查封票箱。

▲ 请监票人领取表决票。

▲ 请监票人、计票人分发表决票。

◇ 请各位党员领到表决票后，不要马上填写。

◇（表决票发完后）请有表决权的各位党员检查一下，有没有没拿到表决票的？有没有多拿表决票的？如果有多拿、没拿表决票的，请举手。

◇（左右观察、稍等后）没有（如有的，则提醒监票人抓紧处理）。

◇ 现在请监票人报告表决票分发情况。

（监票人报告：本次党员大会领到表决票29张，发出27张，多余2张。发出的表决票与今天到会的有表决权的正式党员人数相符。）

◇ 多余的表决票，请监票人剪角作废。

▲ 请有表决权的正式党员画写表决票时，要注意以下几点：

①赞成限期改正1年的，就在“限期改正1年”上方的空格内画“○”。

②不赞成限期改正1年的，就在“限期改正1年”上方的空格内画“×”。

③不画任何符号或者画其他符号的均视为弃权。

④表决票须用钢笔或圆珠笔或签字笔画写，符号要正确，笔迹要清楚。

◇ 现在开始画写表决票……

▲（待表决票全部画写完毕后）现在开始投票。会议设1只票箱，先监

票人，再计票人，然后是在主席台上就座的党员，最后是其他党员按次序投票。请有表决权的各位党员投票后，回到自己的座位上休息，因为计票时间不长。

◇ 现在开始投票。

◇（投票后）各位党员是否都已投票了？还没有投票的，请举手。

◇（注意观察后）没有（如有的，则提醒“抓紧投票”）。

▲（全部投票后）现在请监票人启封票箱，清点收回的表决票。

◇（监票人向主持人报告收回的表决票数后）根据监票人报告，本次表决收回表决票27张，与投票人数相符，本次表决有效（监票人清点、确认收回的表决票数符合规定的，收回表决票情况也可以在报告计票结果时一并报告）。

◇ 请监票人、计票人开始计票。请各位党员就地休息（党员人数多、计票时间长的，组织观看电影或开展党员教育活动）。

▲（计票结束后）各位党员，现在继续开会，请监票人报告计票结果。

◇（监票人报告完毕后）根据监票人报告的计票结果，按照本次党员大会《票决办法》的规定，通过对 ××× 同志予以限期改正1年的组织处置决议。

◆现在请 ××× 同志作表态发言（不是必需的议程，根据实际情况安排，让被处置党员表明改正缺点错误的决心）。

◆现在请 ××× 同志讲话，大家欢迎（不是必需的议程，请所在单位的负责同志讲话，根据实际情况安排）。

◆（讲话完毕、各项议程完成后）各位党员，本次党员大会的议程已举行完毕。散会。

说明：支部委员会、党小组召开党小组会讨论提出对不合格党员予以组织处置的意见、对违纪党员提出处分意见的主持词，可根据支部委员会、党小组的实际情况，参照本文本样例，进行适当修改即可。

（二）关于党员教育管理会议的票决办法文本

支部党员大会、支部委员会、党小组会在讨论对违纪党员的纪律处分、不合格党员的组织处置的初步意见或者决定决议（包括给予违纪党员的警告、严重警告、撤销党内职务、留党察看、开除党籍处分，给予不合格党员予以限期改正1年、劝退、除名的处置，下同——编者注），采取无记名投票表决的方式进行表决的，一般都要在会前制定提供党员大会、支部委员会、党小组会表决通过的《票决办法（草案）》（一般由党支部组织委员起草，不设支部委员会的党支部，可由党支部书记或者由党支部书记指定专人负责起草——编者注）。《票决办法（草案）》经表决通过后要将“（草案）”二字划去，其文本样例如下（此处提供的是供支部党员大会讨论决定对不合格党员作劝退处置的文本样例，实践中要根据党支部的实际情况、不合格党员的具体表现情况、有关规定等进行修改——编者注）：

中共 ××× 委员会党员大会表决办法（草案）

一、根据党章和中共中央组织部、中央党的群众路线教育实践活动领导小组《关于做好处置不合格党员工作的通知》等党内有关规定，制定本表决办法。

二、经中共 × 委员会（指进行票决的党支部的上级党组织，下同）预审同意，本次党员大会表决通过对 ××× 同志作劝退处置的决议。

三、按照有关规定，党支部在民主评议党员工作中，根据个人自评、党员互评、民主测评结果，由支委会对有不合格表现的 ××× 同志作出初步认定。

四、党支部对 ××× 同志不合格表现进行调查，形成调查核实材料，支委会提出劝退的初步处置意见。

五、党支部将劝退的初步处置意见、调查核实材料报中共 × 委员会预审，由中共 × 委员会报上一级党委组织部门预审。

六、经预审同意后，党支部召开支部大会，通报对 ××× 同志调查核实和预审情况，讨论劝退处置意见并进行表决。

七、表决采用无记名投票方式。表决必须有半数以上有表决权的党员到会方可进行。赞成人数超过应到会有表决权党员人数的半数，通过对 ××× 同志予以劝退的决议。赞成人数不超过应到会有表决权党员人数的半数，讨论通过给予 ××× 同志限期改正 1 年或者除名的决议。

八、会场设票箱 1 只。有表决权的党员投票顺序：首先是监票人、计票人投票，接着是主席台上的党员投票，然后是其他党员依次投票。

九、表决设监票人 1 人。监票人在中共 ××× 支部委员会领导下，对票决全过程进行监督。监票人由中共 ××× 支部委员会从参加会议的正式党员中推荐，由大会举手表决通过。票决对象不得担任监票人。

十、表决设计票人 2 人。计票人由会议主持人从不是票决对象的党员中指定，在监票人的监督下进行工作。

十一、表决票须用钢笔或圆珠笔或签字笔画写，符号要正确，笔迹要清楚。赞成劝退意见，就在表决票“劝退”上面的空格内画“○”；如不赞成，就画“×”；不画符号或者画其他符号的均视为弃权。

十二、表决投票前，先由监票人清点人数并由主持人宣布出席会议的有表决权的党员人数，再由监票人、计票人将表决票发给到会有表决权的党员，并当众查封票箱。投票完毕，由监票人启封票箱，清点表决票。收回的表决票数等于或少于投票人数的，表决有效；多于投票人数的，表决无效，应重新进行表决。计票完毕，由监票人向会议报告计票结果，由会议主持人宣布表决结果。

十三、表决的组织工作由中共 ××× 支部委员会（指进行票决的党支部委员会，本文本样例同）负责。

十四、表决过程中，如遇本办法以外的特殊情况，由中共 ××× 支部委员会研究处理。

十五、本表决办法，经党员大会举手表决通过后生效。

（三）按时上好党课的党课提纲文本

根据坚持按时上好党课制度的经验，基层党组织通常要在上党课之前，组织包括党课讲授人在内的专门人员，围绕党课主题，起草党课提纲。以下是编者引用党章等党内法规、规范性文件，引用《中国共产党组织工作辞典》《中国共产党组织工作教程》等解释、工作问答，引用许多党建专家学者的研究成果和著述等，以及自己长期进行党性修养的实践经验和体会，起草的加强党性修养的党课提纲文本样例（仅供参考）：

加强党性修养的意义及途径

（2018 年 5 月 8 日）

讲授人：×××

各位党员：

根据“两学一做”学习教育安排和集团党委要求，以及党员队伍建设需要，今天把同志们集中在这里，上一堂党课。我讲的主题是：加强党性修养的意义及途径。简单讲三个方面的内容：一是加强党性修养的科学内涵；二是加强党性修养的目的意义；三是加强党性修养的方法途径。

一、加强党性修养的科学内涵

内涵，就是逻辑上指概念中所反映的事物的特有属性。例如“生物”

这一概念的内涵就是：自然界中有生命的物体。事物的特有属性是客观存在的，它本身并不是内涵，只有当它反映到概念之中成为思想内容时，才是内涵。我们共产党员加强党性修养是一个常谈常新的话题，也是共产党员一生要坚持修炼的大课题。共产党人加强党性修养，首先就要清楚党性、党性修养、加强党性修养的含义和党性修养的主要内容。

（一）党性的含义

2013 年 9 月，习近平总书记在参加河北省委常委班子专题民主生活会时的讲话指出：“党性是立身、立业、立言、立德的基石，而党性不可能随着党龄的增加而自然增强，也不可能随着职务的升迁而自然增强，必须在严格的党内生活锻炼中不断增强。”那么，什么是共产党员党性呢？根据刘少奇同志对此的解释，共产党员的党性，就是无产者阶级性最高而集中的表现，就是无产者的最高表现，就是无产阶级利益最高而集中的表现。

（二）党性修养的含义

所谓修养，简单说是指培养高尚的品质和正确的待人处世的态度，在科学文化知识、艺术、思想等方面所达到的一定水平。古人所说的“修身，齐家，治国，平天下”的“修身”就是要求人们要注重自身道德、学识、处事各方面的修养，“修身”是“平天下”的第一步。根据《中国共产党组织工作辞典》的解释，中国共产党党员党性修养是“共产党员在政治、思想、道德品质和知识技能方面按照党性原则所进行的自我修养和锻炼，是共产党员自我教育、自我改造和自我完善的主要途径”。我这里所说的党性原则，就是指“保持党的先进性所遵循的基本原则和要求”。

（三）加强党性修养的含义

在我党的历史上，我们党逐渐使用“党性”这个词语，倡导提高党性修养、增强党性锻炼，是从 20 世纪 30 年代末就开始的。简单地说，加强党性修养就是共产党员通过不断地在政治、思想、道德品质、知识技能等方面按党性原则进行与时俱进的自我修养、自我锻炼、自我改造、自我完善、自我革命，使自己的党性修养更有效、党性更坚强。

（四）党性修养的主要内容

根据党章规定和中央组织部的有关问答，在中国特色社会主义进入新时代的今天，我国改革开放进一步发展的新时期，我们加强党性修养的内容主要包括在以下方面：

1. 加强马克思主义理论修养。就是要认真学习马克思列宁主义、毛泽东思想、邓小平理论、“三个代表”重要思想、科学发展观、习近平新时代中国特色社会主义思想，学习党的路线方针政策和决议，学习党的基本知识，坚定社会主义和共产主义信念，坚定中国特色社会主义信心，提高贯彻执行党的路线方针政策和决议的能力，加强工作中的原则性、系统性、预见性、创造性，卓有成效地把自己承担的各项工作任务完成好。

2. 加强共产主义道德和无产阶级思想意识修养。就是要忠诚于党和组织，忠诚于共产主义事业，以党和人民利益高于一切的原则处理个人与党组织、个人与社会的关系，真正做到立党为公、执政为民、吃苦在前、享乐在后、克己奉公、多作贡献、永葆工人阶级先进分子的政治本色。

3. 加强政治纪律和组织纪律性修养。就是要切实增强党的组织和纪律观念，严格按照党的组织原则办事，自觉遵守党的各项纪律和政治规矩，增强政治意识、大局意识、核心意识、看齐意识，坚定道路自信、理论自信、制度自信、文化自信，坚决做到“两个维护”。

4. 加强科学文化知识和专业知识的修养。就是要认真学习科学、文化、法律和业务知识，努力钻研业务，真正成为本行业的骨干、内行、专家，不断提高为人民服务的本领和实际成效。

5. 加强党的优良传统和作风修养。就是要自觉继承和发扬党的优良传统和作风，积极开展批评和自我批评，勇于揭露和纠正违反党的原则的言行和工作中的缺点错误，勇于同党内和社会上的不正之风进行斗争。

6. 党的领导干部还要加强领导艺术和管理能力修养。

二、加强党性修养的目的意义

加强党性修养是中国共产党的优良传统和成功经验。我们党取得执政地位后，党的历代中央领导集体都十分重视共产党员的党性修养问题，要求共产党员不断增强党性锻炼，同一切党性不纯的现象作斗争。2014 年 3 月 9 日，习近平总书记在参加十二届全国人大二次会议安徽代表团审议时的讲话指出：“严以修身，就是要加强党性修养，坚定理想信念，提升道德境界，追求高尚情操，自觉远离低级趣味，自觉抵制歪风邪气。”我们可以从以下方面体会共产党员加强党性修养的目的意义：

（一）加强党性修养是防范“四种危险”的必然要求

2011 年 7 月 1 日，胡锦涛同志在庆祝中国共产党成立 90 周年大会上的讲话指出：“全党必须清醒地看到，在世情、国情、党情发生深刻变化的新形势下，提高党的领导水平和执政水平、提高拒腐防变和抵御风险能力，加强党的执政能力建设和先进性建设，面临许多前所未有的新情况新问题新挑战，执政考验、改革开放考验、市场经济考验、外部环境考验是长期的、复杂的、严峻的。精神懈怠的危险，能力不足的危险，脱离群众的危险，消极腐败的危险，更加尖锐地摆在全党面前，落实党要管党、从严治党的任务比以往任何时候都更为繁重、更为紧迫。”共产党员是党的肌体的细胞，我们每个共产党员的党性都强了、先进性和纯洁性都保证了、先锋模范作用都发挥好了，党的肌体就一定能够坚强有力、永葆活力、生机勃勃，我们党面临的“四种危险”就一定能够得到有效的防范。

（二）加强党性修养是实现党的政治任务的客观需要

党的政治路线、政治任务决定党性。党性是实现党的政治路线、政治任务的基本条件。1941 年，毛泽东同志主持制定的《中共中央关于增强党性的决定》指出：为担负起历史赋予我们的伟大而光荣的任务，要求全体党员尤其干部党员更加增强自己的党性。1941年4月15日，邓小平同志在《党与抗日民主政权》中明确指出：一切政府中的共产党员，特别是负责干部，必须成为工作中的模范，这是保证党的领导的重要条件之一。2015年10月8日，习近平同志在十八届中央政治局常委会第119次会议上的讲话特别强调：全面从严治党，核心是加强党的领导。我们当前主要的挑战还是党的领导弱化和组织涣散、纪律松弛。不改变这种局面，就会削弱党的执政能力，动摇党的执政基础，甚至会断送我们党和人民的美好未来。因此，我们每一个共产党员都要充分认识加强党性修养、发挥共产党员先锋模范作用对实现党的领导、完成党的政治任务的重要作用，自觉地持之以恒地加强党性修养。

（三）加强党性修养是党员从思想上入党的重要途径

列宁曾经指出：“党是一个特殊的组织，它需要有觉悟的、决心作自我牺牲的人。”列宁特别强调：“徒有其名的党员，就是白给，我们也不要。”1929年12月，毛泽东同志在古田会议上提出了思想建党的光辉思想，创造性地发展了马克思主义的建党学说。1942年5月23日，毛泽东同志在延安整风中就严肃指出：“有许多党员，在组织上入了党，思想上并没有完全入党，甚至完全没有入党。这种思想上没有入党的人，头脑里还装着许多剥削阶级的脏东西，根本不知道什么是无产阶级思想，什么是共产主义，什么是党。”1941年7月1日，中共中央政治局会议通过的《中共中央关于增强党性的决定》明确规定：“要求全党党员，尤其是干部党员，更加增强自己的党性锻炼，把个人利益服从于全党的利益，把个别党的组成部分的利益服从于全党的利益，使全党能够团结得像一个人一样，从而增强党的先进性。”以上这些论述，我们每个党员都应该认真体会，不断加强党性修养，使自己不仅在组织上入了党，而且真正在思想上入了党。

三、加强党性修养的方法途径

正反两个方面的经验教训已经表明，加强党性修养，其方法和途径很多，可以说是仁者见仁、智者见智，但努力做到以下方面显得尤为重要。

（一）坚定理想信念

夏明翰烈士在临刑前，挥笔写就了千古绝唱：“砍头不要紧，只要主义真。杀了夏明翰，还有后来人。”许多革命先烈在生与死的考验面前所以能够威武不屈，就是因为他们对共产主义理想坚贞不渝、矢志不移。今天，我们共产党员加强党性修养，首先就要坚定理想信念，坚信共产主义必然胜利。在这里，有必要再一起学习党章总纲的一段话：“马克思列宁主义揭示了人类社会历史发展的规律，它的基本原理是正确的，具有强大的生命力。中国共产党人追求的共产主义最高理想，只有在社会主义社会充分发展和高度发达的基础上才能实现。社会主义制度的发展和完善是一个长期的历史过程。”刘少奇同志曾强调指出：正因为共产主义事业是这样伟大而艰难的事业，所以至今还有些追求社会进步的人怀疑共产主义，对共产主义的实现还没有信心。他们不相信人类在无产阶级和它的政党的领导下，是能够发展和改造成为高度纯洁的共产主义的人类，不相信革命和建设过程中一系列的困难是能够克服的。他们或者没有估计到这种困难，或者在实际上遇到困难的时候，就悲观失望起来，甚至有的共产党员因此而从共产主义队伍中动摇出去。从今天的事实来看，新中国成立以来，我们党领导人民用几十年的时间完成了世界其他发达国家上百年甚至几百年发展的历程，在各方面都取得了举世瞩目的巨大成就，显示了社会主义巨大的优越性和我们党领导水平、执政能力的先进性。

（二）严格自律他律

可以说，自律是加强党性修养的内因，他律是加强党性修养的外因。根据马克思主义的哲学观点，自律是加强党性修养、永葆共产党员政治本色的根据，他律是促进党性修养、做合格共产党员不可或缺的条件，他律通过自律对共产党员的党性修养起作用。这就要求我们每个共产党员在加强与时俱进的党性修养中，既要自觉接受他律，积极争取党组织和其他同志的帮助、监督，更要加强自律，努力提高自己的党性修养自觉性，高标准严要求地长期坚持全面的、彻底的党性修养……

（三）强化人格锻炼

从一般的普遍的意义上讲，共产党员的党性与个人的人格是一致的，优秀共产党员的经验全部证明，凡是具有坚强的党性、有良好党性修养的共产党员，一定是一个人格高尚的、脱离了低级趣味的人。2012 年 11 月 8 日，胡锦涛同志在党的十八大报告中指出：“教育引导党员、干部模范践行社会主义荣辱观，讲党性、重品行、作表率，做社会主义道德的示范者、诚信风尚的引领者、公平正义的维护者，以实际行动彰显共产党人的人格力量。”在新时代，每个共产党人应坚持以党性原则为标尺，坚持加强自己的人格锻炼，养成高尚的道德情操，以此促进党性修养，就会不断增强党的感召力、凝聚力和战斗力。实践也一再表明，对每个共产党员来说，在任何情况下，特别是在权力、地位、利益等各种诱惑面前，都要始终做到自重、自省、自警、自励，就是人们常说的既不能“因善小而不为”、更不能“因恶小而为之”，真正做一名高尚的、纯粹的、有道德的、脱离了低级趣味的、有益于党和人民的共产党员，用党性原则和党的纪律严格要求自己、约束自己、规范自己的一举一动，始终保持共产党人的凛然正气。因此，我们每个共产党员在日常生活中，都应该注意检点自己的言行，从待人到律己都应该注意维护共产党员的声誉和形象，保持共产党员心灵该有的和谐和完美。

（四）改造“两个世界”

就是要坚持改造主观世界与改造客观世界相统一。1937 年 7 月，毛泽东同志在《实践论》中指出：“无产阶级和革命人民改造世界的斗争，包括实现下述的任务：改造客观世界，也改造自己的主观世界——改造自己的认识能力，改造主观世界同客观世界的关系。”1995 年 11 月 8 日，江泽民同志在北京市考察工作时的讲话指出：“面对改革开放这场深刻而伟大的历史变革，你不在改造客观世界的同时努力改造主观世界，怎么能够当好领导，又怎么能够始终经受住权力、金钱、美色的考验？”我们共产党人改造主观世界的目的是为了更好地改造客观世界，在造福于民的同时，在社会实践中实现共产党员全面健康发展和人生价值最大化。因此，每个共产党员都要牢固树立在实践中学习、终身学习理念，在改革开放和社会主义现代化建设实践中学习科学理论，尤其是认真学习马克思列宁主义、毛泽东思想、邓小平理论、“三个代表”重要思想、科学发展观、习近平新时代中国特色社会主义思想，同时学习进行现代化建设所需要的科学文化知识和专业法律知识。要在不断加强思想武装、理论武装和知识武装的同时，坚持以科学理论为指导，积极投身于改革开放、社会主义现代化建设、实现中华民族伟大复兴的中国梦的伟大实践，并不断总结经验，发扬成绩，克服缺点，提高觉悟，增长才干，明确继续努力的方向和目标，在造福人民群众、实现“两个一百年”宏伟目标的伟大实践中，在改造客观世界的同时把自己的主观世界改造好，在推动社会进步、实现中华民族伟大复兴的中国梦中，实现共产党员自身的全面发展，树立起科学的世界观、人生观和价值观，始终保持坚强的党性，永葆共产党员政治本色。

我就讲到这里，如有不对的地方，请同志们批评指正！

LINK INDEX

链接索引

POSTSCRIPT

后　记

为了认真坚持好支部党员大会、支部委员会、党小组会和按时上好党课制度，推进“两学一做”学习教育常态化制度化，全面贯彻落实《中国共产党支部工作条例（试行)》《中国共产党党员教育管理工作条例》等有关规定和要求，不断提高党支部的建设质量，编者根据党内法规、规范性文件的有关规定和中共中央组织部的工作问答、党建专家学者研究成果等，以及基层党组织坚持“三会一课”制度、对党务工作者和党员进行“三会一课”知识培训需要，编写了《“三会一课”制度一本通》一书。

在本书写作过程中，大量引用和参考了中共中央组织部编著、党建读物出版社出版的《中国共产党组织工作辞典》《中国共产党组织工作教程》《党组织选举工作手册》和中共党史出版社 2006 年 4 月出版的《党的地方和基层组织选举工作流程》等权威著作，引用了许多党建专家学者、党务工作者有关坚持“三会一课”制度方面的研究成果，以及基层党组织和党务工作者有关坚持“三会一课”制度的理论创新、制度创新、实践创新成果，在此一并表示最衷心的感谢！

由于基层党组织情况不同，加上坚持“三会一课”制度的规定、要求、内容非常丰富，特别是由于编者的水平有限，书中难免有疏漏和错误之处，敬请读者批评指正。

编　者

2018 年 12 月

图书在版编目（CIP）数据

“三会一课”制度一本通 / 陈永法编著. —杭州 ：浙江人民出版社，2019.1(2021.2 重印)

ISBN 978-7-213-09134-6

Ⅰ. ①三… Ⅱ. ①陈… Ⅲ. ①中国共产党-组织建设-学习参考资料 Ⅳ. ①D262

中国版本图书馆 CIP 数据核字(2018)第 302192 号

“三会一课”制度一本通

陈永法 编著

出版发行：浙江人民出版社(杭州市体育场路 347 号 邮编 310006)

市场部电话：(0571)85061682 85176516

责任编辑：陶辰悦

责任校对：戴文英

责任印务：陈 峰

封面设计：大漠照排

电脑制版：杭州大漠照排印刷有限公司

印 刷：杭州丰源印刷有限公司

开 本：710 毫米×1000 毫米 1/16 印 张：20.5

字 数：282 千字 插 页：2

版 次：2019 年 1 月第 1 版 印 次：2021 年 2 月第 3 次印刷

书 号：ISBN 978-7-213-09134-6

定 价：58.00 元

如发现印装质量问题，影响阅读，请与市场部联系调换。